长安吏治

The Ancient Local Administratior of Chang'an

杜文玉 著

西安出版社

「古都西安」

图书在版编目（CIP）数据

长安吏治/杜文玉著. —西安：西安出版社. 2001.11
（古都西安丛书）
ISBN 7-80594-778-3

Ⅰ.长…　Ⅱ.杜…　Ⅲ.官制—长安(历史地名)
Ⅳ.D691.42

中国版本图书馆 CIP 数据核字（2001）第 085013 号

古都西安·长安吏治

著　　者：杜文玉
出版发行：西安出版社
社　　址：西安市长安北路 56 号
电　　话：（029）5253740　5234426
邮政编码：710061
印　　刷：西安建筑科技大学印刷厂
开　　本：850×1168　1/32
印　　张：10.75
字　　数：253 千
版　　次：2002 年 2 月第 1 版
2002 年 2 月第 1 次印刷
印　　数：1—1000
ISBN 7-80594-778-3/K·18
定　　价：33.00 元

《古都西安》丛书编纂委员会

序

崔林涛

西安是享誉国内外的历史文化名城，有着深厚的经济社会根基，丰富的文化底蕴和久远的文明传承。在中华民族发展的历史长河中，古都西安处于极为重要的地位，发挥了重大的历史作用，拓印下无比瑰丽的史诗和波澜壮阔的画卷。

“八川分流绕长安，秦中自古帝王州。”西安古称长安，是中华民族的重要发祥地和文化发源地之一。远古时代，“蓝田猿人”就在这里繁衍生息，六千多年前，半坡先民在这里种植狩猎，开掘出了别具特色的“半坡文化”。自公元前12世纪，周文王在此建立丰京，揭开了西安作为帝王京师历经千年，雄踞华夏，成为统一的多民族国家的政治、经济、文化中心的辉煌历史。西安成为与雅典、罗马、伊斯坦布尔等城市齐名的世界历史古都。直至今天，西安城中的塔和碑，城外的陵与墓，连绵的城垣与宫殿遗址，保存的大量珍贵文物，以及周乐秦声、汉风唐韵等文化艺术，仍在昭示着这里曾经呈现过的尊贵和豪华，开放和风流。

“一座城市的历史就是一个民族的历史。”古都西安就像一部活的史书，一幕幕、一页页记录下中华民族的沧桑巨变。古都西安见证了“文景之治”、“贞观之治”、“开元盛世”的鼎盛辉煌，然而，往日这个帝王们希冀长治久安、长久平安的长安城也几度衰落，数遭兵燹，令人扼腕地一度衰落了。

衰落的根源值得研究汲取，怎样重新激起奋发向上的精神更应当总结和发扬。英国著名历史学家汤因比曾精辟地分析，任何文明都有其生长和衰亡的过程，而能否勇敢地接受各种挑战决定着这种文明的前途。

在我们研究文明生长的时候，发现它的过程是一连串的挑战和应战。应战不仅解决了挑战所提出来的问题，而且还在它每次胜利地解决了一个挑战问题以后，又提出了新的挑战。这样，文明生长的性质的最核心的成分便是一种新的活力、不断的创新。历史在前进，文明在曲折中发展。

西安，曾经创造过昔日的辉煌，西安也曾经历过衰落，西安又迈向创造新的文明的征途。江泽民总书记在分析古希腊文明、拜占廷文明盛极而衰时说过，不能紧跟世界发展的潮流，就必将落后。江总书记在西安论述中国实施西部大开发战略时还说过，中国曾有过盛唐时期的辉煌，但安史之乱后衰落了。现在我们的任务是要实现中华民族的伟大复兴。因此，他多次强调我们的各级领导干部和年轻一代要多学习和了解一点历史，从历史中汲取文化的养分。尤其是在改革开放和现代化建设取得巨大成就的今天，面对世界多极化，经济全球化，科学技术迅猛发展，要使中华民族在全球范围内的竞争中不断发展、走向繁荣，就要审视自己的历史和文化传统，继承和发扬民族优秀传统文化，增强民族凝聚力，学习借鉴世界文化优秀成果，始终代表先进文化的前进方向，才能与时俱进，战胜前进道路上的各种艰难险阻，立于不败之地。

先进文化是现代人集古今中外之大成、并且面向未来的创造，是传统与现代、继承与创新的产物。我们有责任大力弘扬先进文化，因为这是永葆历史文化名城活力的根本所在。研究历史，分析现状，面向未来，西安要走向世界，让世界更加了解西安，让社会主义的先进文化中保持优良的文化传统，增强民族的认同感，提高自信心，为经济发展和社会进步提供精神动力与智力支持，成功地应对前进中的每一次挑战。我想这是每一个西安人和关注西安发展的人们不断思索的命题。工作和生活在古都西安的人们要有一种气慨，重开现代丝绸之路，重振汉唐雄风，把西安建设成既葆有古都风貌，又具现代文明和时代精神的大都市。

编著《古都西安》这套大型丛书，正是想让人们对西安有更深刻的了解。能够触摸到西安的历史脉络和文化特征，感受到它的灵魂，让西安走向世界，再架起一座中西文化交流的桥梁。丛书按照从古至今、全面系统的原则分篇编排。每篇或按时序，或分类论述，但总的体例大致划一，以求系统、准确、全面而又有重点地介绍西安。丛书在保证学术水准的前提下，尽可能为更广泛的读者所接受，使史学走向大众，更具有严谨的科学性、渊博的知识性和艺术感召力。

有关古都西安的著述很多，但系统地编著一部大型丛书，立体全景地展现西安历史，却是首次。我有幸在西安工作十多年，西安的文化积淀实在是丰厚，这座城市最大的魅力在于它的历史文化。在两个文明建设的实践中，深切地感受到，弘扬优秀传统文化，建设社会主义精神文明，有必要也有责任组织和推动一批专家、学者，编撰一部详尽介绍古都西安的大型丛书。为此，我曾多次与史念海先生等专家交流，共同策划。从制定规划、内容、体例讨论论证、专题编著分工、编审等，工作展开已近五年时间，现在要陆续出版了。本丛书的宗旨是崇尚征实，弃绝浮言，全面系统，提倡寓新颖观点于详密材料的治学风格。参与编著丛书的每位作者都在理论阐释和材料整理方面，做出了很大的努力，都有全新的开拓。这是全体作者的心血，更是史念海老先生留给世界，留给当代与后人的一份呕心沥血的遗嘱。这套由他主要审定的丛书陆续与读者见面了，而史先生却已无法全部看到。鲁迅先生曾说过，拿着故人的遗稿，就像手里攥着一把火。这套丛书的问世正是史先生传承给我们的希望之火，也是对他最好的纪念。

望着雄伟壮观的古城墙和高楼林立、华厦争辉、桥涵飞虹、通衢溢彩、万车竞速的西安，感受到汉唐雄风开阔的底蕴，体味着这方水土赋予西安人开拓创新的激情，我们有理由相信，有着强大自我更新能力、包容进取精神的西安人，在中国共产党的领导下，坚定地走有中国特色的社会主义道路，乘着西部大开发的东风，一定能够在这片土地上再创造出新的历史奇迹！

2001 年 8 月 26 日于西安

目　录

第一章

古代吏治的内涵与特征

中国古代的吏治具有丰富的内涵和时代特征，无论是吏治内容、吏治思想、吏治作用、吏治形式以及对吏治的监督与考核，都形成了一套完整系统的体系，同时还将中国传统文化思想有机地渗透进去，从而具有不同于世界各国的鲜明特色。研究古代长安的吏治必须放在这个体系中去考察它所应具有的地位和特点，撇开这个完整的体系孤立地研究长安吏治，将是一事无成的，也是不科学的。为了更深入地研究长安吏治，首先必须搞清到底什么是中国古代吏治的基本内涵和特征。

第一节　专制体制下的吏治特征

一、古代吏治的基本内容

所谓中国古代吏治，就其基本内容而言，主要表现在两个方面：一个方面是指对官吏政治行为的规范和制约，包括对官吏的选拔、任用、监察、考课、奖惩等制度的调整，使其能够更好地履行职责，忠于职守，提高办事效率，强化统治秩序；另一个方面是指官吏施政的内容以及如何行使国家赋予的权力，包括官吏的政绩和吏风的好坏等等。长安吏治所反映的虽然只是一个地区的吏治状况，就其基本内容而言，也应包括这些方面。

选贤任能，健全官吏选拔制度，是保证吏治得以健康发展的前提。历代统治者对选拔官吏都十分重视，认为地方长吏的选拔，是“吏民之本也”[①]，是政清讼理的根本保证。中国历代的选官制度虽然不同，但选拔贤能的宗旨却是一致的。在职官设置上，注重权力不过分集中与互相制约，防止官吏滥用职权。同时还不断地完善监察制度，强化对各级官吏的监督，制定相应的法律和法规，规范官吏的行为。如《周礼·天官冢宰》提出考察吏治时应以“六廉”为标准，即廉善、廉能、廉敬、廉正、廉法、廉辨。《秦律》则对官吏提出了“五善”的标准，即“忠心敬上”，“清廉毋谤”，“举事审当”，“喜为善行”，“恭敬多让”。[②] 秦朝还规定官吏把朝廷命书放在一边不执行，官吏听命书不恭敬，都要受到惩罚或处分。唐朝规定对皇帝的制书不予奉行，或虽然奉行但存在失错者，要根据情节给予轻重不等的惩罚。此外，各朝对官吏处理公务的时限、程序等都有较详的规定，如唐朝规定：“小事五日程，中事十日程，大事二十日程，徒以上狱案辩定须断者三十日程。”如果官吏未在规定的时限内完成任务，推迟一日笞十，三日加一等，最多不超过杖八十。[③] 各朝对官吏贪赃枉法、违法乱纪惩处的法律条文，则更加详细，更加严厉。除了制定法律、法规来规范官吏的行为外，历代还制定了详尽的考课与奖惩制度。所谓考课制度，主要包括考课的内容、方式、程序、标准等一些具体规定。奖惩制度与考课制度紧密相关，主要是根据考课的结果，

① 《汉书》卷 89《循吏传》。

② 《睡虎地秦墓竹简·为吏之道》。

③ 《唐律疏议》卷 9《职制律》。

决定是否奖惩，其具体内容包括奖惩的依据、方式、程序等。此外，还根据不同时期的形势随时调整政策，褒扬清官廉吏，裁汰冗官冗吏，以提高官吏队伍的活力和治理效能，维护国家机器的正常运转。所有这些制度和措施相辅相成，对促使官吏奉职守法，防范官吏贪赃枉法，废公营私，保持吏治的良好状态，都起到了较积极的作用。通观历代的吏治状态，凡是政治清明、吏风良好的时期，无不和上述各项制度的有效实施，相关法律和法规的严格执行有密切关系。吏治的好坏不仅仅取决于官吏个人素质的优劣，重要的是相关制度和法律、法规是否发挥了制约与规范作用，因此完善和健全这些制度、法律、法规，并时常检查实施情况便显得更加重要。

官吏的施政内容十分繁杂，对于地方官吏来说，主要指发展生产，增殖人口，征收赋税，施行教化，兴办教育，惩处奸恶，维护社会秩序，发现和荐举人才以及其他各类公共事务。在长安作为统治中心的时期，当地官吏还有为宫廷提供各种服务及承担皇帝交办的特殊任务的职责。地方官吏的政绩如何，完全体现在上述这些任务完成的好坏上，对官吏的考课内容也是针对这些方面。衡量一个地区或一个时期吏治的优劣，往往也是从这些方面考察的，因此这些方面也就成为评价吏治状况的重要标准。研究吏治问题除了从制度和法律方面考察外，更多的还是应从这些方面进行分析和研究。

吏治研究还有一个重要内容，即吏风问题。不同时期有不同的吏风，吏风的形成与相关制度、法规的规范作用以及最高当局的倡导有极密切的关系。如秦朝奉行法家学说，强调以法治国，但由于制度和法律刚性太强，缺乏弹性，故吏风就显得格外严酷。西汉初期奉行黄老之术，强调无为而治，推行休养生息政策，吏风便显得和缓而平实。此外，官吏个人素质也对吏风有很大的影响，这就是为什么在同一时期不同的官吏主政而吏风差别很大的根本原因。说某一时期吏风良好，并不排除也有少量贪赃枉法、残害百姓的官吏存在；反之亦然，吏风严酷的时期也不排除有循吏的存在。因此，研究吏风问题必须要将整体考察与个案分析，吏治状况与相关的制度、法规结合起来全面研究，只有这样才能更客观地评价一个时期的吏治优劣。

二、以人治为核心

中国古代吏治说到底是一种官僚政治，而人治则是官僚政治固有的基本特征。在这种政治体制下，吏治的优劣主要系于官吏一身，吏风虽然在一定程度上受制度和法规的规范，但官吏的素质往往起更重要的作用。从古代吏治的实际情况看，制度和法规对官吏行为的规范效果如何，很大程序上取决于帝王及一小撮执政大臣的智愚忠奸，制度和法律并不能对这些人的行为起任何制约或规范作用，也就是说，总有那么一部分人可以凌驾于制度和法律之上，这是人治社会的最显著的特征。

从历代吏治的历史看，人治的特征十分明显，大体上可以分为以下几种状况：（一）提倡清官廉吏式的贤人政治，即要求官吏不仅要忠君，而且要爱民，甚至提出了“君轻民贵”的思想。推行“仁政”也成为一些“圣明君主”努力的方向，却几乎无人从法的角度去考虑维护百姓的基本权利。中国的古代人从来就对“明君”和“青天老爷”推崇备至，对清官的感情分外深厚，而这种现象的出现，恰恰是对古代吏治以人治为核心的最好说明。中国人崇拜、讴歌清官的现象一日不消除，则说明中国的法治社会一日未达到。（二）惩治贪官污吏。为了扭转吏风，整顿吏治，历代统治者都对具有劣迹的官吏进行惩治，甚至诛杀不贷。《宋史》在总结宋太祖统治时期循吏较多的根源时提出了三条原因，其中最重要的一条就是官吏犯赃虽逢大赦也不能赦免。[1] 但是这种措施只能起到杀一儆百，以平民愤的作用，并不能从根本上扭转吏风，杜绝贪赃枉法，人治的局限性是显而易见的。（三）统治者有意识地实行一套自我调节和防患于未然的措施和制度，以制约和规范官吏行为，保证吏风纯正。由于前面提到的原因，这一切的制约效力是有限的，而且只限于英明帝王统治时期，在昏庸帝王或奸臣弄权的情况下，就无法再发挥作用了。[2]

由于古代吏治是建立在人治的基础上，尽管历代统治者为改善吏治采取了不少措施，也只能收到一时的效果，而无法保持长久稳定，吏治时好时坏，呈波浪形状态。每当一个王朝的统治进入后期阶段时，随着国家政治日趋黑暗腐朽，原有的规范吏治的制度与法规的制约作用便大大减弱。人治本身固有的局限和弊端表现得更加明显，吏治每况愈下，非但不能起到维护和巩固封建统治的作用，反而加速了其腐朽程度。

三、官吏对君主负责

中国自出现君主专制体制以来，官吏对君主负责便成为一条通则。“专制君主政体就是把关于行政事务的立法权集中在国王手里，并由他发给官吏的命令，变成行政法或公法的来源。”[3] 在这种体制下，官吏就不是对百姓负责，而只是对君主负责。君主的好恶，君主的意志，决定着官吏的命运，所以官吏只能把君主的命令或意志随时体现在自己所负责的地区内

① 《宋史》卷426《循吏传》。

② 参见王亚南《中国官僚政治研究》再版序言，中国社会科学出版社，1981年版。

③ 克拉勃《近代国家观念》英译本序，第14页，商务印书馆，1957年版。

或事务中，以求得仕途的通达。君主拥有的广泛权力，使其个性、能力、知识、好恶等个人特性对他所支配的政治机器的具体特点乃至政权的兴衰成败都有极大的影响。

分封制和宗法制下所形成的世卿世禄制，官员的政治和经济地位取决于血统，而当时的天子亦是依自然血统施行统治。君主的权力与地位神圣不可侵犯，如稍有不轨举动，便会打破平衡，遭到来自各方的反对和镇压。自从秦朝建立封建专制体制以来，历代帝王虽然被宣扬为天之骄子，但是由于其自身或者乃祖乃父取得统治地位，并没有什么让人一见便了无异议的客观标准，甚至布衣农夫也可以凭借暴力获得帝王地位，于是任何一位野心家都可以产生“彼可取而代之”的念头。在这种情况下，一些有远见的帝王便苦心孤诣地思考和揣摩着如何巩固统治地位，防止被野心家取而代之，尤其是来自统治集团内部的威胁。这样就使得国家机器中各个部门之间互相制约的机制逐渐产生并日趋强化，官吏权力彼此间保持一定的平衡，分割相权，防止大权旁落，最大限度地把权力集中到君主手中。

此外，考虑如何使官吏对君主养成敬畏自卑的心理，使全体百姓安分守己，“听天由命”，驯服地接受统治，也是帝王们时常揣摩的问题。君主要求官吏在行动上、思想上绝对地服从，无论其言行是否合理，都得心悦诚服，官吏在施政时只对君主个人负责，就是在这种情况下逐渐形成的。官吏对君主负责既是专制体制的必然结果，也是巩固专制统治的需要，因为官吏是君主任命的，官吏的身份实质是君主的家臣、奴仆，两者之间的这种关系决定了官吏只能对君主负责，而不是别的什么人。只有当官吏是通过人民选举产生时，官吏才会对人民负责而不是他们的上级。

四、吏治与法治的关系

中国古代吏法的实质是人治，然而历朝又制定了许多法律，并强调官吏要严格守法执法，以法治国，这样就引出了一个问题，即吏治与法治的关系问题。

吏治与法治的关系在专制时代实际就是人治与法治的关系，君主专制的体制决定了两者的关系必然是以人治为主，法治为辅，所谓“法令者，治之具，而非制治清浊之原也”①。专制统治者强调官吏要严于执法，目的在于加强对人民的统治，维护统治阶级的根本利益。法律是统治阶级意志的表现，所以法只是针对人民的，统治者决不愿让法束缚自己的手足。统治阶级强调的法，不外乎是人民对统治者所应尽义务的规定，和统治阶级内部相互之间权利的规定罢了。在民主社会中，官员的权力是以法律为基础的，也就是说其权力是法律赋予的，而专制社会却不是这样，他们的权力来自君主，缺乏经常的法律监督与制约，权力的予夺全在于君主，遂使得官吏在行使权力时随心所欲。由于这个原因以及法律主要是针对社会的下层人民，所以对整个社会来说法治只能是一句空话。

专制社会所谓的官吏守法、执法，主要表现在两方面：一是官吏在履行自己的职责时，依照法律和有关制度的规定办事或处理公务；另一个方面是官吏本身自觉地接受有关制度和法律的约束，规范自身的行为。能够做到这两方面的官吏，便是所谓“清官”，吏风便呈现出良好状态。由于上面所论到的原因，真正能够做到这两方面的官吏实在是太少了，这就是历史上清官少而贪官多的根本原因。历代虽然制定了不少法律、法规，粗看起来似乎十分严密，从现代法学的角度看，不少法律

① 《汉书》卷90《酷吏传》。

规定的原则性条文多，伸缩性大，可操作性差，这就为不法官吏将法律玩弄于股掌之上提供了可乘之机。此外，历代法制本身存在着很大的局限性，这也是难以推行以法治国，实现法制社会的一个原因。这种局限性表现在以下几个方面：

第一，法律的不稳定性。法律虽然不是一成不变的，修订法律也是正常的社会现象，但是朝令夕改却是最为忌讳的事，一般来说法律必须保持相对的稳定性。中国古代法律的不稳定性主要表现在敕令对法律的冲击上。一个王朝的律书修定后，各位皇帝在位期间又不断地颁布敕令，这些敕令与律书一样具有法律效力。敕令的颁布不像律书那样慎重，修撰律书时要反复讨论，参考前代法书，通常还要组成一个撰修班子，皇帝亲自过问，宰相领衔修撰，历时多年才能完成。而敕令的提草却简单得多，只需根据皇帝或执政大臣的意见，一夕之间即可完成。以《唐律疏议》为例，自从唐高宗永徽四年（653 年）完成后，[①] 唐朝陆续还颁布了《格式律令事类》、《刑法要录》、《大中刑法后敕》、《大中刑律统类》等二十多部法书。五代时期除了继续行用唐朝法书外，各朝还陆续颁行了《大梁新定格式律令》、《同光刑律统类》、《清泰编敕》、《天福编敕》、《广顺续编敕》、《大周刑统》等法书。这些法书除了收集了部分格式令和《大周刑统》是一部完整的律书外，基本上是将历年颁布的敕条选编汇集成册，至于未被编入或散佚的敕条还不知有多少。这些法书和敕条重复繁多，汗牛充栋，甚至互相抵触，十分不便于检用。更重要的是冲击了《唐律》，使执法官吏无所适从，导致不法官吏执法时或避重就轻，或避轻就重，造成了

① 此书的撰成时间有争议，这里依据杨廷福的意见，见其著《唐律初探》一书中的《唐律疏议制作年代考》一文，天津人民出版社，1982 年版。

执法的混乱无序。

第二，伦理观念对法律的干扰。自从儒家学说取得正统地位后，其伦理纲常的观念便日益渗透到社会生活的各个方面，也包括司法方面。不仅律书的制定受这些观念的影响，官吏在执法时往往也受到很大的影响，直接干扰了定刑断案，使法律条文反倒成了伦理纲常的附庸。如唐文宗大和六年（832 年）五月，兴平县百姓上官兴酒醉杀人，官府捕其父囚禁，上官兴遂自赴官府投案，使其父得以释放。关于此案争议很大，有的大臣认为其自首免父之囚，孝心可奖，主张免死；有的官员则认为杀人者死，古今通理，上官兴不能免死。最后由文宗终裁，将上官兴免死，“决杖八十，配流灵州”①。这种现象在其他王朝也比比皆是。儒家的伦理纲常观念支配法律，是中国专制时代的一大特征，直接破坏了法律的公平性。

第三，执法者的随意性与赦令的频繁颁布对法制的破坏。执法官吏率意用法，是专制时代比较常见的现象，其中情况比较复杂，有贪赃枉法的，有徇私弄法的，有畏惧权势而曲法的，有不习法律而错用法的。还有一种情况是执法官员认为某种社会问题比较严重，不用重法则难以制止，遂不顾法律规定而随意用法。如唐长安城中一度盗铸钱成风，“寺观钟及铜象，多坏为钱。奸人豪族，犯禁者不绝。”京兆尹郑叔清下令凡捕获私铸钱者一律处死，“数月间榜死者八百余人”。② 按照唐律规定：私铸钱者，流三千里；铸钱器具已成，但未及铸造者，徒二年。③ 郑叔清此举显然是率意用法。唐代中期以来，禁军凭借宦官势力，横行于京畿，南衙官员对此十分愤恨，一旦禁

① 《唐会要》卷 39《议刑轻重》。

② 《旧唐书》卷 48《食货志上》。

③ 《唐律疏议》卷 26《杂律》。

军犯禁，不惜曲法处以极刑。如唐宪宗时，柳公绰为京兆尹。一次从家中赴府衙途中，见一禁军小校乘马不回避，“即时榜死”。① 其子柳仲郢武宗时任京兆尹，有人诉禁军小校刘翊殴母，“仲郢不候奏下，杖杀之”。② 这些都是出于政治原因而有意违法的行为。官吏不能守法，根源于君主不能严格执法。历代皇帝因个人喜怒而随意赏罚的现象十分普遍，即使英明的君主也不能幸免，如唐太宗一生枉法杀人就不在少数，更不用说残暴平庸的帝王了。上行下效，自然便愈演愈烈了。

历代均有以法例作为断案定刑依据的现象，这种现象在封建社会后期更加普遍。所谓法例是指前人所办的案例，以此为依据定刑局限性很大，弄得不好将会使谬误流传，危害更大。

颁布大赦、特赦是古今中外都有的现象，但像中国古代这样频繁地颁布则比较少见。现代社会颁布赦令，通常都是根据罪犯的改造程度或出于某种政治需要，而在中国古代则往往出于一些在今天看来是荒唐可笑的原因，如地震，灾荒，星变，皇帝即位，册立皇后、太子，帝后久病不愈，皇子降生，改元等，都可以作为发布大赦的理由。大赦的频繁颁布，助长了罪犯的侥幸心理，导致犯罪率上升，引起了一些有识之士的反对。

第四，专制时代的法律从未规定人民的基本权利和地位，所以百姓时时面临着自身基本权利被剥夺、被蹂躏的危险。当官吏们违法剥削或残害百姓时，极少有人从法的角度去考虑是非。这是由于统治者长期推行愚民政策的结果。专制统治者也强调对百姓的教化，这样做不是为了提高百姓的文化知识，只不过是用儒家的伦理纲常这一套东西培养逆来顺受的顺民百

① 《新唐书》卷163《柳公绰传》。

② 《册府元龟》卷696《牧守部·抑豪强》。

姓，为巩固专制统治服务。只要法律体现的仅是一部分人的意志，而不是反映全体人民的意志，所谓实行法治就是一句空话。

说到底是专制制度决定了总有一小部分特殊阶层可以凌驾于法律之上，他们拥有立法权，不受任何法律的约束。只要这一切不改变，就不会有真正的法治社会的到来，即使吏治和吏风再好，也仍然是人治政治。

五、吏治与儒家学说

中国古代的吏治还有一个十分突出的特征，那就是它不是在法制精神之下而是在儒家学说的影响和指导下进行的。我国历史上曾经有过百家争鸣的思想活跃时期，后来诸家学说纷纷退出历史舞台，惟独孔子创立的儒家学说十分显赫，被定为正统学说，统治中国思想界二千余年。为什么会如此呢？原来百家之中以儒、老、墨三家影响最大，专制社会重名分，君主重一尊，老子主张无名无为，不利于定名分；墨家主张兼受，重平等，尚贤能，不便于行专制；惟独孔学重等级，贵秩序，对百姓讲服从，对君主言仁政，有利于巩固君权和宗法关系，帝王驭民之策，殆莫善于此也。这是历代统治者看重和尊崇儒家学说的根本原因。

儒家学说可资于专制统治的内容主要有三点，即天道观念、大一统观念和纲常教义。儒家不讲鬼神，却倡言“天”，所谓“君万物者莫大乎天”[①]，“天道福善祸淫”[②]，表明冥冥之中有一个掌握吉凶祸福的人格神在主宰一切。但是天又不能自行其志，必须假手于帝王以行之，所谓“天佑下民，作之君，

① 《易·系辞上》。

② 《尚书·汤诰》。

作之师"[1]，"天子为民父母，以为天下王"[2] 等，说的就是这个道理。既然君主是代表天而为民父母并统治人民的，人民就得无条件地服从君主。这样就把君主的地位神秘化了。由于天下事过于繁重，天子一人处理不了，就需要大大小小的官吏代天子理政，百姓服从官吏就等于服从天子、服从上天了，否则便是违背天命，大逆不道。

儒家主张大一统，主张"尊王"，这种主张对加强中央集权的专制统治极为有用，专制统治者可以利用这种学说去教化臣民，让他们安分守己地接受自己的统治。董仲舒甚至认为大一统是"天地之常经，古今之通谊"。把大一统主张提高到这样的高度，谁还敢再反对专制统治。否则就是违背天命，将会受到严厉的惩罚。

儒家提出的纲常学说，重点在三纲，即所谓的君为臣纲，父为子纲，夫为妻纲。君为臣纲是讲君臣关系的，直接与政治有关，而其他两纲讲的是家庭关系，似乎与政治无关，其实并不是这样。孔子说："其为人也孝悌，而好犯上者鲜矣，不好犯上而好作乱者，未之有也。"[3] 可见家庭关系与政治并非没有关系。中国的读书人常说："身修而家齐，家齐而国治，国治而天下平。"也把个人修为与国家政治联系在一起。《孝经》对这种关系说得更加透彻，说什么"君子之事亲孝，故忠可移于君；事兄弟，故顺可移于长；居家理，故治可移于君"。这就说明"父为子纲"，"夫为妻纲"这一套东西，其最终目的无非是要起到加强"君为臣纲"的政治作用，让全社会的人都负起防止犯上作乱的责任，使家庭关系也政治化了。所以说纲常

① 《尚书·泰誓》。

② 《尚书·洪范》。

③ 《论语·学而》。

伦理是直接为专制统治服务的。儒家所鼓吹的这三点综合起来，所产生的政治作用将是很大的，历代统治者之所以重视儒家学说，根本原因也就在这里。

专制统治者是通过官吏对民进行统治的，利用儒家思想对百姓进行教化当然也由官吏来实施。自从儒家学说居于正统地位后，官吏的治民之术就主要体现在刑罚与德化两点上。这个主张正是来自孔子，他说："道之以政，齐之以刑，民免而无耻；道之以德，齐之以礼，有耻且格。"① 又说："小人学道则易使也。"② 可见孔子把礼义道德之类作为达成治化的手段，而不是目的，只不过历代统治者不愿意坦率地承认这一点。到了荀卿时，他在儒学中夹杂了"名法"思想，他的弟子韩非子就公然宣称："明主所以道制其臣者二柄而已矣。二柄者，刑、德也。"③ 对于老百姓也是这样对待的。尽管历代统治者尊崇孔孟，但在实际操作时却是按韩非子的主张行事。只不过韩非子在二柄中特别强调"刑"，而后世统治者却主张以"德"为本，以"刑"为末，认为二者的关系是："无本不立，无末不成。"④ 唐朝的魏徵就认为"德义"是为政之根本与源头，他曾对唐太宗说："思国之安者，必积其德义。源不深而望流之远，根不固而求木之长，德不厚而思国之理，臣虽不愚，知其不可。"如果不行德义，"虽董之以严刑，震之以威怒"，然百姓"貌恭而不心服"，国终不免要覆亡。⑤

正因为如此，历代都特别强调对民的教化，并作为吏治的

① 《论语·为政》。

② 《论语·阳货》。

③ 《韩非子·二柄上》。

④ 《隋书》卷74《酷吏传序》。

⑤ 《贞观政要》卷1《君道》。

最重要内容。在古代中国，社会秩序主要不是靠法来维持，而是靠纲常，靠宗法，靠下层对上层的绝对服从来维持。要求官吏对民施行教化，只限于灌输纲常、宗法等思想观念，使其自觉地服从统治，安分守己，当好顺民。而不是提高其教育水平和文化知识，否则就与孔子的“民可使由之，不可使知之”的主张背道而驰了。对于地方官吏来说，其治理区域内社会秩序的好坏，百姓是否顺从，便成为考核其政绩的标准之一。

经过历代统治者的努力，儒家学说已经渗透到中国文化的每一个因素中，学术、思想、教育、文学、艺术等自不待论，即使外来宗教也得要适应中国的这种现状，比如佛教，否则便不能立足和发展。儒家学说与政治的融合，学术、教育便变成政治工具，与吏治达到了水乳交融的调合程度。统治者利用各种社会文化来扩大影响，形成了一种思想上、生活上的天罗地网，使生息在这种文化形态下的人们自觉不自觉地受到了其潜移默化的影响，从而把中国的社会形态看成是最自然最合理的形态。普通百姓固不必说，即使帝王、官吏也很难摆脱这种文化的影响。官吏们在施政时，把“寓教于治”视之为推行吏治的基本准则，几乎无人对此有任何异议，要说有差异，也只是实施效果的程度不同而已。

六、循吏、酷吏的作用与影响

历代统治者均把“明君、贤臣、顺民”结合而成的政治理想图案作为政治的终极目标，所谓“贤臣”对于官吏来说便是所谓循吏、良吏，他们受到历代君主的推崇和褒扬，同时也受到百姓的敬仰，称之为“青天老爷”。所谓酷吏是相对循吏而言的，通常指那些崇尚严刑峻法，果于杀戮，施政苛暴的官吏。这类官吏从来都受到人们的谴责与批评，无论士大夫或百姓均对其深恶痛绝。但是对于君主而言，却不完全是这样，酷吏对巩固专制统治有时可以发挥循吏所难以起到的特殊作用，是君主维护统治的有力工具，只是满口仁义道德的君主不便公开说而已。

对于循吏来说，无非是不畏权贵，打击豪强；清正廉明，讼平狱治；轻徭薄赋，劝课农桑；抚恤孤贫，安辑流亡；易风移俗，明于教化等几种类型。酷吏的共同特点是峻法严刑，暴虐寡恩，仔细划分，大体上可分为三种类型：一种是执法严峻，敢于诛杀，寡恩刻薄，但却廉洁不贪。如隋雍州（治今陕西西安）长史厍狄士文，严于执法，“不避贵戚”，甚至宾客都不敢轻易上其门，犯禁者必重法惩处。他早年任贝州（治今河北清河西北）刺史时，“僮仆无敢出门，所买盐菜，必于外境”。他家贫困缺食，其子饥饿常吃官厨之饼，厍狄士文发现后投入狱中多日，“杖之一百，步送还京”。厍狄士文死后，“家无余财，有子三人，朝夕不继”。就是这样一位清廉的官吏，由于其平日执法峻刻，“人多怨望”，死后其子贫困无依，竟无亲友愿意接济。[①] 不仅如此，旧史还将他列入《酷吏传》。唐京兆尹李齐物，缺乏经术，“在官严整”，“以察为能”，吏民畏惧，莫敢犯令。此人虽“少恩”却“清廉”，[②] 但还是受到了人们的谴责与贬损。这类官吏在历史上为数不少，他们虽然被称为酷吏，然官风清廉，治绩卓著，还是有可称之处的，人们怨恨他们的原因主要由于其严而寡恩，不能施惠于下。

第二类酷吏是残酷虐民，以严刑立威，执法公平，不避权贵。如西汉的郅都任中尉，负责长安巡捕及治安等事。当时民风淳朴，“畏罪自重”，本应善加安抚，“而都独先严酷，致行

① 《隋书》卷74《厍狄士文传》。

② 《册府元龟》卷689《牧守部·威严》。

法不避贵戚，列侯宗室见都侧目而视，号曰‘苍鹰’”[①]。这样的官吏本不足称，但其敢于摧抑权贵，使他们不敢横暴于京师，对稳定社会秩序还是有一定的积极作用。

第三类酷吏就是通常所认定的那种酷暴残虐的官吏，他们对下残酷压榨，重税盘剥，严刑峻法；对上则媚态十足，以希恩宠。如唐京兆尹李实就是一个典型的酷吏。他在唐德宗贞元十九年（803年）任京兆尹，刚愎自用，自恃恩宠，视法律为无物，为政残酷而暴烈，民皆侧目。贞元二十年，关中大旱，庄稼歉收，而李实为了多聚敛进奉，讨取皇帝欢心，竟谎报说：“今年虽旱，谷田甚好。由是租税皆不免。”逼得百姓拆房卖瓦木，卖麦苗以纳赋税。贞元二十一年，有诏书蠲免京畿以往欠税，李实却违诏继续征取。由于百姓穷困，欠税一时无法缴齐，李实遂笞罚下属官吏，逼令催督纳税，最终聚敛到钱30万贯。[②] 至于其枉法杀人，更是寻常之事。这一类官吏在历史上比比皆是，他们是官吏队伍中的黑暗势力，对百姓压迫最深，危害最大。通常认为酷吏害民，主要就是指此类官吏。

关于循吏和酷吏在专制时期的政治作用，旧史家的看法颇不相同。从本质上看，两者都是专制制度的支柱和工具，他们对百姓的统治在本质上并无大的差别，只是循吏由于施政方式的不同，对社会的稳定和生产的发展，更为有利一些。旧史家虽然赞扬循吏，对酷吏并不一味地谴责，甚至认为在特定的时期酷吏的作用还要大于循吏。范晔就认为在世风败坏之时，“德义不足相洽，化导不能以惩违，遂乃严刑痛杀，随而绳之。……汉世所谓酷能者，盖有闻也。皆以敢捍精敏，巧附文理，

① 《史记》卷122《酷吏列传》。

② 《旧唐书》卷135《李实传》。

风行霜烈，威誉誼赫”①。秦朝法严，狱吏横行，“赭衣满道”。汉朝建立后，为革其弊，却矫枉过正，致使法网疏阔，大奸飞猾辈出。班固认为“当是之时，吏治若救火扬沸，非武健严酷，恶能胜其任而偷快乎？言道德者，溺于职矣”②。可见班固认为在这种情况下，酷吏的作用还是积极有用的。唐代史学家李延寿也认为，当此之时，郅都、宁成等酷吏，“猛气奋发，摧拉凶邪，一切以救时弊，虽乖教义，或有所取焉”③。李延寿的观点不如班固那样率直，他虽不否认酷吏匡纠时弊的作用，却认为他们的行为有乖教义。这是因为自汉武帝罢黜百家，独尊儒术以来，儒学要完全占据一尊的地位有一个循序渐进的过程，至唐代其学说已完全为人们所接受，成为维护专制统治的思想工具，故李延寿虽赞同峻法纠弊，却不敢直言批评所谓“言道德者”。

长安自秦汉至隋唐，多为帝王之都，强宗右族、豪门权贵众多，“号为难治”，故“京畿令尉皆以逐捕为殿最”。所谓“辇毂之下，弹压为先，不宜慈惠为本”。由于长安社会的这种特殊性以及吏治上的这种特点，所以“守斯土者大抵以武健严酷为胜其任矣”④。这是这一历史时期长安酷吏较多的主要原因，即使循吏也多属于不畏权贵，打击豪强这一类型。柳仲郢在唐武宗、唐宣宗时期先后充任过京兆尹、河南尹，当他任河南尹时，“以宽惠为本”，有人认为不类京兆之政，柳仲郢解释说：“辇毂之下，弹压为先；郡邑之治，惠养为本，何取类

① 《后汉书》卷77《酷吏列传论》。
② 《汉书》卷90《酷吏传》。
③ 《北史》卷87《酷吏传序》。
④ （民国）《咸宁县志》卷17《良吏传序》。

也?”[1] 这说明一个地区的吏风不完全取决于官吏个人的因素，社会状况的如何，也是一个重要因素。

总之，循吏与酷吏的问题比较复杂，不是简单的孰是孰非的问题，要区别不同情况，具体问题具体分析。古人在对待这个问题时，态度就比较灵活，从原则上讲，他们大都认为礼义教化是根本，反对严刑峻法，但在具体问题上就不是这样，往往有条件地支持严酷的吏风，并不一味地批评酷吏。一般来说酷吏诛杀过滥总是不好的，但也要看他们杀的是什么人？对当时的社会有什么影响？然后才能下结论。

第二节　长安社会与吏治思想

一、长安社会的特殊性

长安地区自西周建都以来，历秦汉至隋唐，长期作为政治统治中心，这一情况决定了长安社会的特殊性，即具有一般州郡所没有的一些社会特点。这些特点总括起来，主要表现在如下几个方面：

首先，强宗权贵布满京畿。皇室宗亲、外戚宦官、贵族功臣等，莫不聚集于长安，这类人地位尊贵，权势极大，他们巧取豪夺，兼并土地，横暴京畿，或纵容门客家奴残害百姓，“放纵鹰犬，颇伤田亩”。甚至有宗室亲王纵容部曲盗取官马的事发生，而“府州莫敢言者”。[2] 宦官本为皇室家奴，当其掌握了较大的权力后，专横跋扈，不可一世，对长安吏治造成了很大的破坏作用。如唐德宗建中初年（780 年），规定京城诸

① 《旧唐书》卷 165《柳公绰传附柳仲郢传》。

② 《西安府志》卷 22《职官志》。

使及府县系囚，每季派御史巡按，有冤滥者奏闻。一些歹徒投靠宦官，犯罪后避入禁军，府县官员及御史竟无可奈何。[①] 宦官控制禁军兵权后，皇帝对其也畏惧三分。富平（治今陕西富平东北）人李某，“籍在禁军”，擅杀乡人，“法司以专杀论，文宗以中官所庇，决杖配流”。[②] 这样就直接影响了当地的吏治，所谓长安地区号为难治，主要是由于这类人的存在。他们或与皇室有血缘关系，或存在千丝万缕的联系，相互之间盘根错节，关系极为复杂，长安官吏畏之如虎，避之犹恐不及。朝廷中争权夺利的斗争也对长安吏治有很大的影响。汉武帝时魏其侯窦婴与武安侯田蚡斗争激烈，不少官员也卷入其中。一次武帝问群臣两人孰是孰非，“内史郑当时是魏其，后不敢坚对。余皆莫敢对。上怒内史曰：‘公平生数言魏其、武安长短，今日廷论，局趣效辕下驹，吾并斩若属矣。’”[③] 内史如此惧怕窦婴、田蚡势力，又担心稍有不慎触怒皇帝，瞻前顾后，必然不能大胆施政。隋文帝时，雍州长史库狄士文上任前曾对人说：“我向法深，不能窥候要贵，必死此官矣。”[④] 不幸为其说中，后库狄士文果然死于此官。正因为如此，有不少人把充任长安地方官视为危途。

其次，豪强众多，右族云集。秦始皇为了加强统治，防止各国贵族复辟，下令把六国贵族及强宗 12 万户迁到咸阳，以便就近监视。汉朝建都长安，徙齐之诸田、楚之昭、屈、景及诸功臣之家于长陵（治今陕西咸阳东北）。此后，又陆续把二千石以上官吏、高赀富人及豪杰兼并之家徙于诸陵，“盖亦以

① 《资治通鉴》卷 236。

② 《旧唐书》卷 165《柳公绰传附柳仲郢传》。

③ 《史记》卷 107《魏其武安侯列传》。

④ 《隋书》卷 74《库狄士文传》。

强干弱支，非独为奉山园也”。[1] 这种迁徙活动以后仍在继续，如前赵刘曜，“徙秦州大姓杨、姜诸族二千户于长安。氐羌悉下，并送质任”。[2] 前秦苻坚派军攻下凉州（治今甘肃武威），“徙豪右七千余户于关中”。[3] 后秦姚兴统治时，徙河西豪右万余户于长安。[4] 西魏大统十二年（546年），独孤信率军平凉州，“迁其民六千余家于长安”。[5] 以上仅举数例，实际迁徙的人口大大超过上面所举之数。这些迁入关中的人户多为富豪人家，使得关中的社会状况极为复杂，所谓“五方杂厝，风俗不纯”。[6]他们凭借经济实力或政治势力，兼并土地，侵夺小民，规避赋役，连结奸猾，且不畏惧官府，所谓“奸人豪夺，吏气伤沮”。[7] 这样就极大地增加了长安地区治理的难度。

再次，诸族聚集，交错杂居。长安所在的关中地区，历史上曾是诸族聚居之地，远的不说，仅汉魏之际就有大批少数民族迁居于此。如汉献帝建安二十二年（217年），刘备夺取汉中，兵逼下辨（今甘肃成县西），曹操把居于武都（治今甘肃成县西北）一带的氐人迁入关中，主要居于京兆（治今陕西西安）、扶风（治今陕西兴平东南）一带。[8] 这一时期迁居长安周围的羌人也不少。江统说：“关中之人，百余万口，率其多少，戎狄居半。”[9] 这里所谓戎狄，主要是指氐、羌二族。十六国时期是长安一带民族迁徙的又一高潮时期，不少民族由于

①⑥ 《西汉会要》卷46《民政》。
② 《晋书》卷103《刘曜载记》。
③ 《晋书》卷113《苻坚载记》上。
④ 《晋书》卷117《姚兴载记》上。
⑤ 《周书》卷2《文帝纪下》。
⑦ 《文苑英华》卷406《授孟皞京兆尹制》。
⑧ 《三国志》卷25《杨阜传》。
⑨ 《晋书》卷56《江统传》。

种种原因被大批强行迁入关中。如后秦大将姚懿与匈奴酋长曹弘战于平阳（治今山西临汾），“大破之，执弘，送于长安，徙其豪右万五千落于雍州”。[①] 可见迁入的匈奴人之多。此外，羯、鲜卑等族人迁入的也不少。南北朝时期长安一带的民族迁徙活动仍在继续，至隋唐时期又达到一个高潮，使长安发展成为一个各国、各族人聚居的国际大都会。在唐代这里不仅居住有各国使臣，大批留学生、学问僧和求法僧，还有寓居的外国贵族和大批各国商贾。在长安定居的少数族人则更多，如贞观四年（630 年），东突厥颉利可汗率众十余万内附，其中入居长安的即达万家，在朝供职任五品中郎将以上者即达百余人。[②] 此外，契丹、吐蕃、奚、粟特、党项、铁勒、回纥等不同民族人，聚居在长安的也不少，其中也有在朝充任各种官职的。这样的人口构成给长安社会秩序的维持带来不少新问题，如唐代宗大历七年（772 年）七月，“回纥蕃客夺长安县令邵说所乘马，人吏不能禁”。十年（775 年）九月，回纥人白昼杀人于市，捕获后囚于万年县狱，其首领赤心竟率众持兵器强行入狱劫走罪犯，并砍伤狱吏。[③] 这些现象的不断出现极不利于长安的社会治安，加大了执法难度。在动乱分裂时期，社会环境不稳，加之专制统治者有意挑起民族仇恨与纷争，致使民族间互相残杀，血流成河，烧杀抢掠，极大地破坏了这一地区的生产与生活秩序。十六国时期关中出现的各民族间连续不断的战争与杀戮，便是明证。

最后，恶少豪侠众多。历代的长安都有一批恶少流氓，他们勒索百姓，拦路抢劫，聚众赌博，偷盗财物，招惹是非，成

① 《晋书》卷 119《姚泓载记》。

② 《资治通鉴》卷 197。

③ 以上见《旧唐书》卷 11《代宗纪》。

为长安治安管理上的又一烦难之事。自汉代以来有关长安恶少劣迹的记载就不绝于史书，延至唐代竟愈演愈烈，所谓“上都街肆恶少，率髡而肤札，备众物形状。恃诸军，张拳强劫，至有以蛇集酒家，捉羊胛击人者”。[①] 在社会动荡时期，他们往往趁火打劫，杀人越货。如唐文宗时发生“甘露之变”，宦官出动禁军捕杀朝廷大臣，“坊市恶少年因之报仇杀人，剽掠百货，互相攻劫，尘埃蔽天”。[②] 这种恶少年人数不少，在唐代最多时达数千人，是一股不容忽视的社会势力。尤其当他们名隶禁军时，倚仗宦官势力侵暴良民，诟辱官吏，横暴于街市，长安地方官吏对他们也无可奈何。[③]

长安一带自秦汉以来就有游侠出没，他们豪爽仗义，轻财重施，在社会上颇能博得人们的同情和赞许。但是他们又具有流氓游民的劣根性，有时也对社会有不小的危害，所以官府也不时对他们进行适当的打击和约束。在汉代，长安的大臣权贵和豪侠结交的人不少，有人甚至利用其捕盗贼，维持治安。豪侠作为一种社会势力往往也被统治阶级所利用。如李渊太原起兵后，初入关中时就极力拉拢“五陵豪杰，三辅冠盖，公卿将相之绪余，侠少良家之子弟”。[④] 其子李建成“所从皆博徒、大侠”。[⑤] 还有被召募入军的，如北周建德五年（576 年），周武帝伐齐，“募三辅豪侠少年数百人以为别队，从帝攻拔晋州”。[⑥] 当游侠与地方土豪结合起来时，也会对封建统治造成

① 《酉阳杂俎》卷 8《黥》。
② 《资治通鉴》卷 245。
③ 《新唐书》卷 162《独孤及传》。
④ 温大雅《大唐创业起居注》卷 2。
⑤ 《新唐书》卷 79《隐太子建成传》。
⑥ 《隋书》卷 56《宇文弼传》。

威胁，所谓“豪杰则游侠通奸，濒南山，近夏阳，多阻险轻薄，易为盗贼，常为天下剧”。[1] 在这种情况下，他们就成为官府镇压的对象了。

在古代文献中往往将恶少与豪侠不加区分，这是由于两者的确在许多方面有相同之处，很难划分清楚。当他们任侠仗义，抱打不平时，会得到人们的赞许；当其好强斗狠，骄横不法时，又会引起人们的痛恨。这种两面性也决定了官府对他们既利用又镇压的态度。

二、重视官吏选授的思想与规定

官吏的选拔任用，对于政权建设至关重要。历代统治者十分重视广泛延揽人才，保证官吏队伍的素质，建立合理的仕进制度。早在春秋战国时期，当时的诸子百家，大多都明确地主张任人唯贤。如墨子就主张“为政于国家者”必须“以尚贤事能为政”；“官无常贵，而民无终贱，有能则举之，无能则下之，举公义，辟私怨。”[2] 孟子则把“尊贤使能，俊杰在位”作为实现其“王政”理想的条件之一。[3] 荀子说：“虽王公、士大夫之子孙也，不能属于礼义，则归之庶人；虽庶人之子孙也，积文学，正身行，能属于礼义，则归之卿相士大夫。”[4] 这些思想对后世影响很大，历代所制定的种种官吏选拔制度，都不同程度地体现了这种“尚贤”思想。对于长安来说，由于其处于京师的重要地位，对官吏的选拔更加严格，以保证京师地区吏治的顺利实施。具体而言，主要有如下一些规定：

---

① 《西汉会要》卷 46《民政》。

② 《墨子·尚贤》。

③ 《孟子·公孙丑下》。

④ 《荀子·强国》。

1．“试守”的规定

秦汉时期就已实行了“试守”制度，“诸官初除，皆试一岁乃为真。”[①] 任命新官员须经一年的试用期，称职者方可为“真”，即正式担任该官职，不称职者罢归。如汉韩延寿由东郡太守“入守左冯翊，满岁称职为真”。[②] 黄霸任颍川太守，入守京兆尹，任职仅数月，不称职，“罢归颍川”。汉朝对京兆尹的人选要求很高，自黄霸以后连用数人，“皆不称职”，只有张敞接任此职后，因治绩突出才得以久任此官。[③] 隋唐以后虽然也有“试守”制度，但与汉制颇不相同，就不详述了。

2．选拔“能治剧”的规定

据《汉旧制》载：“丞相考召取……能治剧一科，……选能治剧长安三辅令，取治剧。”由于长安一带社会复杂，政务繁剧，非突出才干者不能充任京邑令，故有此规定。在实践中常常把那些治绩突出的官吏，选任为京畿地方官吏，如薛宣为宛句令，大将军王凤闻其有能名，荐为长安令，“治果有名”。[④] 朱博为京兆掾属时，办事干练，被王凤荐为栎阳令，徙云阳、平陵二县令，所到之处考绩连最，遂被选为长安令。[⑤] 汉朝以后虽无“能治剧”的科目，但历代选拔精明强干的官吏任职于京师的做法并无改变。十六国、北朝及隋唐前期，多用宗室亲王为京兆尹（牧），虽不一定亲莅治事，但却反映了历代对京师吏治的重视态度。凡是亲王任京师牧守，通常都要选择一些能臣为其僚佐以主持政务。如北魏孝文帝太和

---

① 《汉书》卷 12《平帝纪》。

② 《汉书》卷 76《韩延寿传》。

③ 《汉书》卷 76《张敞传》。

④ 《汉书》卷 83《薛宣传》。

⑤ 《汉书》卷 83《朱博传》。

(477—499)末，“京兆王愉开府辟召，孝文妙简僚佐，（高）谅与陇西李仲尚、赵郡李凤起等同时应选”。[①] 唐太宗李世民任雍州（治今陕西西安）牧时，高士廉任治中，掌领州府事。[②] 在唐代，京兆尹后来虽不再授予亲王，但仍坚持选择朝廷大臣或贤能者充任。据不完全统计，由卿监、尚书、侍郎而改任或兼任京兆尹者 57 人，由宰相权知或兼任，或罢为京兆尹者 4 人，由京兆尹升任宰相者 6 人，京兆尹兼任御史大夫、中丞者 18 人。[③] 这就充分地说明唐朝政府对长安行政长官的选任十分重视。

3. 禁止任用权臣、贵族子弟的规定

由于长安地区社会复杂，号为难治，秦汉以来均以朝廷重臣治其事，所谓“右内史界部中多贵人宗室，难治，非素重臣不能任”。[④] 唐人也认为京兆尹权任颇重，“或匪其才，莫膺兹任”。[⑤] 正因为如此，历代对这一地区行政官员的选拔颇严，规定了一些限制条件。秦汉时期规定高级官僚只许任其子弟一人为郎，不许承袭父兄之官职，汉代对外戚、宦官子弟任官也作了限制，“中官子弟不得为牧人职”。[⑥] 隋唐时期规定权臣、贵族子弟及亲属不得任京畿地区官吏，这一做法到后来进一步制度化，明确化。唐代宗广德二年（764 年）三月，由京兆尹魏少游提出，规定“中书门下及两省五品已上，尚书省四品已上，诸司正员三品已上，诸王、驸马中期周已上亲及女婿、外

① 《北史》卷 31《高允传附高谅传》。
② 《旧唐书》卷 65《高士廉传》。
③ 张荣芳《唐代京兆尹研究》下篇，《唐代京兆尹年表》（台）学生书局，1988 年。
④ 《史记》卷 120《汲郑列传》。
⑤ 《文苑英华》卷 406《授萧璿京兆尹制》。
⑥ 《后汉书》卷 38《冯绲传》。

甥，不得任京兆府判官、畿令、赤县丞簿尉”。[1] 唐宣宗时，驸马都尉韦让求被任命为京兆尹，宰相周墀以“京兆非才望不可为”的理由提出反对。[2] 这就说明这一规定一直坚持下来了。

唐朝有一种风气，就是重内臣（京官），轻外官（地方官），士大夫多以在中央诸司任官为荣，故刺史、县令多任非其人。早在贞观六年（632年）时，侍御史马周就向唐太宗提出：“朝廷必不可独重内臣，外刺史、县令，遂轻其选。”并进一步指出：“所以百姓未安，殆由于此。”[3] 太宗接受了这个意见，实行了刺史由皇帝亲自简选，县令由京官五品以上荐举的制度。由京官荐举县令的做法往往受荐举者个人识才能力的局限，并不能完全保证被荐举者德才兼备，于是后来便实行从郎官中选择那些“精深理道”的人，充任长安地区的县令。这项制度始于贞元二年（786年）正月，当时从诸部员外郎及御史中选出十人，分任诸县县令，以司勋员外郎窦申任长安县令，检校吏部员外郎郑珣瑜兼奉先县令，检校礼部员外郎常武兼昭应县令，贾全任咸阳县令仍兼监察御史，韦贞伯为蓝田县令兼监察御史，崔淙为三原县令兼侍御史，检校比部员外郎王仓兼美原县令，李曾为盩厔县令兼监察御史，李鲲任富平县令兼殿中侍御史。[4] 唐朝对郎官、御史的选择十分严格，所谓“选重当时”，从他们中再进一步地筛选，将使用人质量得到保证。这种做法一直坚持了下来，后来白居易说：“京邑令缺，多择

① 《旧唐书》卷115《魏少游传》。
② 《资治通鉴》卷248。
③ 《贞观政要》卷3《择官》。
④ 《册府元龟》卷701《令长部·选任》。

尚书郎有才理者补之。"[1] 钱珝也说：京兆官吏"比者任用多是丞郎、给舍有才之人，或藩方善政之帅"。[2] 说明直到晚唐时这一制度一直坚持下来了。以后长安失去政治中心的地位，由于关中形势险固，历代对这里的吏治仍很重视，多注意选择所谓干才贤士充任这里的官员。如宋真宗就认为在关中任职者，"须性度平和有执守者"。他曾于景德四年（1007 年）亲选太常博士陈纲、李及等人到关中任地方官，并在长春殿召见，再三勉励后遣行。[3]

重视对长安官吏的选授，是历代统治者重视这一地区吏治的思想反映。长安长期作为统治中心，地位重要，统治阶级为了巩固全国的统治，必须首先保证京师的社会稳定，要强化全国各地的吏治，也必须首先从长安做起。吏治的优劣主要取决于用人是否得当，这是历代统治者不得不重视长安官吏选授的思想根源，而思想上的重视又进一步促进了长安吏治的强化，使其得以成为全国地方吏治的表率。

三、加强吏治管理的思想

1. 关于官吏道德规范的思想

早在秦代，统治者就力图使官吏的政治道德具体化、规范化，不仅提出了一般性的政治道德原则，而且根据官吏活动的特点，进一步提出了具体的政治道德规范。如要求官吏"必清洁正直"，"审悉毋私"，"临财见利，不取苟富"，"毋喜富，毋恶贫，正行修身"等。还要求官吏必须做到"五善"，即"一曰忠信敬上，二曰清廉毋谤，三曰举事审当，四曰喜为善行，

① 《文苑英华》卷 407《授孔戢万年县令制》。

② 《文苑英华》卷 625《为集贤崔相公论京兆除授表》。

③ 《宋史》卷 199《刑法志一》。

五曰恭敬多让”。如果官吏完全达到以上五个方面的要求，则“必有大赏”。[①] 唐太宗也认为任用官吏，“必须以德行、学识为本”。[②] 也就是说具备符合封建统治要求的政治道德规范和熟悉儒家的思想学说。儒家提倡的所谓“礼”、“义”、“廉”、“耻”，被称之为维系国家根本的“四维”，所谓“四维不张，国乃灭亡”。[③] 系统化了的“三纲”、“五常”学说，也是要求官吏必须具备社会伦理道德，并力促其在社会生活中发挥广泛的规范人们行为的作用。唐初大臣王珪认为官吏如果没有“学识”，“岂堪大任”，[④]也是从这个意义出发的。对于长安官吏来说这些素质更加重要，因为只有具备了良好的“德行”和儒家的纲常学说，才能更好地教化百姓，同时也能自我约束，避免贪赃枉法或残酷虐民，从而更好地维护长安地区的社会稳定。

2. 对赃官实行严刑峻法的思想

从战国、秦汉以来，有关惩戒官吏贪赃受贿的记载比比皆是，其中涉及到不少长安的官吏。官吏贪赃受贿如果任其泛滥，势必对国家的根本利益造成损害，直接影响到社会的稳定，故历代统治者打击颇严，很少姑息容忍。

秦汉对官吏的任用实行荐举之制，长安的官吏亦是如此。如果一旦发现被荐官吏贪赃枉法，举荐者也要追究荐举不当的责任。[⑤] 唐朝一度对贪官惩处十分严厉，与秦汉不同的是，唐朝并不追究荐举者的连带责任，这是因为唐太宗时尽管实行京官五品以上荐举县令的规定，但这不是唐朝选官制度主流，所

① 《睡虎地秦墓竹简·为吏之道》。

② ④ 《贞观政要》卷27《崇儒学》。

③ 《管子·牧民》。

⑤ 《云梦秦简·秦律杂抄》。

官五品以上荐举县令的规定，但这不是唐朝选官制度主流，所荐举的人数有限，所以不必追究。但太宗对贪官的惩治却毫不手软，史载：太宗“深恶官吏贪浊，有枉法受财者，必无赦免。在京流外有犯赃者，皆遣执奏，随其所犯，置以重法”。[①] 太宗常说：“古人云：‘贤者多财损其志，愚者多财生其过’。此言可为深戒。若徇私贪浊，非止坏公法，损百姓，纵事有未发闻，中心岂不常惧？恐惧既多，亦有因而致死。”故唐太宗常嘲笑贪浊枉法之辈不爱惜自己的性命，拿最宝贵的生命去搏取身外之物是最愚蠢的行为。[②] 他常常告诫臣僚不要做蠢事。宋代对长安吏治也非常重视，宋真宗曾说：“如刑狱枉滥不能擿举，官吏旷弛不能弹奏，务从畏避者，置以深罪。”[③] 即以严惩戒约任职于长安地区的行政长官尽职尽责，务使属下官吏守法清廉。

以严刑峻法处置贪浊官吏不是维持吏治的惟一手段，充其量只能起到威慑作用，以获得减少官吏犯罪的效果。所以历代统治者在实行这一政策的同时，还重视官吏政治道德规范的导向作用，把官吏的自我约束与法律制裁结合起来，以期达到改善吏治状况的目的。

3. 奖励贤能促进吏风改善的思想

惩罚与奖励是历代统治者驾驭官吏的重要手段。他们认为君权只有通过赏罚才能得以体现，所谓“君之所以为君者，赏罚以为君”。[④] 汉代人也认为“法令赏罚者，诚治乱之枢机也，

① 《贞观政要》卷1《论政体》。
② 《贞观政要》卷6《贪鄙》。
③ 《宋史》卷199《刑法志一》。
④ 《管子·君臣》。

不可不严行也”。[①] 这些言论从君权的行使、国家的治乱等方面论述了奖惩制度的重要作用。由此可见，奖励与严刑峻法都是加强吏治管理的重要手段，其作用已经被提到了关系国家治乱安危的高度。在政治实践中，历代统治者充分地认识到运用这一手段的重要性，逐步建立了一系列奖励官吏的制度，确定了官吏奖励制度的一般原则，使这一手段得以充分地运用。概括地说就是把奖惩制度与官吏的铨选制度、考课制度、监察制度紧密地结合在一起，互相配合，从而达到加强对官吏的管理效能。

早在秦汉时期就十分注意对长安官吏中的“贤能”者实行奖励政策。如汉宣帝就采取了玺书勉励，增秩赐金，加官晋爵等措施，有的人甚至获了关内侯的爵位，“公卿缺则选诸所表以次用之”。[②] 薛宣任长安令，治绩显著，升任御史中丞。[③] 即是一例。隋文帝对这一政策的推行较为彻底。在开皇初年，“每朔朝谒”，必召京畿诸县县令询问政事，表彰和奖励政绩突出者，新丰（今陕西临潼东南新丰镇）令房恭懿“政为三辅最”，多次赐以绢帛，并下诏褒美。[④] 唐以后各朝仍继续了这个政策，采取的方式大体有升迁、增秩、赐爵、赏金、画像、立祠以及诏令褒勉等，以对官吏中的优秀者进行表彰奖励。这样做不仅对被奖励者有激励作用，更重要的是可以对其他官吏起到示范和表率作用，鼓励更多的官吏严格执法，勤于政事，从而达到改善吏风的目的。

---

① 《潜夫论·三式》。

② 《汉书》卷 89《循吏传》。

③ 《汉书》卷 83《薛宣传》。

④ 《北史》卷 55《房谟传附恭懿传》。

4. 加强对官吏的考课

加强对官吏的考课是强化管理的一个重要方面。所谓考课，就是定期考核现任官吏的才干品行和实际政绩，重点是政绩。在考课中考绩优异者，往往得以升迁或奖励，考绩落后者将会遭到谴责或贬黜。早在战国时期就已有了考课制度，历秦汉、魏晋南北朝，至隋唐时期，这一制度已相当完备了。考课制度的实施除了具有激励和儆戒官吏的作用外，还有一个作用，就是通过对官吏政绩和才干品德的考察，便于发现识别和合理使用人才，进退有序，从而有利于提高官吏队伍的素质。

有关对长安官吏进行考课的思想，历代帝王都有不少这方面的言论，主要是体现在加强和严格考课方面，总括起来，主要体现在以下几方面：严斥考课不严，使考课簿计成为具文；完善考课标准，使之法律化；改善奖惩方式，使考课结果得以公平体现；建立和完善考课机构等。这些言论和做法的实施，对改变长安吏风与强化考课制度，不同程度地起到了较积极的作用。关于考课的内容，历代虽不相同，但均注重对官吏实际政绩的考核，具体内容下一节还要详述，就不再多说了。

第三节　吏治的考课与监察

监察制度与考课制度是我国古代官吏管理制度的一个重要组成部分，是吏治得以顺利实施的基本保证。长安长期处于政治中心的特殊地位，使历代统治者对长安官吏的监督与考课，既有同于一般州郡之处，也有不少不同之处，探讨这些特点对于全面把握长安吏治状况有一定意义。由于长安的政治地位在各个历史时期不同，故对其吏治的监察与考课之制变化较大，这里重点论述其作为统治中心时期的情况。

一、司隶校尉的监察

早在先秦时期已经有专门的监察机构出现，《礼记·王制》云："天子使其大夫为三监，监于方伯之国，国三人。"这一时期的监察机构无论其规模及职权范围等，都无法与秦汉时期的监察机构相提并论，秦汉监察制度是一种比较完善成熟的制度。就其隶属系统而言，大体上可分为三个系统：即丞相系统、御史大夫系统、司隶校尉系统。

丞相府实际是国家最高政务机关，也负有一定的监察之责。具体负监察之责者即丞相司直，据载，司直初置于汉武帝元狩五年（前 118 年），"秩比二千石，掌佐丞相举不法"。[①]司直监察的范围也包括地方官吏在内。在史籍中关于司直派遣丞相史赴地方按验不法官吏的记载，可以说比比皆是。司直长期居于长安，长安官吏便时时处在其监视与监察之下。

御史大夫，秦朝设置，汉朝沿袭不变。御史大夫府的监察范围很广，中央诸司及全国各级地方官吏无不在其监督之下，其既是政务机构也是国家最高的监察机关。

司隶校尉，初置于汉武帝征和四年（前 89 年），[②] 其职责是"掌察举百官以下及京师近郡犯法者"。[③] 司隶校尉权力颇大，集司法、监察诸权于一身，除了拥有对公卿王侯的刺举纠弹之权外，还有在京师及附近诸郡行使监察刑讯捕杀之权，所以司隶校尉具有中央与地方职官双重性质。司隶校尉所领之地共有七郡，即河南、河内、弘农、河东、京兆、冯翊、扶风。东汉的统治中心虽在洛阳，但长安地区仍在司隶校尉的管辖范

---

① 《汉书》卷 19《百官公卿表》。

② 《西汉会要》卷 32《职官二》。

③ 《后汉书》志二十七《百官志四》。

围之内。东汉初期丞相司直被罢废，对长安的监察和管理主要依赖于司隶校尉。东汉末年，虽然恢复司直之职，其职掌主要在于监察诸州官吏，长安吏治的监察仍属于司隶校尉。魏晋十六国时期仍置有司隶校尉，凡建都于长安的政权，京畿地区的监察、司法均由其掌管。

汉武帝设置司隶校尉，在其下置有从事史12人，分掌诸事：都官从事，“主察百官犯者”；功曹从事，“主州选置及众事”；别驾从事，“校尉行部则奉引，录众事”，簿曹从事，“主财谷簿书”；兵曹从事，“主兵事”；郡国从事，每郡各一人，“主督促文书，察举非法”。[①] 魏晋十六国的司隶校尉负责纠察宫外百官，号为行马外察官，职权甚重。南北朝时期将监察权归并于御史台，司隶校尉被撤消，由御史台派官监察长安吏治，这是监察制度的一个变化。

除了司隶校尉负责长安监察外，在秦汉时期中央政府还不定期派员巡察京畿吏治。如汉成帝鸿嘉元年（前20年）下诏曰：“方春生长时，临遣谏大夫等察三辅、三河、弘农冤狱。”汉平帝元始元年（1年），又遣谏大夫巡行三辅“举籍吏民，以元寿二年仓卒时横赋敛者，偿其直”。[②] 此外还不时派其他官员充使巡行京畿及诸州，察冤狱，纠酷吏。这种情况的出现，除了起到加强对地方吏治的监督作用外，也是对司隶校尉工作的监督，有利于督促其更加尽心尽责，抓好地方吏治。

二、御史台的监察作用

《汉书》卷19《百官公卿表》：“御史大夫，秦官，位上卿，银印青绶，掌副丞相。”御史大夫既然拥有仅次于丞相而

① 《后汉书》志二十七《百官志四》。
② 《西汉会要》卷38《职官八》。

高于其他诸卿的地位，其理所当然地负有辅助丞相处理国务的职责，但同时又握有考课、监察、弹劾百官的权力，所谓“总领百官，上下相监临”。[①] 由于御史大夫是副丞相，政务繁忙，实际负监察之责的是其属官御史中丞，其职责是“掌图籍秘书，外督部刺史，内领侍御史员十五人，受公卿奏事，举劾按章”。[②] 部刺史负责监察地方郡国官，侍御史则监察弹劾京中百官，他们都是御史中丞的属官。由此可见，长安官吏亦在其监察范围之列。

西汉末期御史大夫改称大司空（东汉去大字），不再掌管监察之事，御史中丞的地位更加突出，发展成为独立的监察职官。后来出现的御史台机构，就是由御史中丞一职发展演化而来的。御史台的名称出现于南北朝时期，并发展为独立的国家监察机关。

御史台监察职能的真正完善是在隋唐时期，是国家惟一的监察机关。隋代的御史台置大夫一人为长官，其下有治书侍御史二人为副职，侍御史八人，殿内侍御史、监察御史各十二人。隋炀帝大业三年（607 年），在御史台之外分设谒者、司隶二台。三台共同分掌监察职权，具体分工是：御史台纠察中央百官，司隶台监察京畿与郡县官员，谒者台奉诏出使，持节按察。由此可见对长安吏治的监察由司隶台负责。司隶台置大夫一人为长官，下有别驾二人，一人察长安，一人察东都。另置刺史十四人，巡察郡县，从事四十人，“副刺史巡察”。无论别驾或刺史外出巡察时，以所定六条问事，这六条是：“一察品官以上理政能不。二察官人贪残害政。三察豪强奸猾，侵害下人及田宅逾制，官司不能禁止。四察水旱虫灾，不以实言，

---

① 《汉书》卷 83《朱博传》。

② 《初学记》卷 12《职官部下》。

枉征赋役，及无灾妄蠲免者。五察部内贼盗，不能穷逐，隐而不申者。六察德行孝悌，茂才异行，隐不贡者。”① 这六条包括了长安吏治内容的主要方面，通过监察以促进官吏做好这些方面的工作。后来隋炀帝又废去司隶台，并其职能于御史台，同时又以京官中清廉强干者带司隶从事衔外出巡察，每年二月出巡，十月入奏。

唐代废去谒者台，只保留了御史台。唐代御史台仍以大夫为长官，以御史中丞为副长官，下设侍御史、殿中侍御史、监察御史，合称三院御史。唐代御史台对长安吏治的监察主要体现在如下几方面：（一）司法监督。司法监察本是御史台职责之一，大理寺、刑部断狱都要报告台司，由御史台详定。京兆府和诸县断案有不实者，“便任诸台司按覆”。② 御史台置侍御史四人，其中第三、第四人分知东、西推。所谓东西推，就是把京畿与诸州分为东、西两部分，各以侍御史一人负责推按刑狱。由于知东西推事务繁重，又以殿中侍御史二人与知东西推侍御史共掌推鞠之事，合称“四推御史”。这种体制有利于避免司法中的错判误判，也给当事人提供了上诉的方便条件，可以减少司法中的枉滥现象。（二）弹奏。这也是侍御史的职责之一。御史台对京师百官中犯罪者可以提出弹劾，甚至包括宰相在内。长安的行政长官京兆尹、少尹，具有京官性质，京畿诸县令凡大朝会按贯例也要参加，也具有京官性质，由于长安官吏这种性质，故其一旦违法自然也由御史台弹劾。这方面的例子并不鲜见。（三）经常性监督。唐制，以殿中侍御史二人在京城分知左右巡，分察其巡内不法之事。一般是左巡使知京城内，右巡使知京城外，每月一换。巡察的内容是：“左降流

---

① 《隋书》卷28《百官志下》。

② 《唐会要》卷60《御史台》。

移停匿不去，及妖讹宿宵，蒲博盗窃，狱讼冤滥，诸州纲典贸易，赋敛违法。”[①] 从这些内容看，有些方面是直接针对长安官吏的，有的虽不直接针对，但也是其职责范围内应管之事，一旦查出将会直接影响他们的仕途。在唐代京畿簿尉中政绩、才干突出者，通常多被选入御史台，充任监察御史。殿中侍御史知左右巡，当事务繁剧时，往往也选京畿县尉兼掌之。这种情况对激励长安官吏尽职尽责有一定的积极作用，使得长安吏治往往优于其他地方州县。

三、比部的审计与监督

比部始置于曹魏，历代沿袭不变，但隶属关系各朝却不一致，晋朝及南朝隶属于吏部，北魏、北齐、隋唐隶属于都官(刑部)。其长官称郎中，梁、陈、隋等朝称侍郎，隋炀帝时改称郎，唐朝仍称郎中，副职称员外郎。比部是国家的财政审计机关，中央诸司及天下诸州财务状况都要上报比部进行审计。由于史料散佚严重，唐以前比部的详情已不大清楚，现将唐代比部的职能略作介绍。

关于唐代比部的职能，旧史记载说：“掌勾诸司百寮俸料、公廨、赃赎、调敛、徒役、课程逋悬数物，周知内外之经费而总勾之。”[②] “诸司诸使京都四时勾会于尚书省，以后季勾前季。诸州则岁终总勾焉。”[③] 也就是说中央及地方的所有财务皆在其审计范围之内，既如此，长安地方的财务理所当然地归比部勾检（审计）。

关于比部对长安的审计与监督的情况，贞元八年（792

① 《唐六典》卷13《御史台》。
② 《旧唐书》卷43《职官志》。
③ 《新唐书》卷46《百官志》。

年）闰十二月十七日，尚书右丞卢迈的上奏中有详细反映，其文云："伏详比部所勾诸州，不更勾诸县，唯京北府，河南府，既勾府，并勾县。伏以县司文案，既已申府，府县并勾，事恐重烦。其京兆府、河南府请同诸州，不勾县案。"① 这个建议得到了唐德宗的赞同。说明在这以前比部对长安、洛阳两地的审计要严于其他诸州。其具体工作程序是这样的：京兆府县每月的各种财税征收数字由所在长官及录事、判官等仔细审查核实，每年一次申报比部。要求次年正月申报完毕，比部审计后把发现的问题反馈给京兆府及诸县，京兆府及诸县依据实际情况核定比部检查出来的问题是否确当，这种核实工作要在6月30日前完成。如比部检查出来的问题正确，那么这部分财物必须在12月30日之内，即年内纳足。如没有按限期申报比部，委有关监察官员审查，务使按期申报。② 经过审计后的财税收入，要按足额将应上缴中央财政的部分交足，不得妄有削减。对于当地留用部分的钱粮支用，也要接受比部的审计，如有乱支乱用现象，要受到惩处。

唐德宗贞元中（785—805），宰相裴延龄忌京兆尹李充才干过人，诬陷李充交结陆贽，数次贿赂以金帛，致使李充贬官。李充被贬后，裴延龄仍不放过，必欲置之死地，遂奏李充以往曾胡支乱用京兆府钱粮至多，请求命比部审计核查。取得皇帝同意后，他指示比部郎中崔元翰负责此事，"元翰曲附延龄，劾治府史"，凡京兆府府史到者，"虽无过犯，皆笞决以立威。时论喧然。"后经刑部侍郎奚陟审理查实，只有300余石谷为诸色输纳折欠外，其余均是按照诏敕和度支符牒支用，原

---

① 《唐会要》卷59《比部员外郎》。

② 《唐会要》卷59《比部员外郎》。原文指天下诸州军府，亦包括京兆府在内。

定李充乱支68万贯钱的罪名并不属实。[1] 可见比部对京兆府的财政支出亦负有审计监督之权。

比部勠治京兆府官吏是在特殊情况下受命而行，通常比部并不直接审计京兆府及诸县财政，而是由当地负责审计的官吏具体实施，然后上报比部审查。唐制，京兆府置录事参军二人、录事四人、府史各三人；诸县置主簿、录事各二人，佐史各二人，[2] 他们均具有负责本府本县的审计事务及纠察诸曹之责。以上官吏的职责有三：即勾检稽失，省署抄目，受事发辰。其最主要的职能是勾检稽失，勾检的内容包括两方面：一为“失”，即公事失错，也就是处理公务违反了制度。二为“稽”，或曰稽程，也就是没有在国家规定的日程内把公务或案件处理完毕。前者是指把公事办错了，后者是指把公务办慢（迟）了，这都是国家制度所不允许的。可见府县勾检官吏的职责并不仅限于财政审计，而负责着全部公务的监督和纠察。比部通常负责制定有关勾检政令，长安的府县勾检官吏按照这种政令具体实施，府县每年上报中央的计账，要经过当地勾检官吏稽查审计，然后才能上报，由比部再对上报的计账进行勾检。比部直接勾检的是中央诸司和全国性的财政收支。

四、对官吏的考课制度

所谓考课，就是对现任官吏政绩和才能品行的考核。对长安官吏的考课历代制度颇不相同，主要是考课的内容、方式、标准等方面存在一定的差异，总的趋势是考课制度愈来愈严密。

在秦汉时期，对长安官吏的考课方式主要有三种：一是长

---

① 《旧唐书》卷149《窦陟传》。

② 《唐六典》卷30《京兆府》。

安的最高行政长官对所属僚属及诸县进行考课。主官按照各属官的职责范围，对其能力的高低和政绩的大小考核定等，以此作为迁转奖惩的依据。二是中央政府对长安官吏的考课。这类考课称之为“上计”，始于战国时期。当时的地方官吏每到年终，须将辖区内各种情况汇集后书呈国君审核，称为“上计”。秦汉沿用这一制度。秦汉规定年终须将计簿报送京师，次年正月开始进行考核。在这之前的秋冬季，各县要将本县的户口、耕地、钱谷收支、治安、刑狱等情况编制成计簿，呈送给内史（京兆尹），内史把各县的情况汇总后，派上计吏于年底呈送中央政府。中央负责考课的是丞相府，长安官吏的考课亦由其负责，所谓“长安令、京兆尹职当所禁备逐捕，岁竟，丞相课其殿最，奏行赏罚而已”。①至于“上计”内容的真实与否，则由御史大夫府负责监察核实。对长安官吏的考课，上至内史（京兆尹），下至小吏，皆在范围之内。《史记·酷吏列传》载：“（赵）禹以刀笔吏积劳，稍迁为御史。”即是一例。三是监察机构的考课。中央政府每年都要派员巡行郡县，长安地区亦不例外。通常是每年八月外出巡行，录囚徒，课殿最，冬季返京录奏。旧史所谓“丞相、御史课殿最以闻”，②指的就是此事。东汉时期这一制度稍有变化，《后汉书·百官志》云：“初，岁尽诣京都奏事，中兴但因计吏。”前一句是说西汉时每年岁末中央派出巡行的官员要返京汇报，后一句则指光武帝中兴以后只通过“上计”这一方式考核。

关于考课的内容，主要是指官吏的实际政绩，包括能否严格执行有关法律、法规。关于秦朝的考课内容，史书缺载，从《云梦秦简》所记载的有关法律条文中可以窥知其一二。主要

① 《汉书》卷74《丙吉传》。
② 《西汉会要》卷39《职官九》。

包括：(一) 授田与收缴田税。即将国家土地分给农民或赏给有军功的人，授田后按田亩数征收田税。如果已授了土地就必须纳田税，“弗言，为匿田”。即隐瞒了田税收入，就构成了“匿田罪”。[①] (二)《金布律》规定官吏要管理好官府收入的钱财和货币流通以及物价等事。如果官吏在这些方面有失职行为，考核中查出来，将予以严厉处罚。(三)《徭律》规定咸阳附近诸县征调徭役，主要用于维修和加固禁苑和苑囿的堑壕、墙垣、藩篱，不准使用人役擅自拆改官舍和衙署。同时还规定了工程必须准确地估算工程量，按工程量需要确定所要征发的徭役徒众数量。估算不实，依法论处。(四)《效律》规定了对县一级物资账目的核验制度和对军用物资如兵器、铠甲和皮革等的保管责任。官吏免职、离任、新任对官府财物的交接核验手续和责任范围，也作了详细的规定。对仓库的封缄、题识和簿籍以及各种度量衡的误差限度等都有详细规定。官吏如有违反上述制度和规定的，或徇私舞弊者，与盗贼同样论处。(五)规定了官员和吏卒因公出差或传送文书时食宿驿站的供给标准和传送皇帝制书、紧急文书的时间要求，收发文书的登记手续，对积压和遗失文书也有处罚规定。

对于考课中发现有问题的官吏，秦朝制定了相应的处罚规定。凡是违犯行政纪律、或因失职造成损失者，根据情节轻重和造成损失的程度，分别给予“谇”，即斥责；“免”，即免官，“废”，即罢废官职永不叙用等行政处罚；或给予“赀甲”、“赀盾”的经济制裁；情节严重的则要予以刑事惩罚。官吏执法时“重罪轻判”为“纵囚罪”；轻罪重判为“不直罪”；断案时由于主观原因判处罪名有出入者，犯“失刑罪”。[②]考课时一经查明，都要根据所犯罪行予以惩处。

---

① ② 《云梦秦简·法律答问》。

汉朝对包括长安官吏在内的地方官吏的考课内容，可以从“上计”的内容中反映出来。根据有关记载看，这些内容包括：（一）户口和垦田数额。如果户口增加，垦田岁增，主官将得到嘉奖或升迁。反之，则受到处罚。（二）钱谷收支数额。这是考核地方官吏的一个主要内容，反映的是其在征收租税和财政收支方面的政绩。旧史中就有地方官员“以负租课殿当免”的记载。（三）治狱情况。这一条主要考核地方官吏在维护社会治安方面的政绩。“断狱大减”，犯罪率下降，常常被视为地方官吏的重要政绩之一。此外，汉代的考课内容还包括对官吏的品德和能力等方面，如“质朴、敦厚、逊让、有行”等就是侧重于品德的考课；而“软弱不胜任”，“能治剧”等，[①] 主要是对才干能力的考核。

魏晋南北朝时期的考课制度比之秦汉时期更加完备，主要表现在出现了专门负责考课的机构以及上计制度、考课标准更加完善上。这一时期产生的尚书省，其下属的吏曹尚书及考功郎、考课尚书郎等，已经成为专职负责考课的官员，这是隋唐时期吏部考功司的前身。这一时期的上计制度包括郡县上计、监察官巡计、考功受计、御史台核计、皇帝主计等五个环节。长安诸县的上计通常由县丞和县尉负责，考核本县官吏的政绩后，写出评语，上报京兆尹。京兆尹派员赴县审核后，然后将所属各县上计簿汇总上报中央。吏曹考功郎负责全国的上计审核，皇帝也偶尔亲自受计。这些环节都要受到御史的监察，如有不实之处，就要遭到弹劾。

魏晋南北朝时期的考课标准，经过历朝的多次修订，显得更加细致严密。曹魏时期，魏明帝制定了《都官考课七十二法》。晋武帝在此基础上制定了《五条课郡县法》，具体内容

① 《汉书》卷90《酷吏传》。

是："一曰正身，二曰勤百姓，三曰抚孤寡，四曰敦本息末，五曰去人事。"① 此办法较之曹魏之法简便易行，故能施行一百多年。

北魏在孝文帝太和十八年（494 年）颁布了《三等黜陟法》，具体办法是：六品以下官员命吏曹尚书考课，五品以上官员皇帝亲自与公卿考课评议，每三年一次大考，"考即黜陟"。考绩分为三等，"上上者迁之，下下者黜之，中中者守其本任"②。这个考课标准对考课制度化法律化起了重要的促进作用。

西魏在武定三年（545 年）由大行台度支尚书苏绰拟定了《六条课郡法》，这个考课标准在北周得到广泛地推行。这六条是：一曰"先修心"，二曰"敦教化"，三曰"尽地利"，四曰"擢贤良"，五曰"恤狱讼"，六曰"均赋役"。这六条标准涉及范围较广，囊括了地方吏治的基本内容，并且注意到官吏自身的修养和社会风化以及选用贤才等问题，是一个比较完善全面的考课标准。

隋唐时期的考课制度是在吏部考功司主持下对流内官和流外官政绩进行考察评估的。实际上考功司所考核的只是中下级官吏，唐朝规定京官四品以上及地方的都督、刺史不由其负责。京兆尹从三品，故考功郎中便不能对其考课，但京兆府的其他品秩较低的官员及诸县官吏的考课仍在考功司职权范围之内。高级地方官及宰相，三品以上京官的考课皇帝亲自负责或另派官员主持考课，称之内考、内校。长安地区官吏的考课程序是：诸县官吏由本县县令考课，县令由京兆尹每年考其功过，然后再将考簿汇总后报给考功司。考功员外郎率下属主事、令史分别登录，作出初步审核意见，并评出等级。皇帝另

① 《晋书》卷 3《武帝纪》。

② 《魏书》卷 7《孝文帝纪》。

派京官望重者二人分校考功司定出的考级，称为校考使。又以给事中、中书舍人各一人监督官考，称为监考使。一校一监，意在保证考课公允。校考完毕后，即予以公布，并给被考课的官吏发给考牒，“以为凭据”。①

唐代颁布有考格，即官吏参加考课的资格标准。规定在一年中官吏任职连续二百天以上者方可参加考课。若到任不足二百天，或一年中请假超过一百天，或在任期间中断工作一年以上者，均不得参加当年的考课。如果是调任官员，可在新任所参加考课。

唐代的考课标准更加详尽，共分两种，即为官道德和任官政绩与才干。前一种称“四善”，即德义有闻，明慎明著，公平可称，恪勤匪懈。后一种称“二十七最”，是根据不同的工作性质和职责，对官吏的个人才干和政绩提出的不同原则要求。这二十七条中有关长安官吏的主要是：第七条推鞫得情，处断平允；第十二条训导有方，生徒充业；第十四条礼仪兴修，肃清所部；第十七条明于勤覆，稽失无隐；第十九条功课皆充，丁匠无怨；第二十条耕耨以时，收获成课；第二十一条谨于盖藏，明于出纳；第二十五条市廛弗扰，奸滥不行等。涉及到刑狱、教育、风化、治安、勾检稽失、工程徭役、仓库管理、市场管理、督课农桑等方面。

考课的等级共分九等，每个等级的条件是：一最四善上上，一最三善上中，一最二善上下，无最二善为中上，无最一善中中，职事粗理，善最不闻为中下，爱憎任情，处断乖理为下上，背公向私，职务废缺为下中，居官谄诈，贪浊有状为下下。对于长安等地区的亲民之官，除了根据以上标准定出等级外，还特别根据其任官之地的户口、耕地增减情况，另定有进

① 《唐会要》卷82《考下》。

考标准。即根据现有户口、耕地数量分为十分，户口每增加一分，进考一等，每减一分，降一等；耕地面积每增加二分，进考一等，每减一分，降一等。“若数处有功，并应进考者，并听累加。”[①]

以上是流内官的考课标准，对流外官即吏职，则另定有考课标准，共分四等，即“清谨勤公为上，执事无私为中，不勤其职为下，贪浊有状为下下”。[②]

宋元时期长安失去了政治中心的地位，对其官吏的考课同于一般州郡。宋初，太祖置审官院，“考课中外职事受代”。[③]太宗时又置考课院，掌“磨勘幕府，州县功过，引对黜陟”。[④]宋神宗熙宁五年（1072 年），罢考课院，遣使巡行州县，“条其吏课”，知州、通判的考簿上报中书省，县令的考簿上报司农寺。[⑤]元丰（1078—1085）时，又罢审官院，将考课之事统统归于吏部考功司掌管。

宋代的考课标准在唐代四善二十七最的基础上，屡有变易。其特点是注重对地方官吏的政绩考核，主要以户口、财赋、治安、农桑为依据进行考核。宋初规定户口、赋税能增长十分之二者，知州、县令进一等，减一分者，降考一等。乾德四年（966 年），规定地方官能使户口、赋税在原额基础上有所增长者，“减一选，仍进一阶”。[⑥]宋太宗开宝九年（976 年），规定州县考课为三等之制，由诸路转运使负责境内知州、通判及其他官吏的考课，确定等级，每年年终奏闻。宋神宗以后，制定了四善三最之法，用于考课州县官吏。所谓“四善”，即

---

① 《通典》卷 15《考绩》。

② 《新唐书》卷 46《百官志一》。

③ ⑤⑥ 《宋史》卷 160《选举志六》。

④ 《宋史》卷 163《职官志三》。

德义有闻，清慎明著，公平可称，恪勤匪懈。所谓“三最”，即“催科不扰为治事之最；农桑垦殖，水利兴修为劝课之最；屏除奸盗，人获安处，赈恤困穷，不致流移为抚养之最”。[①] 仍定三等，在以上诸条标准中，能达到五条者为上等，达到二条者中等，其余为下等。

宋代规定每年一考，三考一任，审核任内之考绩称为磨勘。考核依据为印纸历子，官员外任由皇帝或吏部发给历子，用以记录政绩。县令的历子由知府（州）、通判批书；州府官员的历子由监司批书。考核结果直接影响下一任的官职和任职地点，也采取罚俸等手段处罚考绩劣者。实际上宋代官员的迁转大都以年资为准，这样就极大地削弱了考课的效能，助长了官员因循苟且的风气。

金元时期的考课制度虽然比较粗疏，却能和官吏的升迁黜陟结合起来，因此考课的功能大大优于宋代。金代规定官员有贪残虐民者，立罢并终身不用，有清廉自励者，虽处卑位亦听荐拔。[②] 金代还制定了廉察制度，廉明清正者进阶升等，污浊贪残之官降阶或处以杖责。金章宗时，仿唐制制定了“四善十七最”的考课法，专用于考核地方官吏。元代考课由中书省、御史台共掌，官员每 30 月一考，依考绩定升降，但循资现象仍较辽金严重。

明代官吏考课之制，分为考满、考察二法。考满是以年资考察官吏任期内工作状况的一种办法。考满以三年为期，三年为初考，六年再考，九年通考，每一阶段均称“满”，即任期已满之意。考满按官吏的级别和所属机构进行。凡官吏考满，分为三等，即称职、平常、不称职。评定考等后，还须依据职

① 《宋大诏令集》卷 13《政事》。

② 《续通考》卷 19。

事繁简才能确定奖惩升降。明代规定府以田粮15万石以上，州以7万石以上，县以3万石以上，均为事繁，否则为简。以考等结合职事繁简确定升降等，指秩等或俸等，官职是否变化，则视实际情况而定。明代规定地方亲民官六年再考可升迁，参佐杂职九年通考满方可升迁。也有不受这些规定限制的升迁，如无适当职位升迁则加秩增俸后留任原职。吏职考满升迁时，还要由吏部会同有关诸司出题考试，分成等级以决定升迁去留。明朝对地方官的考课，在明初侧重于安抚百姓，劝课农桑；隆庆（1567—1572）以后，但以能否聚敛为干才。

考察是另一种考核官吏的制度，与考满相辅相成。考察的目的在于区分官吏优劣，重在惩处不法官吏，又称大计。考察分为京察与外察，京察与长安官吏无关，只有外察涉及到他们。外察之制始于明太祖统治时期，规定地方官三年朝觐一次，由吏部考课朝觐官员，初分为三等，后又分为四等，即称职、平常、不称职、贪污阘茸。外察实际上是由吏部与都察院共同施行，考核结果奏请皇帝定夺。外察在初期无固定的标准，后来才逐渐形成了“八法”，即贪、酷、浮躁、不及、老、病、罢软、不谨。这种考课的结果，即处理办法是：年老多疾者致任，罢软无力，素行不谨者冠带闲居，贪酷者免官为民，才力不及者改调。[①] 考察程序是：由布按二司会同督抚考察州县，由督抚考察布按二司所属官吏，由吏部、考察院考察二司。要求对被考察者逐人写出考语，考语要以册、籍、单为依据。册为官吏的政绩记录，籍为官吏的履历档案，单又称访单，由其他官员填写投送掌管考察的机构。以上这些材料均要保密。被考察者不得为自己辩解，内阁大臣不得干预考察结果，只允许科道等监察官员对考察中诬枉不公者提出弹劾，奏

① 《明会典》卷13。

请纠正。明代规定考满罢免之官，尚可起复；考察所罢免者，永不复用。

清代沿袭了明代的考察之法，称外察为大计。大计仍三年进行一次，以四格八法为考核标准。所谓“四格”，即才、守、政、年，也就是以才干、廉洁、政绩、年纪等四个方面为标准。所谓“八法”，即贪、酷、罢软、不谨、年老、有疾、才力、不及、浮躁。考察等级分为五等，即称职、勤职、平常、办事不及、不称职。考察称职者加一级，勤职者记录一次（记录两次准免降一级），平常者留任不升，办事不及者降一级调用，不称职者革职。大计中罢免的官员不得重新起用。

大计的程序是：由藩、臬、道、府逐级审察其属员，申报督抚。督抚核清事实，定其考语，注考缮册，于大计之年的十一月内报送吏部。吏部会同都察院核查考语，评定去留，选报不实者由科道官参奏弹劾。主持大计的官员对所举报的优异者负有连带责任，一旦所举不实，将予以连坐。

历代考课制度意在区分优劣，褒奖优异，贬黜贪浊，保证吏治的顺利推行。总的来看，这一制度在很大程度上起到这种积极作用，但也要看到专制制度的本质是人治，君主的勤政与否，负责考课官员的素质如何，都程度不同地影响着考课的客观公正，至于“虚应故事，余概优容”的现象，[1] 在历代无不时有出现。在一些王朝晚期，考课制度不仅起不到改善吏治的作用，反而成了上司和负责考课官员乘机敲诈钱财，索贿受贿的好时机。

① 《清史稿》卷111《选举志》。

第二章

贵族政治向官僚政治的转变

中国在先秦时期实行世官世禄制度，即所谓贵族政治，长安地区自然也不例外。在商代这一地区为臣服于商的方国崇所控制，在西周时期其为王畿之所在，周平王东迁后，这里便逐渐为秦国所占据。贵族政治的最大特点，便是大小贵族在自己所属的领地内拥有绝对的支配权，因此这一历史时期的长安还不存在真正意义的吏治。春秋时期世官世禄制度开始动摇，至战国时期尤其是商鞅变法以后，以血缘关系为纽带，以宗法制为基础的世官逐渐为军功地主所代替，官僚政治开始形成，但是真正意义的吏治还是从秦朝建立时开始的。至西汉初贵族政治虽一度回潮，其实质已和先秦时期大不相同，且对长安的吏治并无根本的影响。此后的中国虽然仍存在官僚贵族化的现象，如门阀政治等，然而并不能改变官僚政治的实质，充其量只是官僚政治在不同历史时期具有不同的特点而已。

第一节　先秦时期的贵族政治

一、贵族政治的实质

所谓“吏治”是阶级社会才有的政治概念。在商代，长安地区为崇国所管辖，周族强大起来后，“既伐于崇，作邑于丰”。[1] 丰（今陕西户县东）的周围便是所谓王畿地区。周武王灭商后，又迁都于镐（今西安西），并大封诸侯，辅翼王室。分封制是以血缘关系为基础的一种制度，所谓“天子建国，诸侯立家，卿置侧室，大夫有贰宗，士有隶子弟”。[2] 这样就形成以天子为首的阶梯式大小贵族阶层，每个贵族都有自己的封地或采邑，由其直接统治和管理。周王室的卿士、大臣，也多由这些封国的公侯担任；各封国的卿、大夫也由贵族充任，他们也有属于自己的封地。所有的贵族都拥有世袭权，这样就形成了世官制度。在西周时期虽然有了维护统治秩序的法律，但血缘关系仍十分重要，它与宗法关系都是维护上下尊卑关系的工具。上引“士有隶子弟”一句，服虔注释曰：“士卑，自以其子弟为仆隶。禄不足以宗，是其有隶子弟也。”[3] 《礼记·少仪》又云：“问士之子长幼，长，则曰：能耕矣。幼，则曰：能负薪，未能负薪。”郑注：“士禄薄，子以农事为业。”说明随着血缘关系的渐次疏远，士的子弟也必须亲身参加农业劳动。士实际上就是家族长，子弟就是家族内既承担各种贱役，又从事农业生产的劳动力，士可以支配其子弟。所以这一时期因犯罪或因战争而迁徙人口时，往往都是整族迁徙。西周实行宗法制，天子是天下大宗，天子之位只能由宗子来继承，其余诸子均为小宗，只能封为诸侯。诸侯诸子也分为宗子与庶子，只有宗子才可以继承诸侯之位，其余庶子只能为卿、大夫。卿、大夫之位由其嫡长子继承，其余诸子只能为士，士之子弟只好执贱役了。西周时期虽然有许多异姓诸侯，但各国内部的

① 《诗·大雅·文王有声》。

② 《左传》桓公二年。

③ 刘文淇《春秋左氏传旧注疏证》。

继承关系亦是如此。

周天子自称是上天的元子（长子），上天交给他土地和臣民，他代表上天来管理土地和统治臣民。所谓“溥天之下，莫非王土；率土之滨，莫非王臣。”[①] 说的就是这个意思。天子之下的诸侯、卿、大夫等，对其下也是如此。《国语·周语上》：“古者，先王既有天下，又崇立上帝，明神而敬事之，于是乎有朝日、夕月以教民事君。诸侯春秋受职于王以临其民，大夫、士日恪位著以儆其官，庶人、工、商各守其业以共其上。”所以在西周时期“敬天”、“尊神”、“崇祖”的思想非常浓厚，周天子代天治民，诸侯、卿、大夫、士及庶人工商等服从天子也就是敬服上天。儒家所称颂的周公制礼作乐，实际上就是要把这一套统治秩序制度化。所谓周人治国，以“亲亲”、“尊尊”为本，就是对以上所述这两条的概括与总结。

由于这一时期的各级统治者均是地位不等的大小贵族，即大大小小的领主，只要他们对上及时贡赋，并承担对天子的各种义务，服从命令，至于如何治理自己的封地，采取什么政策和措施，一般并不受到干预。从现有的文献和考古资料看，还无发现有天子对各诸侯国颁布有关“吏治”的命令和法规，缺乏规范内容的地方政治自然还谈不上后世那种意义的吏治。只有当贵族变为官僚，并有整套吏治思想与统一规范的吏治标准和内容时，才能算是到了吏治时代。这样看问题并不是否认这一时期有相应的统治政策和治国思想的存在，如《尚书》中就有不少篇幅讲到如何治民。如其中《无逸》篇说治民要“先知稼穑之艰难”，“怀保小民，惠鲜鳏寡”。《立政》篇说：“继自今文子文孙，其勿误于庶狱庶慎。”重农与慎狱是当时的统治者尤为注意的大事。《诗经》中的许多诗篇也讲到民事。周武

① 《诗·小雅·北山》。

王还在《泰誓》中说“天视自我民视，天听自我民听”。把民心看作天心所自出，所以民心是政治好坏的镜子。尽管学术界对这一时期“民”的身份，尚存在不同的理解，但不管怎样理解，“民”是包括在被统治阶级之列，则是无可置疑的。上述这些思想都是当时社会政治的概括的反映，尚未转化为可操作的法规条文，加之当时实行的政治制度的限制，这些思想并未变成大小领主的自觉行为，也就不能制约他们的施政措施与政治行动。

二、乡里、都邑、郡县的设置

在西周时期宗族占有大量土地，以氏族组织为地方基层组织，宗族不仅拥有土地，还拥有司法权、军队、臣属、农民、奴仆等。替宗族管理事务的人称“宰”或“宗老”，管祭祀的称祝、史，管军事的称司马，管手工业的称工正，管商业的称贾正。到了春秋战国时期，不仅周王室衰微，地位下降，就是不少诸侯国也是“政逮于大夫”，政“自大夫出”，[①] 卿大夫势力极大地膨胀了。卿大夫的采邑更加庞大，如齐国管仲曾夺伯氏三百邑，《左传》中也有“唯卿备百邑”[②] 的说法。这种采邑又称都，其中心之地筑有城墙，以处卿大夫子弟。管理都邑各种事务者最初多为同宗族子弟，春秋时期人才的流动比较频繁，故这些职务也逐渐不以同族为限，不断地使用四方游士甚至社会地位低下但却具有某些才能的人。

关于当时的地方基层组织，《周礼·小司徒》载：“九夫为井，四井为邑，四邑为丘，四丘为甸，四甸为县。”编制如此整齐，显然是后世儒家理想化的东西。春秋时期各国的地方机

① 《论语·季氏》。

② 《左传》襄公二十七年。

构中出现了乡一级区划，如齐国管仲分全国为二十一乡。乡之下的组织是：五家为一轨，十轨为一里，四里为一连，十连为一乡。宋国全国划为四乡，可见乡的管理范围极大。乡的长官称乡良人、乡长，里的管理者称司里、里人、里旅。县在这时也开始设置了，最初设于新征服之地，或边境地区，县归公室直接统辖。正因为如此，当一些大宗族灭亡后，往往也在其原所占的都邑上置县，如晋国魏献子执政时，“分祁氏之田以为七县，分羊氏之田以为三县”。[①] 县一级官员称县大夫、县宰，由公室直接任命。这是一个很大的变化，打破了血缘与宗族关系对地方的控制，但是这种破坏比较有限，因为在乡里之中仍然存在着家族，家族在一定程度上仍是统治的基础。县的设置并不普遍，即使设置了县的地方也不一定就完全排除了宗族势力。

秦国在春秋初期比较落后，在文化、经济及礼乐制度等方面都不如中原诸侯，旧贵族的影响及势力也不是那么根深蒂固，历史包袱较少，这样反倒使秦国更便于实行新制度，推行改革措施，因而发展较快，后来者居上。秦国最早置县是在秦武公十年（前 688 年），秦征服了邽戎（治今甘肃天水南一带）、冀戎（治今甘肃甘谷南一带），于是就在那里设置了县，直接归国君控制。次年，又在杜（治今陕西长安东南）、郑（治今陕西华县北）两地设县。进入战国时期，秦国设县的步伐更进一步加快，如秦厉公二十一年（前 456 年）设频阳县（治今陕西富平东北），秦献公六年（前 379 年），设置了蒲、蓝田、善明氏三县，秦献公十一年（前 374 年），在都城栎阳（治今陕西阎良东）也设置了县。这表明秦县已从边地转向了内地，并有将县作为一级正式地方行政区划推向全国的意图。

① 《左传》昭公二十八年。

秦孝公任用商鞅，于孝公三年（前359年）和孝公十二年（前350年）两次变法。在全国普遍推行县制，变法令规定："集小乡邑聚为县，置令、丞。"① 即将过去的乡、邑、聚等合并为县，设县令、县丞负责管理，全国共置41县。② 又规定每五家编为一伍，两伍为一什，"一家有罪而九家连举发，若不纠举，则十家连坐"。③

商　鞅

商鞅推行的这一套新的地方行政制度，沉重打击了旧贵族的势力，破坏了以血缘和宗族关系为基础的旧的地方统治秩序，有利于地方的治理，为推行地方吏治奠定了基础。但是秦国的这种变化并不等于宗族势力完全退出地方事务，只是表明秦国在地方行政组织的改革上走到了其他诸侯国的前头。在商鞅变法后，中央直接控制的地方机构与宗族在地方的势力还并存了一段不短的时期，秦国的卿大夫仍然有采邑分布于全国，他们对这些地方的控制基本维持着原来的状况，如商鞅本人就有封地。秦惠文王即位后，商鞅失宠，逃回封地商邑，"与其徒属发邑兵北出击郑"④，秦惠文王发兵消灭了他的武装。这说明直到此时封主仍然拥有私人军队，可见其在地方上势力之大。

秦惠文王虽然处死了商鞅，但商鞅之法并未废去，并且在原来的基础上有进一步地发展，如郡的设置。惠文王七年（前

① ④ 《史记》卷68《商君列传》。
② 《史记》卷5《秦本纪》。
③ 《史记》卷68《商君列传索隐》。

328年)，设立了秦国最早的郡——上郡（治今陕西榆林东南)。[1] 郡是县之上的一级地方行政机构。此后，郡县两级地方行政机构便成为秦国的定制。郡最初设置在边地，长官称郡守，辖地大小不一，有时比县还小。郡守由国君任命，郡也逐渐向内地设置，并规定为县以上的一级行政区划。郡县的出现是我国地方行政管理制度的一大进步，这种制度此后在我国历史上实行了一个相当长的时期。

郡县的设置在一定程度上是各国出于加强中央集权，抑制私室势力膨胀所采取的一种措施，因此郡县官员必然由中央直接任免。在春秋战国时期“任贤”思想广泛传播，便使得任用官员逐渐摆脱了“亲亲”旧制的束缚，这就为推行地方吏治创造了条件，并且出现了吏治的雏形。当然，普遍地在全国推行吏治，还是在废除分封制，秦始皇统一天下全面推行郡县制之时才实现的。

三、“士”阶层与军功地主

春秋战国时期各国之间的兼并日趋激烈，为了富国强兵，抵御别国的兼并或为了拓展疆土，称霸于诸侯，各国统治者十分重视对人才的吸纳。这种社会现状客观上为“士”这一阶层大显身手，发挥才能提供了机遇，因此“士”便显得异常活跃。

春秋战国时期兴起的“尚贤”思想，是对“唯亲”、“唯内”的用人传统的冲击，认为“亲”、“旧”未必能够治国理政。有人甚至提出“肉食者鄙，未能远谋”的更为激进的思想。[2] 主张统治者应当把任贤用能作为治国的基本之策，许多

① 上郡本魏国所置，秦迫使魏献出上郡。

② 《左传》庄公十年。

思想家都提出了“明贤良”，“赏功劳”,[①]“举贤才”[②] 的政治主张。秦国公孙枝向秦穆公举荐人才时指出：“信贤而任之，君之明也；让贤而上之，臣之忠也”；“信贤、敬贤，境内将服，敌国且畏”。[③] 当时人还提出了“学而后入政”,[④]“学而优则仕”[⑤] 的主张，认为贤者必须要经过学习和锻炼，具有真才实学。对于统治者来说，选贤使能，则必须有所考核，先试后用，所谓“明主之择贤人也，言勇者试之以军，言智者试之以官；试于军而有功者则举之，试于官而事治者则用之”。[⑥] 这些新思想、新主张的提出，有力地冲击了“亲亲”、“尊尊”的用人传统，反映了新兴阶层迫切要求参政的愿望，为打破以血缘关系为纽带的世官世禄制度提供了强有力的思想武器。

在这些思想的影响下，加之社会政治的客观变化，迫使各国统治集团逐渐改变了传统的用人制度，他们中的一些有识之士也极力主张要突破“亲”、“旧”的局限，大胆地起用有才能的新人。私学的兴起打破了学在官府的旧制，许多人为了谋取更好的前途，纷纷走出家门，投师学习各种本领，这样就为社会培养了大批的各类人才，使士的阶层不断壮大并日趋活跃。这一时期的“士”大体包括两类人：一类是传统的士，他们本来就属于所谓“国人”阶层；另一类则是出身于社会下层的人，他们受过一定的教育，如礼、乐、射、御、书、数等六艺，具有某种知识或技能，从而提高了社会地位。“士”这一

---

① 《国语·晋语四》。
② 《论语·子路》。
③ 《吕氏春秋·慎人》。
④ 《左传》襄公三十一年。
⑤ 《论语·子张》。
⑥ 《管子·明法》。

阶层的出路，在春秋、战国时期大体有两种选择，一种是奔走于各国诸侯之间，以平生所学谋取一定的政治地位，或充任地方官吏，或任卿、大夫，有的甚至封爵拜相，执掌一国之政。另一种是投入卿大夫门下，充当采邑官吏，如孔子的弟子任邑宰的就不少。当时的强宗门下食客很多，如魏之信陵君，赵之平原君，楚之春申君，齐之孟尝君，所谓四公子，各有门客数千。秦国吕不韦得势时，也养门客三千，并让他们著书立说，这就是著名的《吕氏春秋》。这些士也称家臣，他们为主人奔走效力，非常忠心，而不知有国君，所谓“家臣也，不敢知国”,① 指的就是这类人。一些势力强大的卿大夫依靠士的力量，不断地扩展势力，甚至操纵国政，进而夺取国君之位。如田氏代齐，韩、赵、魏三家分晋，就是很典型的事例。因此，士这一阶层是军事上、政治上必不可少的一群有力人物，是各国诸侯及卿大夫争相笼络的对象。

秦国是较早注意吸纳外来人才的诸侯之一，早在秦穆公时期因重用百里奚、蹇叔、由余、公孙枝、内史廖、丕豹等一批人，使秦国得以称霸西戎。秦孝公重用商鞅，推行新法，使秦国富兵强。自惠文王以后使用外来人才达到了高潮，许多高级官员都由外来人才充任，史书上则称为“多出于客”。秦国在秦武王时始置丞相一职，此前史书中所称的相，实为当国之正卿，并非丞相。根据史籍记载统计，武王、昭王两代先后任丞相者共 13 人，其中 1 人为秦人，籍贯不明者 3 人，其余 9 人均为外来人才。由此可见秦国吸纳、重用外来人才之一斑。历史上许多著名人物，如甘茂、张仪、范雎、李斯等，都是外来人才。在重用外来人才的同时，对于本国之士，也制定政策大胆任用。商鞅变法时制定爵制，用以激励有功之士，特别是军

① 《左传》昭公二十五年。

功。变法令规定："有军功者，各以率受上爵"。又规定"宗室非有军功论，不得为属籍"。[①] 宗室贵族如果没有军功，则不得入属籍，即除去其宗室之籍。这样就在用人方面打破了贵族的垄断权，使以血缘关系为基础的世官世禄制度遭到破坏，使得秦人"勇于公战，怯于私斗"。[②]

秦国自商鞅变法后，用人以才干和军功为标准，推行郡县制，任官之权归于中央，使官吏不再是宗族中人或"不敢知国"的家臣，而一变为国家官吏，执行的是国家法令，这样就为秦国全面推行吏治奠定了基础。仅有这些条件还不够，还必须有一整套官吏选拔、任用、考课、奖惩、监察等制度以及官吏的基本职责和施政的规范要求等，只有这一切都基本具备了，才能谈得上实施国家吏治。

评估一个历史时期的吏治优劣，一方面要看施政者即官吏是否能很好地履行职责，也就是吏治如何；另一方面还要看被统治者即百姓的生产、生活及观念意识等状况。西周时期法律由贵族掌握，普通庶民不知法为何物，春秋以来各国陆续公布法律于众，情况有了很大变化。秦国自商鞅变法以来，秦人普遍树立了较强的法律意识。商鞅视法令为"民之令"，"法之本"，[③] 出于"明法"的需要，对庶民百姓进行广泛的法律教育，使法律观念深入人心，"秦妇人婴儿皆言商君之法"，[④] 便是这种情况的真实反映。如果没有这样的社会基础，推行吏治也是不可能的，因为实施吏治的过程也就是如何执法的过程，法不普及自然也就无法实现法治。这也是秦国实现"法大用"，

①② 《史记》卷68《商君列传》。

③ 《商君书·定分》。

④ 《战国策·秦策一》。

"秦人治"[1] 的根本原因。有了这些变化，在秦地包括长安地区推行吏治的条件才算成熟了。

总之，在实行宗法制与分封制的历史时期，中央政府通过逐级分封的方式，把土地连同居民分授给贵族和功臣，从而形成大大小小的众多的封国、采邑。各级诸侯和卿大夫在其封国和采邑内享有世袭特权，其官吏和家臣的选任完全由封主决定，包括军、政、民、财诸权皆由其控制，这种相对独立的政治形态，不仅使天子很难对各诸侯国进行强有力的控制和监督，即使诸侯国内部也较难对各采邑进行有效监控。这种政治形态是无法推行吏治的，换句话说，贵族政治与国家吏治是格格不入的。只有彻底废除世官世禄制，变贵族政治为官僚政治，用郡县制代替领主制，同时建立完善的职官制度和监察制度，规范各级官吏的施政行为，真正的统一的国家吏治才能够得以实施。

第二节　秦的统一与吏治的形成

一、官僚政治的制度化

秦始皇统一全国后，推行郡县制，分全国为 36 郡，后随着边境的开发与郡治的调整，郡的总数达 46 郡之多。[2] 都城咸阳及周围地区为京师所在，不置郡，特置内史，其长官仍称内史，治所在咸阳，约辖 26 个县，除咸阳县外，在今西安市范围内有 7 个县，即杜（治今陕西长安西北）、鄠（治今陕西户县北）、蓝田（治今陕西蓝田孟村西）、芷阳（治今陕西西安

① 《史记》卷 5《秦本纪》。

② 采用谭其骧说，见其著《秦郡新考》、《秦郡界址考》。

洪庆镇东北）、丽邑（治今陕西临潼东北新丰镇）、栎阳（治今陕西阎良东）、高陵（治今陕西高陵）。万户以上县设令，万户以下县置长。县之下有乡、亭、里的基层组织，各置吏员负责管理。

秦始皇

秦朝的建立标志着中国专制政体的发轫，这一点已为广大学者所公认。官僚政治作为专制政体的产物，也应产生于此时。从此时起，直到清代，中国经历了二千余年的长期岁月，除了王朝的更替外，中国的政治形态并没有发生根本的变化，即一直受着专制政体与官僚政治的支配。① 吏治虽作为官僚政治的产物，但却是和它的母体一同产生的，官僚政治的制度化亦即吏治的制度化，这一切主要体现在如下几方面：（一）任官标准的规范化。关于这方面的内容在《云梦秦简》中有许多记载。首先确定了用人的原则标准，即尚贤、重才，没有才干的人不能任官。此外关于官吏是否对皇帝忠敬也是用人的一个重要条件。秦代还没有后世的征辟、察举、科举等制度，选用官吏主要是凭功绩和举荐两种方式。规定低级和基层官吏可以保举贤能者充任较高级的官职，但是，被保举者一旦犯罪，则要以其所犯罪名惩罚保举者。这样规定的目的在于保证选用官吏能够体现秉公选贤的原则，防止滥举。秦律还规定了官吏任免的程序和每年任免官吏的时间。为了保证官吏的选用质量，规定试任的期限，只有试任合格的

① 王亚南《中国官僚政治研究》第 29 页，中国社会科学出版社，1981 年。

人员才能正式任命官职。各级官吏未有正式任命的，不准行使职权，没有任命而敢先行使职权者以及私相谋划而派往就任官职者，依法论处。此外，还规定了几种不准保举任官的人，对于被撤职的官吏永不叙用。

（二）关于官吏奖惩的规定。《云梦秦简》中的《秦律杂抄》内收有《中劳律》。秦代把官吏的功劳称为“劳绩”，劳绩以日计算，《中劳律》规定官吏有功者可赐劳绩若干日，如果有过则把劳绩取消，即罚劳绩若干日。由于已发现的秦律残缺不全，关于对官吏奖惩的详细规定尚无法确知。根据其他记载可以证实秦代确有这方面的规定，如文献记载：“（赵）禹以刀笔吏积劳，稍迁为御史。”① 秦简《厩苑律》中有“赐牛长日三旬”的记载。这些都是因功绩突出而升官和赐劳绩的例子。

（三）关于官吏施政规范的规定。《云梦秦简》中的《法律答问》，是官员向吏民解释法律的记录。根据其记载来看，秦朝要求各级官吏必须明习法律，严格执行法律，要定期抄录法律和核对法律条文。主要是要求治狱官吏抄录常用的法律条文，以便能精熟地掌握和运用有关法律。所谓核对法律是指每年与御史核对，以保证行用的法律准确无误。维护社会治安是地方官吏的重要责任之一，秦律严禁人口随意流动，实行通行证制度，因此各地包括咸阳都有检查这一证件的机构。如果漏检，有关官吏要受到处罚。对于思想秦朝也控制颇严，规定“擅兴奇祠，赀二甲”。《法律答问》解释“奇祠”时说，国家规定的祭祀之外，擅自设立的神位，就是“奇祠”。说明秦代在禁止《诗》、《书》之外，对鬼神祭祀也严加控制，以防有人借机危害社会治安。官吏对此类事如失察，也要受到惩处。关于官吏行贿、受贿秦律惩处很重，比如规定行贿一钱以上，

① 《史记》卷122《酷吏列传》。

“黥城旦”。这一条主要针对的是司法官吏，行贿买狱是严重破坏法律的行为，所以惩处很重。此外，对官吏营私舞弊、渎职，破坏或影响农业生产，督办徭役、赋税不力，户籍管理不善，官府财产有损，驿站食宿供给超标，积压或遗失文书等，都有处罚规定。秦律还专门规定有“不敬”罪，即对皇帝的命令、制书要不折不扣地执行，否则就是“不敬”，要受到惩处。法家主张立君势，君主至高无上，决不允许各级官吏稍有怠慢不恭之处。这种罪名后来发展为“大不敬罪”，刑罚惩处很重。

（四）关于对官吏监督考课的制度。秦代在职官设置上已经有了专门的监察机构，在中央设有御史大夫府，除了有辅佐丞相总理国政的职责外，而且握有考课、监察、弹劾百官之权，御史则是专门负责监察地方官员的专职监察官。当时在郡一级皆置有郡御史，负责一郡监察之责。内史治所咸阳，归朝廷直接管辖，当是由御史大夫府直接派御史负责监察。对地方官吏的考核，主要是通过每年的“上计”来实现的。这一制度早在商鞅变法时就已形成了，每年要求地方官把一年的预算数字写在木券上，报送国君，年终再将实际执行情况和工作实绩报告中央。统计项目共13项，称作“十三数”，主要是仓库存粮、垦田面积、赋税收入、户口增减、社会治安等。① 《厩苑律》：“卒岁，以正月大课之。”指丞相、御史大夫府对官吏考课完毕，然后上报皇帝。中央通过这种办法来考核官吏的政绩。为了便于御史监察和考课官吏，秦代还制定了“良吏”和“恶吏”的标准，公开告示。《云梦秦简》中的《语书》中有这些标准的详细记载。

良吏标准：（1）明习律令。（2）事无不能。（3）廉洁敦悫而佐上。（4）不独断专行。（5）办事公正。（6）善于自端自

① 《商君书·去强》。

处。(7) 恶与人辨治。(8) 不争书（即顺从命书)。

恶吏标准：(1) 不明习律令。(2) 不智事（即业务水平不高)。(3) 不廉洁。(4) 不能辅佐长上。(5) 苟且懒，遇事推脱。(6) 搬弄是非。(7) 缺乏羞耻心。(8) 口出恶言，侮辱别人。(9) 没有公正之心。(10) 冒犯顶撞上级。(11) 善于向上司告状。(12) 喜欢请功争功，显示自己，以博得上司的赏识。①

以上这些制度的确立，表明秦代的官僚制度已经全面建立了。这些制度是在商周以来的贵族政治崩溃以后，逐渐形成并确立起来的。尽管这些制度还有不少方面有待于后世的不断完善，然其问世仍然具有重要的意义，从国家政治的角度看必定又向前迈进了一大步。

二、从《为吏之道》看吏治的形成

《云梦秦简》中的《为吏之道》篇的发现，对研究秦代乃至中国古代吏治都有着重要的意义。它是我国第一部针对官吏任用和管理的法律，类似于“官箴”，即为官的品德、行为准则、处世哲学和任用官吏的标准，对于官吏队伍的建立和吏治的推行，都有十分重要的作用。充分体现了韩非子提出的君主“治吏不治民”的主张，也是法家有关吏治思想的具体体现。

《为吏之道》首先规定了官吏的道德品格，要求具备光明无私，正直清廉，明察是非，审当赏罚，悔过不犯，听谏勿塞等优秀品质。对官吏的工作作风也有规定，这就是善用民力，劳以率之，雷厉风行，赏罚严明。为了驾驭官吏更好地维护中央集权，推行吏治，《为吏之道》规定了赏罚官吏的标准，也是对官吏素质的基本要求，即所谓“五善”，“五失”。“五善”

① 转引自孔庆则《秦汉法律史》第43页，陕西人民出版社，1992年版。

是：一曰忠信敬上，二曰清廉毋谤，三曰举事审当，四曰喜为善行，五曰恭敬多让；“五失”是：一曰奢侈无度，二曰身贵骄傲，三曰兴事不当，四曰犯上而不察下，五曰贱士而贵货贝。规定官吏“五善”毕至，“必有大赏”；“五失”有犯一失者，即身及于死。论功行赏是秦朝的一贯制度，早在商鞅变法时就已制定了这方面的规定，随着统一战争的结束，便把以军功行赏的做法也移到了对官吏的管理方面来。

韩 非

秦对官吏任用的一贯做法是以才授官，《为吏之道》也规定：“审民能，以任吏。”即根据治理民事的能力来任命官吏。秦王朝十分注重官吏对待百姓的态度，把这一条作为衡量官吏是否称职的一条重要标准，要求官吏做到：宽以治之，与民有期，安驺而步（不要操之过急），毋使民惧。听其有矢，从而则之。民心既宁，即毋后忧，从政之经。不时（暴）怒，民将逃去。这种口诀式的语言，极便于官吏记诵，可以看作是吏治的根本目的。也就是说秦统治者也认识到只要将民心安抚稳定了，其统治也就安然无恙了，然而由于秦始皇奢侈纵欲，好大喜功，并没有很好地执行这种政策，遂使秦朝二世而亡。

《为吏之道》还对官吏的职责、作风和法纪要领作了明确规定，其大意是：司法公正，安抚百姓，慈下勿凌，宽容忠信；组织生产，征收赋税，理财管物，赋敛有度；防范戍卫，保举贤能；兴利除害，抚恤孤寡，修路建桥，修仓疏渠，兴事有时，缓急相济；公正断案，不妄加罪名，严禁刚暴。对于违命任意用法者严惩不贷，如秦始皇三十四年（前213年），“适治狱吏不直者，筑长城及南越地”。[①] 之所以这样严格地要求官吏，目的在于使官吏能够成为百姓的表率，《为吏之道》说：“凡戾人，表以身，民将望表以戾真。表若不正，民心将移乃难亲。”官吏的行为和表现关系到民心的向背，政府的兴亡，所以必须严格吏治，以达到巩固统治的最终目的。

为了提高国家机器的效率，秦朝还要求官吏勤于政务，遇事不许拖延。所谓“十里断者国弱，九里断者国强；以日治者王，以夜治者强，以宿治者削”。[②] 秦始皇本人就非常勤于政事，“以衡石量书，日夜有呈，不中呈不得休息。”[③]秦律规定了官吏处理紧急文书的时间要求，收发文件的登记手续，物资财产的核验制度，延误公事者要加以惩罚。秦朝对官吏的这些规定和要求，反映了大一统时期的中央集权政府急于整顿和严格吏治的迫切愿望，对刚刚结束分裂割据局面的新生王朝来说，其对官吏的上述种种要求无疑是具有一定的积极意义的，《为吏之道》的颁布标志着封建吏治的基本形成。

三、迁豪与关中吏治

秦统一后的关中社会情况比较复杂，从人口构成看，已不再都是土著的秦人了。六国之人纷纷迁入，从构成上看有旧贵族、富豪、儒士、罪吏、囚徒、百姓等。这种状况的出现是秦王朝有目的迁徙的结果。迁徙的主要对象有这样几类：（一）六国宗室贵族、官吏。目的在于防范他们在故地图谋不轨。（二）富户、豪强。目的仍是打击和限制其势力，消除不稳定的政治隐患，也有增强关中经济实力实行强干弱枝的意图。

① ③ 《史记》卷6《秦始皇本纪》。

② 《商君书·去强》。

（三）迁徙犯罪吏民，目的在于惩处、发落，如在修建骊山陵墓的役夫中就有大批的罪囚。（四）迁徙“黔首”，即普通百姓，以充实关中人口，增加社会劳动力。

大规模地迁徙有两次，一次在公元前221年，即实现全国统一的当年，“徙天下豪富于咸阳十二万户”。[①] 这是一个相当大的数字。据说当时咸阳约有人口50万，[②] 将迁来的12万户如以每户3人计，则有36万人之多，这就大大地改变了咸阳的人口构成。这些被迁之家虽然被称之为“迁虏”，在政治上受到歧视，经济上也遭到较大的削弱，但他们毕竟仍拥有一定的实力，他们的迁入对发展关中经济无疑有巨大的促进作用。另一次迁徙是在秦始皇三十五年（前212年），秦始皇下令“徙三万家丽邑，五万家云阳”。[③]凡迁徙者皆免10年徭役，给予了优惠政策。当时在丽邑附近正在营建秦始皇陵墓，云阳位于今陕西淳化西北，是刚刚开工的秦直道的起点。秦政府迁徙这些人户显然不是为修建陵墓和直道，因为这些人户免除了徭役，当是因这些工程动用了当地大量人力，故迁徙外来人户以充实当地，不使生产荒废。

这些迁来的外地人口为关中带来新的文化和生产技术，在一定程度上促进和改变了关中的经济与人文地理面貌，但动辄数万、数十万人的迁徙，不仅给被迁者带来痛苦和灾难，也给社会带来混乱和不安定。出土的秦简《法律答问》就记载有秦本土民与外来民斗殴的情况，如“邦客与主人斗，以刃，投梃，拳指伤人，擘以布”。即罚以钱财。邦客指外地人，主人即指原秦国人。这就说明秦代的客民与原秦国人之间存在矛盾冲突，这种矛盾既有文化习俗方面的也有经济利益的冲突。秦

① ③ 《史记》卷6《秦始皇本纪》。

② 《陕西通史》秦汉卷，第121页，陕西师大出版社，1998年版。

人本喜斗殴，商鞅变法时就制定了禁止私斗的法律规定，经过变法后这种习俗已大大地改变了，秦统一后大规模地人口迁徙，使社会上的这些斗殴现象又再度恢复，说明社会矛盾还是比较激化的。出土的秦简《日书》中就有大量的民间斗殴内容的记载，往往多为聚众相斗，就是这种社会现实的反映。《日书》中记载有因祭祀引起的斗殴，当时各地人集聚于关中，鬼神信仰、迷信禁忌各不相同，祭祀活动五花八门，文化上的冲突在所难免，这样势必引起集体群殴。这类斗殴往往导致流血现象发生，说明斗殴程度相当激烈。

关中社会情况的复杂，使得官吏治理的难度加大。秦律关于处理斗殴的量刑标准规定得相当详细，如斗殴中撕裂他人耳朵，处以耐刑；把人捆绑起来拔光胡须眉毛者，罚完城旦；斗殴时咬断他人鼻子、耳朵、嘴唇者，皆处耐刑；斗殴中折断对方颈脊骨者，与折断四肢论处；斗殴中用剑削断对方发髻，罚完城旦；使用针、钎、锥斗殴者，罚二甲，伤害人者黥为城旦；使用铍、戟、矛相斗，虽未伤人，与拔剑相斗论处；斗殴中伤人颧部或颜面，打人造成青肿、破伤，根据伤口的深浅、大小处以不等的惩处。秦律中有关斗殴的条文如此之多，在其他王朝中是比较罕见的，它既是那时社会复杂混乱现实的反映，也是当时吏治内容一个重要侧面的反映。

当时关中官吏把主要精力都用在征集赋税、徭役，追捕逃亡人口，对付百姓，维护治安等方面，却把发展生产，兴修水利，教化百姓等本应摆在首要位置的大事，反倒置于脑后。造成吏治这种倾向的根本原因，与秦始皇的穷奢极欲，好大喜功以及当时实行的政策有直接关系。秦始皇在关中广筑宫室，大修陵墓，耗费了大量的人力、财力，仅骊山陵就动用72万人，“作阿房之宫，收太半之赋，发闾左之戍，父不宁子，兄不便弟，政苛刑惨”，[①] 百姓苦焦。这些人力、财力虽不一定都出自关中，但由于地理上的原因关中的负担一定很重。这样就必然激化社会矛盾，秦简《日书》就记载有因为官府拘禁百姓，而引起百姓斗殴的事例，实即对官府暴行的反抗。关于奴隶、刑徒逃亡的情况，《日书》记载的就不少，如“除日，臣妾亡，不得”。“未失火，臣妾亡”。可见官奴隶的逃亡已成为社会普遍问题。对于奴隶、刑徒的逃亡及追捕的情况，《日出》也有反映，如“挚日”不可逃亡，否则将被重新抓回官府；开日“亡者，不得”。“危阳，亡人自归”；彻日“亡者，得，不得必死”。也就是说亡者和官府都要选择行动的吉日，否则就不能达到目的。对追捕回的逃亡刑徒和奴隶的惩罚，秦律中也有规定，如秦简《法律答问》说刑徒、隶臣妾服城旦逃亡，笞五十，仍拘系至满期；群盗被赦免为庶人后，如带领判处肉刑的囚徒，囚徒逃失，将断去左足，服城旦；刑徒隶臣监领城旦，城旦逃亡，完为城旦，并没收其在外面的妻子。对于捕获逃亡者则给予重奖，如捕获逃亡的完城旦，赏黄金二两。这是奖励民间捕获逃亡者的规定，对官府捕亡者则没有奖金或奖金很少，因为捕亡是他们的职责。

随着秦王朝徭役的越来越重，逃避徭役的农民也愈来愈多，为了追捕和惩处逃亡农民，秦政府采取了严厉的措施。秦简《法律答问》中有不少这方面的记载，如规定征发徭役不报到，笞打；征发徭役随即逃亡，加笞打；已到服役地点而逃亡者，加笞打；已成年隐瞒不登记，不服徭役，赀盾甲，并流放；不到免役年龄（秦朝规定60岁免役）而弄虚作假者，赀二甲；地方官征发徭役时稽留，赀二甲；征发徭役失期，赀盾甲。这方面条文还很多，不一一列举了。秦简中还有审问被捕

① 《汉书》卷45《伍被传》。

获者时查问其几次逃亡的记载。说明这类逃役者在当时不仅人数多，而且农民反复逃亡的次数也是比较多的。总的来看，对逃亡农民的处罚比逃亡刑徒、奴隶要轻，大概是出于农民为自由民身份的缘故。由于关中的工程浩大而繁多，动员的役夫及刑徒、奴隶人数众多，如何防范和追捕逃亡者便成了当地官吏的重要职责，从而构成了这一时期关中吏治的一个重要特点。

秦二世统治时期的吏治内容又有了新变化，即随着刑法的越来越残酷，官吏以“税民深者为明吏”，“杀人众者为忠臣”，[1]导致了这一时期关中吏治以深刻、严酷为特点。这种变化与李斯提出的“督责之术”有直接关系。二世胡亥即位以来，在宦官赵高的教唆下，为政残暴，超过了其父秦始皇。这样就使本来已经有所激化的社会矛盾进一步加剧，千百万百姓纷纷走上了武装反抗残暴统治的道路。李斯为了巩固个人权位，维护秦朝统治，便提出了这个建议。督责之术的主要内容是：（一）不以己身劳于天下之民，即“以人徇己”，换句话说，就是宁使己负天下人，不使天下人负己。（二）大搞“深责轻罪”，推行刑罚至上。（三）主张“明君独断”，“权不在臣”。[2]这种方针的推行，必然进一步助长秦二世的独断专行，倒行逆施。从陈胜、吴广等因戍边失期，按秦法当斩，从而揭竿而起的记载看，这时的法律已比秦始皇时期失期处罚的法律严酷多了。秦

李　斯

①②《史记》卷87《李斯列传》。

二世、李斯等本想通过“督责之术”稳定天下局势，巩固统治，却恰恰加速了秦的灭亡。

有关秦统一以来长安吏治的史料极少，从秦政府制定的政策和法律中也可以反映出这一时期吏治的一些特点。这一时期的吏治特点可用八个字来概括，即法网严密，残酷暴虐；具体而言又可分为两个阶段，即秦始皇时期和秦二世时期。在前一阶段虽然是严刑峻法，但基本能依法办事，官吏尚不敢法外行事；后一阶段实行“督责之术”，“轻罪重刑”，官吏以果于杀戮为明吏，致使“刑者相半于道，而死人日成积于市”，[①] 形成了吏治特别残酷的特点。正因为如此，刘邦率义军入关中后，针对“父老苦秦苛法久矣”的情况，提出“约法三章”，秦人大喜，“惟恐沛公不为秦王”。[②] 这种现象说明秦人已厌倦了先前严酷的统治，希望有清明宽仁的吏治取而代之的心理和愿望。

第三节　两汉时期的吏治与吏风

一、长安的社会状况

1. 行政区划与职官设置

汉朝沿袭秦制，在京畿地区置内史，治所在长安城内。汉景帝时分为左右内史，武帝太初元年（前104年），改右内史为京兆尹，左内史为左冯翊，都尉为右扶风，合称三辅。京兆尹治所仍在长安城内，为京师地区的最高行政长官。西汉时京兆尹下辖12县，即长安（治今陕西西安西北）、奉明（治今西

① 《史记》卷87《李斯列传》。
② 《史记》卷8《高祖本纪》。

安北)、霸陵（治今陕西临潼西)、杜陵（治今陕西长安东北)、南陵（治今陕西西安东浐水东岸)、新丰（治今陕西临潼东北)、蓝田（治今陕西蓝田西)、下邽（治今陕西渭南北下邽镇东南)、郑（治今陕西华县)、华阴（治今陕西华阴东)、船司空（治今陕西潼关北)、湖（治今河南灵宝西北)。东汉时仍置京兆尹，惟辖区有所变化，共辖10县，即长安、霸陵、杜陵、新丰、蓝田、长陵(治今陕西泾阳东南)、商(治今陕西丹凤)、上雒(治今陕西商州)、阳陵(治今陕西高陵东南渭水北岸)、郑。

西汉的内史（京兆尹)，二千石，位比九卿，虽是掌管京畿地区的地方官，却兼具朝官身份，参预朝政。如晁错，汉景帝时任内史，"幸倾九卿，法令多所更定。"[①] 是朝中的智囊人物，景帝对其言听计从。诸县各置有令、丞、尉等官吏。令为一县之长；丞为副贰，兼署文书，掌刑狱囚徒、仓廪诸事；尉掌捕捉盗贼，案察奸宄，或置数员，如长安县置左右二部四尉。县之下有乡、亭、里等基层组织。

晁　错

此外，治理京畿地区的还有司隶校尉和执金吾系统的官吏。司隶校尉始置于汉武帝征和四年（前89年)，属于监察性质的职官，"掌察举百官以下及京师近郡犯法官"。[②] 其监察区域是京兆尹、右扶风、左冯翊、河东郡、河内郡、河南郡、弘

① 《汉书》卷49《晁错传》。

② 《后汉书》志二七《百官志四》。

农郡，这个区域总称司隶校尉部。司隶校尉下的主要属官有：都官从事、功曹从事、别驾从事、簿曹从事、兵曹从事及诸郡国从事各一人，分掌选举、纠察、奉引、财谷与察举郡国等事。从事之下各隶书佐若干人，具体办理各种事务。司隶校尉虽然是监察官员，由于其权力极大，“职在典京师，外部诸郡，无所不纠。封侯、外戚、三公以下，无尊卑。入宫，开中道称使者。每会，后到先去”。[①] 在京师地区威慑力很大，为维护京畿治安和社会的稳定发挥了很大的作用。如盖宽饶任司隶校尉时，“刺举无所回避，小大辄举，所劾众多”，公卿贵戚，莫不畏惧，郡国使者入长安，皆小心恐惧，莫敢犯禁，“京师为清”。[②] 因此，讲长安吏治问题不能不涉及到司隶校尉。

中尉，秦朝设置，汉朝沿袭不变，掌京师徼循，其下有丞、候、司马、千人等官吏。汉武帝太初元年（前104年）改称执金吾，属官有中垒、寺互、武库、都船四令丞，又有式道左右中候、候丞及左右京辅都尉、尉丞等。执金吾辖有军队，皇帝出行，其领兵为先导，以御非常。执金吾，中二千石，位居列卿。由于其负责京师巡警，推按疑狱，弹压豪强，对京师治安亦负有很重要责任。如长安宗室权贵多横暴犯法，京兆尹不能治，宁成任中尉时，果于用法，手段残酷，不避权贵，于是宗室豪强“皆人人惴恐”。[③]

2. 三辅豪族

两汉时期长安地区的社会情况比较复杂，给这里的吏治推行造成不小的困难。主要是宗室贵戚、豪族大户众多，他们广占土地，横行乡里，势力极大，吏不能治。长安为京师所在，

---

① 《后汉书》志二十七《百官志四》引蔡质《汉仪》。

② 《汉书》卷77《盖宽饶传》。

③ 《史记》卷122《酷吏列传》。

宗室、功臣、贵戚众多，乃自然之理，不必多论。除此之外还有一些社会势力的存在，构成了长安与其他地区不同的社会特点，这些特点主要表现在如下几个方面：

首先，人口构成复杂。关中自秦以来就不断地有外地人口迁入，西汉建立之初，奉春君娄敬就向汉高祖刘邦建议，徙民以实关中，他说："秦中新破，少民，地肥饶，可益实。夫诸侯初起时，非齐诸田、楚昭、屈、景莫与。今陛下虽都关中，实少人。北近胡寇，东有六国强族，一日有变，陛下亦未得安枕而卧也。臣愿陛下徙齐诸田、楚昭、屈、景、燕、赵、韩、魏后，及豪杰名家，且实关中。无事，可以备胡，诸侯有变，亦足率以东伐。此强本弱末之术也。"[①] 刘邦接受了这个建议，共迁徙了十余万口入关中。娄敬的这个建议的实施，可以达到三个目的，一是打击削弱关东豪强的势力，巩固中央集权。二是可以起到防御匈奴，增强军事实力的作用。三是补充关中人口，发展社会经济。汉政府对新迁来人口给予许多优惠政策，"与利田宅"，[②] 有的还"皆复终身"。[③] 这样做虽然有利于社会经济的恢复，但也同时为他们迅速发展成关中新豪族创造了有利的条件。

汉武帝统治时期是汉朝向关中迁徙人口的又一个高潮时期。主父偃对武帝说："天下豪杰兼并之家，乱众民，皆可徙茂陵，内实京师，外销奸猾。"[④] 迁徙的对象主要是郡国豪杰和富户，通常都要规定一个家资标准，达到这个标准的人户便要迁徙，如元朔二年（前127年）规定赀300万钱以上。武帝

---

① 《汉书》卷43《娄敬传》。

② 《汉书》卷1《高帝纪》。

③ 《西汉会要》卷49《民政》四。

④ 《汉书》卷64《主父偃传》。

以后诸帝仍不断向关中移民，如宣帝本始元年（前73年），迁郡国吏民赀百万以上者至平陵（今陕西咸阳西北）。元康元年（前65年），“徙丞相、将军、列侯、吏二千石，赀百万者杜陵”。[①] 为了安抚这些迁来的人户，汉政府继续给他们许多优惠的待遇，如汉武帝就曾赐给迁徙到茂陵（今陕西咸阳西）的人每户钱20万、田2顷。[②] 西汉历代皇帝向关中诸陵县迁徙人口表面上的理由是“奉山园”，即护陵守陵，实际却非如此，“盖亦以强干弱支，非独为奉山园也”。[③]

东汉以洛阳为都城，但关中为诸陵之所在，使得其不得不对三辅之地另眼相待。从光武帝刘秀起，大多数皇帝都到长安谒高庙、祭诸陵，有的皇帝还多次前来拜谒。对关中豪族的政策自然也宽松优厚，遂使三辅豪族势力得到进一步发展。东汉时期关中社会特点体现在豪族势力与皇权的结合以及经学世家较多上。

先说前一个特点，这个问题就是外戚豪门势力的膨胀。东汉时期，外戚豪门多集中在关中地区，构成了这一时期社会政治的一大特色。这些外戚中最著名的如平陵窦氏，茂陵马氏，茂陵耿氏、梁氏，平陵宋氏等，都是对当时政治影响很大的豪门强族。平陵窦氏兴于西汉，窦姬以良家子选入宫中，赐给代王，生子刘启。代王当了皇帝后，史称文帝，他以刘启年长立为太子，窦姬遂为皇后。刘启即位后，是为景帝，窦氏为皇太后。窦氏子弟遂一步登天，纷纷封侯，昆弟子窦婴任大将军，武帝时官至丞相。入东汉后，窦氏子孙窦融深受光武帝宠信，封安丰侯，历任凉州牧、大司空、行卫尉事，兼将作大匠。史

① 《西汉会要》卷49《民政四》。

② 《汉书》卷6《武帝纪》。

③ 《汉书》卷28《地理志》。

载："窦氏一公、两侯、三公主、四二千石，相与并时，自祖及孙，官府邸第相望京邑，奴婢以千数，于亲戚、功臣中莫与为比。"① 这个家族后来还出现了两位皇太后、两位贵人，地位更加显赫。窦固、窦宪、窦武等人，都是很有名的历史人物，对当时政治影响很大。

茂陵马氏的先祖是战国时赵国名将赵奢，因大败秦军赐号为马服君，后世子孙遂以马为姓氏。汉武帝时因其为二千石之家，从邯郸（治今河北邯郸西南）迁到茂陵。这个家族在东汉的发达始于马援，他是东汉初年的名将，他的女儿 13 岁时被选入太子刘庄宫中。太子即位，是为明帝，马氏被立为皇后。汉章帝由她抚养长大，即位后便尊马氏为皇太后，马氏家族遂得以显赫一时。茂陵耿氏、梁氏都是东汉时期数一数二的大家族，封侯拜将，专权跋扈，权倾朝野。梁氏一门出两皇后、三贵人，梁冀任大将军专断朝政近 20 年，先后立冲、质、桓三帝，败亡后变卖其家产几达全国一年赋税的一半。耿氏始兴于耿弇，他是东汉的开国元勋，战功赫赫，兄弟六人皆垂青紫。这个家庭中的耿秉、耿夔、耿恭等，皆以军功名显一时，富贵无比。这些外戚豪门子弟族人凭借其家族的政治地位，在原籍兼并土地，横行乡里，请托郡县，干扰吏治，是三辅社会中最难对付的一种邪恶势力。

东汉时期的关中经学世家，实际上均是以研究儒学（治经）而著称的官僚家族。他们世代相传精通一经或数经，教授子弟，形成家学，然他们并不是所谓"耕读之家"，而是占有大量土地拥有一定政治势力的学、官相结合的新型大家族。这些家族著名的有茂陵杜氏、平陵贾氏、弘农杨氏、长陵赵氏、漆县（今陕西彬县）李氏，其中最典型的学、官结合型家族当

① 《后汉书》卷 23《窦融传》。

数弘农杨氏。这个家庭兴起于东汉杨震，其八世祖杨喜，汉高祖刘邦时封为赤泉侯；高祖杨敞，昭帝朝任丞相，封安平侯，地位虽显赫，却不甚出名，从杨震起这个家族才名显于天下。杨震在安帝时官至太尉，其子杨秉、孙杨赐、曾孙杨彪，皆官至太尉，是所谓"四世三公"之家。

其次，羌人内迁，对关中社会影响也很大。羌族本来居住在今青海、甘肃南部一带，东汉时期陆续将羌人内迁到三辅地区。东汉政府迁徙羌人主要是因为关中经西汉末年战乱，地旷人稀，经济萧条，加之出于避免羌人和匈奴联合袭扰边境的忧虑，遂将羌人内迁，以增加社会劳动力，加速发展关中的社会经济。内迁到关中的羌人受到官吏和豪族的奴役与驱使，加之与汉人杂居，言语不通，习俗颇异，民族歧视盛行，使这部分羌人生活十分艰难。所谓"诸降羌布在郡县，皆为吏人豪右所徭役，积以愁怨"；"其内属者，或倥偬于豪右之手，或屈折于奴仆之勤"。[①] 东汉政府设置的护羌校尉及所在郡县官吏不知安抚，询问疾苦，反而以贪残手段剥削和压制羌人，使其与东汉政府矛盾更加激化。安帝永初二年（108 年），今甘肃一带首先爆发羌族大起义，内迁三辅的羌人纷纷响应，经过长达 11 年的战争，东汉政府花费了大量的人力、财力，才将这次起义镇压下去。以后羌人还掀起过几次规模较大的起义，东汉政府虽然最终都镇压下去了，但也付出了巨大的代价，元气大伤。三辅地区因为是抵御羌人的前沿地区，长期遭受战争的破坏，使这一带人民的正常生产和生活受到了很大的影响。

3. 京畿游侠

关中人性格受西北少数民族风气的影响，表现为强悍好斗，任侠使气。早在秦国统治时期，这种风气就已见之于记

① 《后汉书》卷 87《西羌传》。

载，纵横家张仪论到秦军的战斗作风时，曾将山东之人与秦人作了一个比较，他说："山东之士被甲蒙胄以会战，秦人捐甲徒裼以趋敌，左挈人头，右挟生虏。"[1] 就是秦军将士临阵搏斗时的生动表现。在民间秦人稍不如意，便出手相搏，故私斗之风甚盛。《吕氏春秋·安死》说："故凡斗争者，是非已定之用也。今多不先定其是非，而先疾斗争，此惑之大者矣。"是对秦人凡事是非未定而先诉诸武力风气的客观反映。这种习气至汉代时仍然存在，故旧史称"汉承战国余烈，多豪猾之民。其并兼者则陵横邦邑，桀健者则雄张闾里"。[2] 西汉向关中大量迁徙人口时，把不少所谓豪侠之士也同时迁来了，这些人进入关中后，既受当地强悍民风的熏染，又在一定程度上对当地的风气产生不小的影响。尤其是当他们与恶势力、商贾、权贵势力勾结在一起时，便直接对当地吏治的推行形成极大的危害与阻力。

在西汉时期关中豪侠著名者甚多，见之于正史记载的有郭解、原涉、万章、楼护、樊中子、赵王孙、高公子等人。他们或使气杀人，或结交权贵，或豢养刺客，在当时的社会上知名度很高。如郭解就是迁徙到茂陵的游侠，他的知名度很高，连武帝都闻知其大名。当时郭解家贫，并不符合迁徙的资产条件，但是当地官吏惟恐皇帝动怒，"不敢不徙"。郭解动身时，当地豪族出钱千余万相送。"解入关，关中贤豪知与不知，闻声争交欢。"可见其影响之大。郭解在长安一带广交豪杰，有不少人与他结生死盟。一次，郭解大会友朋，来客争誉郭解贤，有一儒生说："解专以奸犯公法，何谓贤？""解客闻之，杀此生，断舌。"当地官吏询问郭解，他推脱说不知何人所为。

① 《史记》卷 70《张仪传》。

② 《后汉书》卷 77《酷吏列传》序。

官吏亦畏惧其势力，竟奏其无罪。后御史大夫公孙弘力主杀之，才最终将其处死。郭解的死非但没有震慑诸豪侠，反倒引起了更多人起而仿效，“自是之后，侠者极众”。[①] 反映了当时关中人羡慕游侠的心理状态。

万章，字子夏，长安人。当时长安城中豪侠甚多，每条街巷皆有，万章家在城西柳市，号曰“城西万子夏”。他在宣帝、元帝时任京兆尹门下督，实即小吏。有一次跟随京兆尹入宫，侍中、诸侯、宦官争与万章见礼，“莫与京兆尹言者”。可见其知名度之高。他还与权阉中书令石显关系密切，“亦得显权力，门车常接毂”。豪侠与权贵势力的结合，使其更加胆大妄为，长安官吏对其也是无可奈何。汉成帝即位后，石显因专权擅政而被免官，放归故里。石显平时搜刮钱财巨万，临离去时，“留床席器物数百万直，欲以与章，章不受”。[②] 万章之所以不接受石显遗赠，是见石显失势，怕受到牵连。可见此人善能审时度势，所以才能在政治上纵横驰骋，并非一味地任侠负气。河平（前28—前25年）中，王尊任京兆尹，大肆打击豪侠势力，才捕杀了万章，罪名是“报仇怨养刺客者也”。[③]

原涉，字巨先，阳翟（今河南禹县）人。其祖父被汉武帝以豪杰迁至茂陵，遂家于关中。他的父亲哀帝时曾任南阳（治今河南南阳）太守，死于任所。时“天下殷富，大郡二千石死官，赋敛送葬皆千万以上，妻子通共受之，以定产业”。当时子弟极少行三年之丧。原涉却拒绝南阳赙送，“行丧冢庐三年”。由此原涉之名显扬于京师。丧期一满，右扶风立即谒请他出任本郡议曹，“衣冠慕之辐辏”。大司徒师丹也慕其大名，举荐其任谷口（治今陕西礼泉东北）令，当时年仅二十余岁。

---

① 以上见《汉书》卷92《游侠·郭解传》。

② ③ 《汉书》卷92《游侠·万章传》。

"谷口闻其名，不言而治"。原涉虽然已成为政府官员，但其任侠负气的习气并未改变，任县令半年，遂"自劾去官"。先前原涉的叔父为茂陵秦氏所杀，原涉久欲报仇，便辞去官职。谷口豪杰得知此事，遂杀死秦氏，为躲避官府追捕，原涉逃亡在外一年余，逢汉朝大赦，始敢露面。原涉的这次行动又为他赢得了很大的声誉，"郡国诸豪及长安、五陵诸为气节者皆归慕之"。原涉倾身相结，"人无贤不肖阗门，在所闾里尽满客"。原涉依靠这批人的势力，横行于乡里，"外温仁谦逊，而内隐好杀"，稍有触犯者，必杀之无疑，"触死者甚多"。原涉还纵容宾客，欺凌百姓，"宾客多犯法，罪过数上闻"。[①] 原涉如此作为，其最终自然难免一死。

楼护，字尹卿，齐人。他家世代行医，楼护少年时随父行医长安，经常出入于贵戚之家。他聪明好学，能诵医书、本草、方术之书数十万言，深得贵戚们的垂爱，共谓曰："以君卿之才，何不宦学乎？"于是楼护改学儒家经典，在京兆尹府中为吏数年，"甚得名誉"。当时正是汉成帝统治时期，外戚王氏势盛，兄弟封侯者五人，宾客满门，楼护出入五侯之家，尽得其欢心。他还广泛地结交士大夫，"无所不倾"，极为恭敬，众人皆交口赞颂楼护之贤。楼护身材短小，善于口舌之辩，常与人议论道德名节，"听之者皆竦"。他与另一名士谷永俱为五侯上客，长安号曰："谷子云笔札，楼尹卿唇舌。"言五侯对其信任，言无不从。楼护母死，送葬的车辆多达数千辆，民间为此作歌曰："五侯治丧楼尹卿。"[②] 豪侠与外戚权贵势力的结合，是这一时期关中社会的一大特色，使得这种社会势力极难铲除。因为铲除这种恶势力不仅仅是维护社会治安的问题，往

① 《汉书》卷 92《游侠·原涉传》。
② 《汉书》卷 92《游侠·楼护传》。

往也和朝廷的政治斗争纠缠在一起，使长安官吏很难下决心采取行动，非大智大勇之人不敢轻易而为。

4. 社会风气

西汉初年，关中经过长期的战争破坏，社会经济残破，“民失作业，而大饥馑，凡米石五千，人相食，死者过半”。“自天子不能具醇驷，而将相或乘牛车”。[①] 连至高无上的皇帝都不能具有四匹颜色相同的马驾车，将相乘坐的竟是牛拉的车，当时社会的困难，于此可见一斑。因此，在这一时期君臣上下为恢复社会经济做了很大的努力，生活自然不可能过分奢侈。关中百姓开垦土地，兴修水利，努力生产，这一时期民风淳朴，社会稳定。

随着社会经济的发展，国家财富的日益积累，统治阶级生活愈来愈奢靡，他们广占土地，大肆兼并农民田地，使许多小农破产。西汉后期这种情况越来越严重，如元帝时，外戚“赀千万者少”，[②] 后来家财成亿，膏田遍野，奴婢万千，宅第华丽，富拟帝王，这些财富大都是在成、哀时期内暴敛而来的。其他官僚地主依恃权势，广占良田，丞相张禹“多买田至四百顷，皆泾渭灌溉，极膏腴上价，它财物称是”。[③] 由于土地兼并盛行，大批破产农民或流亡或沦为奴婢，社会矛盾激化。师丹为缓和矛盾，提出了一个限田和限制奴婢数量的方案，规定王公贵族占田最多不能超过 30 顷；诸王占有奴婢以 200 人为限，列侯、公主以 100 人为限，官僚和普通地主以 30 人为限。这个方案遭到王公、外戚、权贵的强烈反对，汉哀帝也动摇不定，因此很快就失败了。

---

① 《汉书》卷 24《食货志》。
② 《汉书》卷 86《王嘉传》。
③ 《汉书》卷 81《张禹传》。

长安是全国的政治、经济中心，因而商业繁荣，商贾辐辏，出现了一大批资财数千万的大商人，如王君房、樊少翁、王孙大卿、樊嘉、挚网、如氏、苴氏等，都是长安及附近诸县的著名富商。随着商人经济实力的增强，他们便厚赂和勾结朝中权贵，把商业经济实力与政治势力结合起来，追求最大的商业利润，所谓“依其权力，赊贷郡国，人莫敢负”。[①] 经营商业容易致富，使得长安周围许多人弃农从商，旧史将这种情况称之为：“浮食者多，民去本就末。”[②] 由于长安为京师所在，四方之人往来杂处，这种浓厚的重商风气不仅对三辅地区有很大的影响，而且对全国也产生了一定的影响。西汉曾数次讨论“本末”问题，尽管不少人提出了“崇本抑末”的重农主义主张，但是也有人提出了农工商并重的主张，这个人就是桑弘羊。他认为治国之道，必须“开本末之途，通有无之用”，[③] 使农工商诸业都得到发展。这一思想在重农主义思想弥漫之中，独树一帜，在今天看来显得更加难能可贵。桑弘羊之所以能提出这一主张，是和当时商业的繁荣发展以及关中重商的社会风气有很大的关系，是这种客观的社会现实在其思想中的反映。

关中经济经过汉初七八十年的恢复发展，逐渐繁荣以后，社会风气渐趋于奢侈，主要表现在车马服饰华丽雕饰，婚嫁侈靡，排场极大，厚葬成风，追求豪华，走马斗鸡，欢宴豪饮等方面。史载：“列侯贵人车服僭上，众庶仿效，羞相不及，嫁娶尤崇侈靡，送死过度。”[④]说的就是社会风气。这种现象的出现，主要和统治阶级追求趋向有直接关系。西汉诸帝大多在生前就为自己营建陵墓，由于是当今天子，故负责此事的官员莫

① 《汉书》卷24《食货志》。

② ④ 《汉书》卷28《地理志》。

③ 《盐铁论·本议第一》。

不尽心竭力，力图建造得雄伟高大。尤其武帝以来，国家财力丰厚，也有能力建造得尽量高大华丽。皇帝如此，公侯贵戚自然也不落后，加之诸陵县内多为迁徙来的各地豪富，上行下效，遂使厚葬之风愈演愈烈。长安为京师重地，王侯贵戚、达官权臣云集，至于高赀富商、兼并之家更是数不胜数，平日生活奢靡自不待说，嫁娶大事更不肯草率，挥金如土，酒池肉林，务以富丽华贵、场面浩大为风尚。这种风气还有一个副作用，就是一些贵戚官僚利用婚丧嫁娶之机，大肆收受贿赂，中饱私囊；而那些富商豪杰、不法官吏也正好借此机会，结交权贵，巴结上司。这一切直接败坏了吏风，使政治更加腐败黑暗。旧史说长安地区“风俗不纯”,[①] 也是从这个意义出发的。

二、西汉吏治概况

长安为皇帝及政府百司所居之地，地位重要，长安地区社会的稳定与否直接关系到天子的安危和国家政局的稳定，所以历代对这一地区官吏的选授十分重视，汉朝也不例外。通常选授的办法是：（一）从地方官吏中选有才干者充任。如颍川（治今河南禹县）太守黄霸经考课治行第一，被选为守京兆尹。视事数月后，发现不称职，于是罢归颍川。[②] 可见选授之严。（二）荐举与自荐。京兆尹为长安地区最高行政长官，职任重要，往往由皇帝直接决定人选，但皇帝接触人有限，所以时常要求朝廷重臣举荐，这种现象经常见之于记载，其中以丞相亲自举荐为多。如公孙弘任丞相时，曾推荐汲黯为右内史，数年之间政绩斐然。[③] 由于长安情况复杂，号为难治，所以汉朝也

① 《汉书》卷 28《地理志》。
② 《汉书》卷 76《张敞传》。
③ 《史记》卷 120《汲郑列传》。

鼓励官吏自荐，但这种自荐的人往往要经过考核或先任职他处，实践证明确有才干，才能任职于京畿。如杜陵人冯野王，上书宣帝愿意试任长安令，宣帝虽赏识他的志向，但仍让他先任栎阳（今陕西富平东南）、夏阳（今陕西韩城西南）令、陇西（治今甘肃临洮）太守，然后再到长安任官。[①]（三）从朝廷重臣中选用。这种任用主要是指京兆尹、中尉等重要职务，或专任，或兼职。通常由皇帝亲自选择，条件是不畏强暴，敢于任事，办事干练，公正清平。朝廷大臣皇帝比较熟识，选用他们一般都比较准确恰当，能够人尽其才。（四）从吏职中选用。官府中的诸曹掾属和地方小吏中，往往隐藏着许多杰出的人才，他们长期在官府中办事，熟悉吏事，又时常接触社会下层，了解实际情况，长期地磨练使一些人颇具才干。从此类人中选拔一些中下级官吏，往往比所谓文学贤良之类更加有利于吏治。如朱博就是从曹史列掾中脱颖而出的，他先任京畿诸县令，政绩突出，又以高第入为长安令，然后才进一步显达的。[②]

西汉初年，社会经济残破，关中尤甚。面对这种社会现状，汉政府采取了“约法省禁，轻田租，什五而税一，量吏禄，度官用，以赋于民”等一系列政策。[③] 由于当时缺乏劳动力，又采取了“兵皆罢归家”，“以有功劳行田宅”的政策。[④] 入关灭秦的关东人愿留在关中为民的，免徭役 12 年，回关东的免徭役 6 年。军吏卒爵在公大夫以上者，授予田宅。文帝时期丁男徭役减为 3 年一次，算赋由每年 120 钱减为 40 钱。景

① 《西安府志》卷 21《职官志》。
② 《汉书》卷 83《朱博传》。
③ 《汉书》卷 24《食货志》。
④ 《汉书》卷 1《高帝纪》。

帝时田租实行三十税一。在法律上，刘邦入关之始，即与民约法三章，除杀人、伤人和偷盗者要抵罪外，其余刑律统统取消了。当然这还不是国家的正式立法。全国统一后，他命丞相萧何捃摭秦法，作律九章，即《盗》、《贼》、《囚》、《捕》、《杂》、《具》、《兴》、《厩》、《户》共九篇。又在一定程度上恢复了秦法，不过总的来看，汉律远不比秦律那样深刻酷烈。以后惠帝、文帝又进一步改革刑律之制，废除了劓、黥、刖等肉刑，确立了罪人服役的期限，使汉朝法律进一步完善了。汉初诸帝推崇黄老之学，实行“无为而治”，“省法令妨吏民者”，[1]使得残破的社会经济得以恢复发展。这一时期的长安吏治较为清明，社会秩序比较稳定，官吏们基本能奉公守法，“弛以利民”，“以德化民”。很少有严刑峻法的酷吏出现，用刑谨慎，“几致刑措”。[2]尽管在吕后统治时期统治阶级内部斗争激烈，吕后死后甚至还发生了流血冲突，但对长安吏治和庶民百姓来说，并没有很大的影响。这一时期除了赋税负担较轻外，农民的徭役负担也很轻。由于最高统治者没有大的营建活动，故长安的官吏也就无由劳民，加之此时关中尚“无兼并之害”，[3]即大地主经济还在发展之中，这一切都有利于长安吏治的顺利推行，显得政通人和，世风俭朴。

汉武帝时期长安吏风发生了较大变化。西汉经过汉初数十年的恢复与发展，到武帝时期社会经济繁荣，国力强盛。与此同时，大地主、大官僚以及豪族势力也有进一步地发展。汉初迁入关中的富商、豪强经过长期的发展，加上武帝时期陆续迁来的部分，使关中的大地主经济与豪强势力更加膨胀。这种变

① 《汉书》卷2《惠帝纪》。
② 《汉书》卷4《文帝纪赞》。
③ 《汉书》卷24《食货志》。

化了的社会情况促使长安的吏治重点也发生了变化，以打击和抑制豪强为主要对象，以惩治不法官员和维护治安为主要内容，吏风由汉初的宽仁平和一变为严厉残酷。汉武帝相继重用了一批酷吏，其目的也是为了适应这种变化了的实际情况，以巩固自己的统治地位。著名的酷吏有宁成、义纵、王温舒、尹齐、咸宣等人。这些人虽然都以为政酷烈而著称，但每个人的具体情况又有所不同，有的为官正直，执法严明；有的不畏权贵，打击豪强；有的曲意奉上，滥杀过度。虽然旧史将他们均视为酷吏，但在维护长安地区的社会稳定，震慑奸吏、豪强等方面还是起到了良好的效果。大史学家司马迁评价这个问题时也认为“其廉者足为仪表，其污者足以为戒，……虽惨酷，斯称其位矣”。[①] 也就是说尽到了他们应尽的职责。

昭帝、宣帝时期长安吏风又为之一变，虽然仍存有一些酷烈气氛，但多是表现在打击豪门权贵方面，更多的还是重视“教化”，发展经济，表现出恩威并举，政平讼理，执法公正等一些特点。这一时期涌现了一批“循吏”或称“良吏”，如赵广汉、尹翁归、韩延寿、张敞、隽不疑等。他们的所作所为历来受到人们的称赞，被视为善于理政，劝课农桑，公正无私的典范。这一时期吏风与吏治之所以成就卓然，和皇帝的重视及善能用人有关，尤其是汉宣帝。宣帝“以为太守吏民之本也”，所以对选用官员十分谨慎，一旦选定便不轻易变更，他认为“数变易则下不安，民知其将久，不可欺罔，乃服从其教化”。[②]这种做法是很有道理的，官吏队伍不稳定，不利于吏治的推行。他不仅自己谨慎用人，还要求二千石各察其下属，善于选用贤士，对于贪残之吏，“勿用此人”。他要求“吏务平

① 《史记》卷122《酷吏列传》。

② 《汉书》卷89《循吏传》。

法”，即执法要公正。指出官吏“或擅兴徭役，饰厨传，称过使客，越职逾法，以职名誉，譬犹践薄冰以待白日，岂不殆哉！”①由于这些措施的实施，故汉世良吏以宣帝时为最多，史“称中兴焉”。②

尹翁归

西汉自元帝、成帝以来朝政每况愈下，长安吏治也呈混乱状态，虽然间有少数良吏出现，也无改于整个吏治的混乱状态。尤其是汉成帝怠于朝政，放纵贵戚权臣，任用非人，致使长安城中豪强公然杀人，闾里少年聚众滋事，甚至杀吏剽劫，搞得堂堂帝京一片恐怖气氛。长安郊外南山群盗竞起，诸县豪族横行乡里，人心慌乱，社会局势极不稳定。建始三年（前30年），关中连续大雨四十余日。七月，长安城中百姓无故惊呼，说大水即将入城，人们惊慌奔走，全城大乱，连成帝本人也准备乘船避难。事后才知根本没有大水要来。这件事是一个信号，表明长安的社会稳定已经一去不复返，从此长安社会一步一步趋于混乱，吏治也一发不可收拾了，直到西汉灭亡，长安的吏治才又开始了一个新时期。

三、东汉吏治状况

东汉以洛阳为统治中心，然关中是西汉诸帝陵寝之地，又是洛阳的西方屏障，所以仍然十分重要，京兆尹与河南尹一样仍隶属于司隶校尉部。三辅地区在西汉时人口稠密，最高时达

① 《西汉会要》卷43《职官》十三。
② 《汉书》卷89《循吏传》。

240万余，经哀、平，历新莽，特别是绿林、赤眉占据关中期间，战争频繁，破坏严重，至东汉初年，三辅人口已锐减到50万人左右。经济凋敝，白骨蔽野。光武帝一系列恢复社会经济的措施，使这一地区有所复苏，但却难以恢复以往的繁华景象。由于三辅曾经是全国的政治、文化中心，社会经济的衰落并不等于这一地区豪族势力的衰落，豪强、外戚的势力仍是影响这里吏治的一个重要因素。此外，土地兼并严重也是一个重要问题。王莽改革田制失败，使这个问题一直没有解决，刘秀建立东汉后曾试图解决这一问题，虽取得了一些成就，但离摧抑兼并的目标还相差甚远。豪族、外戚势力与土地兼并问题始终是影响关中社会稳定的重要因素，以后又新增了一个民族矛盾问题，这三大问题解决得好，关中吏治就稳定清明，解决不好则社会动荡，吏治成就则大打折扣。

《后汉书·循吏传》载："初，光武长于民间，颇达情伪，见稼穑艰难，百姓病害，至天下已定，务用安静，解王莽之繁密，还汉世之轻法。"这主要是指在法律上恢复了西汉旧制，所谓轻法也是相对王莽之法而言，实际上东汉的法律还是比较庞杂繁冗、严密烦苛的。直到汉章帝时，东汉政府才采纳廷尉陈宠的建议，对法律进行了一次较大的修订。正因为如此，该书接着又写道："然建武、永平之间，吏事深刻，……所以中兴之美，盖未尽矣。"是说光武帝、汉明帝统治时期的吏风仍是十分严酷的，根本原因就是因为沿用的西汉法制并没有多少改变。对于关中吏治来说，情况亦是如此。

边凤、延笃先后任京兆尹，由于治绩突出，"时人以辈前世赵、张"。[①] 指西汉的赵广汉、张敞，他们都是治理京畿地区的能臣，声誉甚高。边、延二人获此美誉，说明他们不同于

① 《后汉书》卷76《循吏传》。

一般地方大吏，从其所作所为看，主要表现在对民宽仁，敢于摧抑权贵上。以延笃为例，他在汉桓帝时任京兆尹，“其政用宽仁，优恤民黎，擢用长者，与参政事，郡中欢爱，三辅咨嗟焉”。对于权贵也敢于对抗，不屈服于淫威。当时皇子有疾，命各郡县进献珍药，大将军梁冀遣使入长安致书于延笃，并购买牛黄。延笃遂将来人收捕下狱，说：“大将军椒房外家，而皇子有疾，必应陈进医方，岂当使客千里求利乎?”遂将来人处死。[①] 延笃守正不阿是值得称赞的，但动辄杀人，轻罪重惩，却是不可取的。后人评论说他执法严酷，指的就是这些方面。

由于三辅多豪门权贵，横暴于乡里，故任职于这里的官吏，凡敢于任事、尽职尽责者，多表现为执法严厉，人不敢犯。郅寿曾在冀州（治今河北柏乡北）任官，打击豪强，不加宽贷。后调任京兆尹，长安的豪门，“奸暴不禁”，闻知郅寿在冀州的行为，“皆怀震悚，各相简敕，莫敢干犯”。长安风气为之一变，百姓扬眉吐气，豪门各怀畏惧之心。郅寿对待下属官吏能以诚相待，只要尽心办事，莫不善加优抚，故人皆愿效死，莫敢相欺。刘祐任司隶校尉时，刚正不阿，执法严明，虽权贵重臣只要敢触犯法禁，必严惩不贷，故皆人畏惧。当时朝中权贵子弟任职州郡者，多搜刮钱财，由于畏惧刘祐法严，每至其管辖界内时，必隐匿财宝，不敢公然运送回家。[②] 长安豪强对刘祐畏之如虎，避之惟恐不及，无人敢以身试法，使长安地区的社会状况一时为天下诸郡之冠。陈龟任京兆尹，“时三辅豪强之族，多侵任小民，龟到厉威严，悉平理其怨屈者，郡

① 以上见《后汉书》卷64《延笃传》。

② 以上见《册府元龟》卷689《牧守部·威严》。

内大悦”。[1] 凡是爱惜百姓，施政严明的官吏，必然受到百姓的爱戴。严遵任长安令，“治政严明”，迁扬州刺史，百姓拦道阻止不得行，前后三次皆无法动身。[2] 对严遵来说虽然一时不能升迁，似乎有所损失，但却青史留名，传为千古佳话。

东汉时期的这种吏风的形成，与最高统治者的施政方针有直接关系。刘秀自即位以来，关心吏治，求治心切，惟恐地方长吏不能尽心于政事，“时有纤微之过者，必见斥罢”。[3] 此外，他还强化了对地方官吏的监察与考课，命诸州牧（即刺史）和司隶校尉对郡县严加巡察，举劾不法官吏。以后在汉明帝时又规定“州牧奏二千石长吏不任位者”，不再交三公复查，即行黜退。本来此种事按照旧制应先下三公，由三公遣掾史案验，以定去留。明帝“不复委任三府，而权归刺举之吏”。[4]这种制度的实行，迫使地方官吏不敢轻易卖法，惟恐被弹劾黜退，在一定程度上促进了吏治的发展，使地方政事得以及时处理。旧史家对东汉地方吏治多有微词，批评说“若此之类，虽厌快众愤，亦云酷矣”。[5] 这是一种陈腐的论调，如果能使百姓大快人心，这何尝不是一种好事呢？尽管如此，旧史家们仍不能不承认这些执法严明的官吏为能吏，只不过将他们称之为“酷能”。[6] 就是说其虽有干才，但施政却不免严酷，而不问对百姓还是对豪门奸邪严酷这个问题，也不察治绩到底如何？这种只看手段不看效果的论点，实在是不可取的。难怪《后汉书》的撰者将董宣这样的不畏权贵、刚直守正的强项令也列入

---

① 《册府元龟》卷689《牧守部·威严》。

② 《西安府志》卷21《职官志》。

③ ④ 《后汉书》卷33《朱浮传》。

⑤ 《后汉书》卷77《酷吏列传序》。

⑥ 《后汉书》卷77《酷吏传论》。

《酷吏传》了。东汉时期长安地区也出现了一些残害百姓，滥用民力，求媚权门的官吏，这是任何一个时代都难以避免的现象，他们的行为不代表长安吏风的主流方向，且不具特点，故无须赘述。

四、长安官吏的主要职掌

长安官吏的职掌不同于一般郡县官员，这和长安所处的特殊地位有直接关系。西汉时期长安为京师所在，长安官吏除了具有一般郡县官吏的职掌外，还具有为皇室及宫廷服务的许多事务性职掌。东汉时期长安失去统治中心地位，由于汉室诸帝后陵寝均在这里，所以守陵护陵的职责自然便落在当地官员的身上，并要负责组织东汉诸帝的谒陵祭祀之仪。

长安官吏的职掌主要有如下几个重要方面：（一）民政。不外是劝课农桑，兴修水利，开垦荒田，优抚孤寡，征课赋役等。以上职掌中最重要的是赋役问题，赋税关系到国家的财政收入的多寡，所以地方官吏对此事极为重视，朝廷也把赋税是否足额征收作为考课官吏的主要依据之一。对于长安地区的百姓来说，赋税不是最沉重的负担。长安地区除了常赋外极少加赋，且时有各种优遇。最沉重的负担应是徭役，因为长安既是京师所在，皇帝及政府百司均聚于此，营建活动难免多一些，需用民力大多就近征调，致使百姓不堪重负。如汉惠帝三年（前192年），征发长安周围600里内男妇14.6万人筑长安城墙。五年，又一次征发长安周围600里内14.5万人筑长安城。[①] 当时整个关中人口不过50万，且包括老幼病残在内，一次动员占其人口近三分之一的数量，就几乎将青壮年人全都征调而空。好在汉初这种大规模的营建并不多，且在农闲季

① 《汉书》卷2《惠帝纪》。

节，故百姓并不感到负担过重。自武帝以来，关中的徭役就逐渐沉重起来，如掘昆明池，营建陵墓、宫室，皇室丧葬，运送军需物资等。在常役之外往往有许多意想不到的劳役，如匈奴浑邪王率众降汉，汉武帝下令调发车2万乘，以运送物资供给。官府无钱，马匹不足，于是向长安百姓家赁马，“民或匿马，马不具”。汉武帝大怒，认为长安官吏督办不力，“欲斩长安令”。[①] 西汉后期不仅徭役繁重，赋税也变得沉重起来，所谓“三辅赋敛无度，酷吏并缘为奸，侵扰百姓”。[②] 汉成帝为了整顿吏治，先是罢免了丞相薛宣，因其监督三辅吏治不力之故。接着又将御史大夫翟方进贬为执金吾，因他在任京兆尹时承办太皇太后丧葬“烦扰百姓”的缘故。[③] 但是成帝的这些作为只能收一时之效，并不能从根本上改变长安百姓赋役繁重的趋势。

（二）维持治安。京师所在，最重安全，维持长安的社会秩序便成为当地官吏重要职责之一。影响长安社会稳定的因素很多，最主要是豪门兼并之家弱肉强食，欺凌小民，激化社会矛盾；外戚权贵，恣意放纵，多为不法之事；游侠、盗贼、轻薄少年横行闾里，受贼报仇，杀人斗殴。因此，打击这些社会势力便成为长安官吏经常面对的重要任务，朝廷任命官吏时，也时时强调这一点。旧吏在记载任命长安长吏时，常用“掊击贵戚”，[④]“搏击豪强”，[⑤]“不避贵戚”，[⑥] 等词句，也可证明汉朝政府将这个问题视为长安长吏的主要职掌。

---

① 《汉书》卷50《汲黯传》。

② 《汉书》卷83《薛宣传》。

③ ⑤ 《汉书》卷84《翟方进传》。

④ 《后汉书》志二十七《百官志》四。

⑥ 《汉书》卷90《义纵传》。

（三）掌握司法。长安的中央司法机构掌管的是全国的司法工作，京师地区的犯罪则由京兆尹及其下属诸县令负责审理。旧史记载说宁成武帝时任右内史，当时九卿犯罪，如够上死刑即处死，不加刑讯拷打，而宁成往往加以酷刑，故人畏之。[①] 说明朝廷大臣犯罪长安长吏亦有权审理。长安外戚势力很大，他们往往恃势纵暴，欺凌百姓，要维护长安社会的稳定，严肃法纪，便不能不打击外戚势力。义纵有才干，汉武帝母王太后推荐他任官，历任长陵、长安令。义纵任官以来，“直法行治，不避贵戚”。任长安令时，王太后外孙犯法，义纵以法捕获治罪，[②] 得到人们的赞誉。胡建，汉武帝天汉（前100—前97）中任渭城（今陕西咸阳东北22里聂家沟）令。昭帝即位后，因年幼不能控御外戚、宗室，致使这些人放纵不法，吏不敢治。昭帝姐长公主情夫丁外人恃宠骄恣，不礼于公主，引起了长公主的怨恨。京兆尹樊福依附于公主，受公主指使派人射杀了丁外人。此事发生在渭城县境内，故胡建率吏卒追捕凶手，凶手逃入公主家躲避，胡建派吏卒围公主宅，长公主遂放纵凶手逃走，吏卒追捕，被公主家奴射散。后来此人在逃亡中被游徼所伤，胡建认为游徼履行职责，不为犯法，故不予追究。长公主大怒，指使人上书诬告胡建纵容吏卒伤人，且不加追究。当时大将军霍光辅政，知胡建无罪，遂寝其奏。后霍光生病，皇后父上官氏代为理事，便下令捕胡建，胡建自杀。“吏民称冤，至今渭城立其祠”。[③] 因此，在长安要做到执法公正是很不容易的，往往要付出很大的代价。

（四）敦风俗，重教化。西汉在武帝以前虽奉行“无为而

① 《史记》卷122《酷吏列传》。
② 《汉书》卷90《义纵传》。
③ 以上见《西安府志》卷21《职官志》。

治”道家学说，但在制度上仍沿袭秦制，实行的基本上还是法家的路线。董仲舒就是持这种观点。自从董仲舒提出“独尊儒术，废黜百家”后，汉代的统治者均以儒家学说为治理国家的指导思想，在法制上实行“德主刑辅”的路线，强调对百姓的礼义教化。那么由谁来对百姓实行教化呢？这个责任便落到了地方官吏头上。旧史中关于要求长安官吏重视教化，革除旧俗的记载颇多。汉朝推行举贤良方正的制度后，要求地方官吏举荐之人也必须具备儒家思想道德和行为规范，否则便要受到处罚。如何武从州刺史迁为司隶校尉，又升为京兆尹，“坐举方正所举者召见盘辟雅拜，有司以为诡众虚伪。武坐左迁楚内史”。[①] 颜师古注云：“盘辟犹言盘旋也。”何武的被贬完全是因他所举荐的人行动与儒家行为规范相差太远，长吏没有尽到教化之职责的缘故。

（五）掌管人事与考课。在汉代长安地区诸县令由朝廷任命，但京兆尹对其下属掾属，县令对下属佐吏却都有任用之权。如边笃为京兆尹，擢用境内长者为僚属，参预政事，郡中大治。[②] 赵广汉为京兆尹，奏请增加长安游徼、狱吏秩百石，以厉其行。[③] 在考课方面，京兆尹主要负责对下属各县官吏的考核。每年诸县先上报京兆尹，京兆尹汇总辖区上计情况，形成上计簿上报三公。汉宣帝黄龙元年（前 49 年），宣帝曾因上计簿“具文而已，务为欺谩，以避其课”，而责备三公监督考课不实。[④] 可见上计制度是当时考核官吏的主要制度。此外，京兆尹还通过每年定期巡视诸县的方式，了解吏情，加强对下

---

① 《汉书》卷 86《何武传》。

② 《册府元龟》卷 681《牧守部·谣颂》。

③ 《册府元龟》卷 677《牧守部·能政》。

④ 《西汉会要》卷 39《职官九》。

属官吏的监督管理。

长安官吏还有许多具体事务性职掌，如为宫廷供给某种物品，为皇帝与皇室中人求医寻药，承办丧葬之事，修缮宫室、城墙、官舍。管理市场交易也是其职掌之一，如东汉第五伦，“领长安市，平铨衡，正斗斛，无阿枉，百姓悦服”。[①] 供给军需装备有时也是京兆尹的职掌，如黄霸任京兆尹时，“坐发民治驰道不先以闻，又发骑士诣北军马不适士，劾乏军兴，连贬秩”。征发民夫修整驰道本是京兆尹的正当职责，黄霸错在未经上奏皇帝而擅自行动。至于“马不适士”一句，据孟康解释说：“关西人谓补为适，马少士多，不相补满也。”[②] 可见为骑士配备足额的马匹也是京兆尹的职责之一。汉文帝曾下诏命地方官吏督劝百姓广植树木，数年效果不显，文帝大怒，下诏切责，长安官吏首当其责。[③] 这就说明凡皇帝要办的事，皆是长安官吏应尽的职责。京兆尹还有一个重要职责，就是参与朝政。西汉时期有关京兆尹参与朝廷政事的记载，在史书中比比皆是，甚至重大人事任命其都有权参与。如汉成帝时，京兆尹王章上书推荐琅邪太守冯野王可代大将军王凤辅政，东郡太守陈咸可任御史大夫。[④] 这些都是有关三公的任命，属于最高级别的人事变动。京兆尹的这种双重身份终西汉一朝一直未变，直到东汉时，长安不再是京师所在，京兆尹这才失去了朝官的身份，不再参政议政了。此外，在东汉时期由于长安地位的下降，长安地区的军事与防务也由京兆尹负责，这和西汉时期由朝廷专职武官负责此类事务有很大的不同。旧史中有关京兆尹

① 民国《长安县志》卷25《循吏传》。
② 《汉书》卷89《黄霸传》。
③ 《西汉会要》卷43《职官十三》。
④ 《汉书》卷84《翟方进传》。

参预镇压羌人起兵、汉末农民起义的记载，均是这种变化的具体表现。

五、两汉吏风种种

两汉时期长安地区的吏风实际上是随着担任这一地区的行政长官的不同而变化，或不畏权贵，抑挫豪强，或革除积弊，宽于治民，或残酷暴虐，骄纵不法，呈现出种种不同的状态。旧史以这些官吏不同的施政风格，将他们划分成酷吏和循吏，然而这种划分还远远不能概括形形色色、繁多复杂的吏风。现选择其中典型的人物予以介绍，以见其在古代长安历史上留下的深刻印记。

1. 王温舒与义纵

王温舒和义纵都是汉武帝时期人，旧史将他们二人均列入酷吏行列，其实两人的风格并不完全相同。义纵是河东（治今山西夏县西北）人，少年为群盗以剽掠为事。后因其姐的关系得以任官，先后充任过长陵、长安令。他在任职期间，敢于执法，不避贵戚，因捕治王太后外孙而受到汉武帝的赏识，迁为河内都尉、南阳太守、廷尉史，后升任京师最高行政长官右内史。武帝之所以任用义纵为右内史，是因为当时改行五铢钱，大小轻重皆宜，民乐于用，于是私铸之风四起，“民为奸，京师尤甚”，[①] 严重地影响了币制的稳定。武帝重用义纵意在打击盗铸风气。史称“其治，所诛杀甚多”，“以斩杀缚束为务”。[②] 但是义纵为官廉洁，不轻用民力，长安地区呈现出小治状态。汉武帝久病，痊愈后驾幸甘泉宫，道路失修，武帝大

---

① 《史记》卷 122《酷吏列传》。

② 《汉书》卷 90《酷吏传》。

怒，说“纵以我为不复行此道乎?”[1] 心中已存杀义纵之意。这年冬天即公元前119年，武帝颁布了算缗、告缗令，即向商人、手工业者征收财产税和所得税，允许告发隐瞒不交和呈报不实的人，告发者重奖，由杨可主持此事。史称“杨可告缗遍天下，中家以上大抵皆遇告”。[2]告缗之风之起，使大批商人破产。义纵对此事有不同的看法，“纵以为此乱民”，[3]下令捕获在京畿地区主持告缗的杨可使者。汉武帝得知此事，下令将义纵下狱，后处死。武帝此举虽然使政府在经济上获得了很大的好处，但却严重影响了工商业的发展，义纵认为告缗之举是“乱民”，所以他实际上是为了工商业的发展而死的。

王温舒

王温舒，阳陵（治今陕西泾阳东南）人。少年时就作奸犯法，后为吏，事张汤，逐渐迁至广平都尉、河内太守。在任上诛杀豪强，“至流血十余里”，武帝以为能，任其为中尉，负责长安的治安。王温舒“素习关中俗，知豪恶吏，豪恶吏亦复为用”，为王温舒出谋划策。他在闾里村落置伯格长，专门监管奸人盗贼，又鼓励盗贼恶少年告发奸豪，使得境内奸猾之人得到严厉打击，“大抵尽靡烂狱中”。王温舒为人多谄，善于观察形势，对有势力之家，“虽有奸如山，弗犯”；对无势者，“贵

① ③ 《史记》卷122《酷吏列传》。
② 《汉书》卷24下《食货志下》。

戚必侵辱”。他的部下属吏大都凶恶残暴，欺凌下户，贪敛财富，数年之间，“其吏多以权富”。那些有势者得到王温舒善待，多称其为能吏，使他在朝中获得了很好的声誉。① 当时义纵为右内史，王温舒做事不通告义纵，影响了京畿地区的治理，于是义纵往往采取措施，“败坏其功”。②义纵为官廉，王温舒贪；义纵执法虽严酷，往往以法行事，而王温舒率意用法，“舞文巧诋”；义纵识大体，王温舒“为人少文”。③这些差别也是两人不能互相配合的重要原因。王温舒后坐法免官，因营建通天台而再次充任少府，历任右内史、行中尉等治理京师的官职。太初元年（前104年），因罪自杀，死后家产累千金。

2. 精于经术的京兆尹隽不疑

隽不疑，勃海（治今河北沧州东南）人。精通《春秋》，任本郡文学。汉武帝统治末年，郡国盗贼蜂起，命暴胜之为直指使者，逐捕盗贼。暴胜之至勃海，闻隽不疑大名，请求与其相见。交谈后暴胜之深为其学识所敬服，遂向朝廷表荐隽不疑，被任命为青州（治今山东淄博东北临淄镇北）刺史，擢为京兆尹。在任京兆尹期间，隽不疑每次到诸县录囚还，他的母亲都要询问有无平反，活命者几人？如隽不疑多有平反，其母就高兴，“为饮食语言异于他时”；如回答无所平反，其母怒，“为之不食”。故隽不疑任职以来，执法虽严，却不残酷，“京师吏民敬其威信”，社会秩序大为好转。④

汉昭帝始元五年（前82年），有一男子乘黄犊车，树黄旐（画有龟蛇图案的旗），戴黄帽，穿黄短衣，进入长安，自称是武帝之子卫太子。昭帝急命公卿、将军、二千石以上官员前往辨识。长安城中吏民聚而观者达数万人。昭帝还命右将军率兵

①②③ 《史记》卷122《酷吏列传》。

④ 《汉书》卷71《隽不疑传》。

部署于宫阙之下，以备非常，气氛一时十分紧张。卫太子刘据在武帝征和二年（前 91 年）因江充以巫蛊之罪诬陷，愤而起兵杀江充，武帝派兵镇压，刘据兵败逃亡，后自杀，然民间传说太子未死而潜匿不出。当时丞相、御史大夫以下众官到后皆莫发言，隽不疑后到，喝令随从左右将卫太子收缚。有人急忙出面阻止，认为真假未辨，不宜如此鲁莽。隽不疑说诸君不必担忧，春秋时卫灵公之子蒯聩得罪灵公，逃亡到晋国。灵公卒，遗命蒯聩之子辄继位，蒯聩闻讯返国，“辄拒而不纳，《春秋》是之。”卫太子得罪先帝，即使逃亡不死，今日自归，乃是罪人也。经过审讯后，果然证实是假冒者。昭帝与辅政的大将军霍光因此事十分赏识隽不疑，认为公卿大臣应当通经术，这样才能明于大体。由此隽不疑名重于朝廷，公卿大臣皆自以为不及。大将军霍光欲将其女嫁给隽不疑，隽不疑坚决拒绝不受。后隽不疑因病辞职，死于家中。宣帝时赵广汉任京兆尹，治绩显著，百姓称颂，为著名循吏，但赵广汉常自言：“我禁奸止邪，行于吏民，至于朝廷事，不及不疑远甚。”[①] 可见评价之高。从赵广汉话也可以看出，京兆尹不仅是京畿地区的行政长官，同时也是朝廷重臣，参预朝政也是其重要职掌之一，故赵广汉才有这样的感叹。

3. 循吏赵广汉

赵广汉，涿郡蠡吾（治今河北博野西南）人。年轻时为郡吏、州从事。升任阳翟（治今河南禹州）令，“以治行尤异”，迁京辅都尉、守京兆尹。这时昭帝已死，新丰人杜建为京兆掾，负责修建平陵。“建素豪侠，宾客为奸利”，赵广汉闻知此事，遂告诫杜建。杜建不改，仍然如故，放纵宾客下属，于是赵广汉便将他收捕下狱，欲治其罪。杜建平时结交的豪门权贵

① 以上见《汉书》卷 71《隽不疑传》。

以及宦官，这时均出面为其求情，赵广汉不为所动。杜氏宗族及宾客密谋抢夺杜建出狱，赵广汉探知其谋，派属吏告诫说：“若计如此，且并灭家。”然后只派数吏将杜建公开处死，而无一人敢近前。赵广汉此举震动京师，百姓称快，豪门莫不畏惧。

不久，赵广汉转任颍川太守，他在这里抑制豪门大姓，整顿社会秩序，盗贼不发，风俗大变，威名远播，连匈奴也闻赵广汉大名。本始（前73—前70）中，赵广汉再次调任京兆尹。他宽以待下，敬重贤才，有功则归于手下，从不以势凌人，为人诚恳谦恭，属吏皆能推诚以事，甘愿为其所用。赵广汉善能识人，了解属吏才干能力，人尽其才，故鲜有败事。属吏若有过失，总是先给予警告，限期改正，如“风谕不改，乃收捕之”，按律治罪。旧史说赵广汉精力过人，天性精于吏职。“见吏民，或夜不寝至旦”。尤其善为钩距，以察知事情原委。钩距的意思据司马迁解释就是善于推理，比如要知马的价钱，则先问狗价，再问羊价，又问牛价，最后再及马价，“参伍其贾（价），以类相准，则知马之贵贱不失实矣”。这种能力惟赵广汉最精熟，他人莫能仿效相及。京畿内盗贼、游侠，其巢穴踪迹及奸吏收受贿赂、违法乱纪等情况，都逃不出赵广汉的视线外，故人皆畏惧，不敢轻犯法纪。

长安城有恶少年数人聚会于闾里一间空房内，商议共同抢劫，“坐语未讫”，赵广汉已经派吏卒赶到，将他们一一捕获。长安富人苏回在宫中为郎官，被两人所劫。不一会儿赵广汉就率吏卒包围了抢劫者之家，命长安丞龚奢叩门告诫说：京兆尹赵某转告二位，不要杀害人质，苏回乃宿卫皇帝之臣，如能释放人质，束手归案，将得到善待，幸逢天子赦令，也许得以免罪释放。两贼十分惊愕，又素闻赵广汉之名，不敢硬行对抗，只好开门而出，下堂叩头。赵广汉跪谢曰：幸亏没有伤害郎官，甚好。送二人下狱，命狱吏给与酒肉，多加善待。二人所犯之罪按法律当死，冬季行刑前，赵广汉命准备棺木、葬具，然后告以实情，二人皆曰："死无所恨！"赵广汉曾召见湖都亭长，路经界上时，界上亭长戏曰：到了京兆府，为我多多致意于赵君。湖都亭长见到赵广汉，两人谈公事毕，赵广汉说界上亭长要你致意于我，你为何不言？湖都亭长叩头说实有此事。赵广汉对他说：你回去时为我致意于界上亭长，多谢他的致问，希望他勤于职事，为国效力，我将不忘他的厚意。赵广汉的事迹深为当时人所敬服，以为"发奸擿伏如神"。其实是赵广汉善于搜集情报，又推诚对待属吏，故人皆"无所隐匿"，使他掌握了更多更全面的情况而已。

为了使属吏更尽心尽职，他还将长安游徼、狱吏秩提高到百石，此后百石吏皆自重自惜，不敢妄法捕系百姓。由此长安政治清明，秩序稳定，社会安宁，"吏民称之不容口，长老传以为自汉兴以来，治京兆者莫能及"。[①]

4．"五日京兆"张敞

张敞，平阳（治今山西临汾西南金殿）人。早在他祖父时已迁到关中茂陵，后又迁徙到杜陵。张敞最初在本地充任小吏，逐渐升至太仆丞，为太仆杜延年所赏识。汉昭帝死后，昌邑王刘贺被迎立为皇帝。张敞曾上书谏止，不听，不久刘贺因荒淫被废，张敞因此而闻名于世。宣帝即位后，张敞被提拔为豫州刺史、山阳太守。后来张敞听说胶东（治今山东平度东南）盗贼并起，社会秩序混乱，上书请求前往治理。宣帝十分赏识他的勇气，遂任命他为胶东相。张敞到任后，调整官吏队伍，先后调补县令数十人，又宣明赏罚令，吏捕斩贼者有功，渎职者罚，很快恢复了胶东的正常社会秩序。这时长安社会秩序混乱，豪门横行，盗贼猖獗，换了几任京兆尹都无能为力，

① 以上见《汉书》卷76《赵广汉传》。

于是朝廷调张敞任京兆尹。

张敞到任后，宣帝马上召见，询问他是否有办法治理，张敞表示可以治理，宣帝大喜。张敞首先不动声色，私行向长安父老察访，得知偷盗的团伙头目都是一些长安富人，他们生活优裕，出有车马，表面上为人温厚，闾里皆以为长者。情况了解清楚后，张敞把他们全都召到官府，严厉谴责，公布其罪行，并限期要他们交出赃物和其他盗贼姓名。有人表示愿意立功赎罪，对张敞说："今一旦召诣府，恐诸偷惊骇，愿一切受署。"① 意为怕惊动其他盗贼，希望暂时任命官职，以便效力。张敞答应了他们的请求，全都任以官吏，并放他们回去。众头目回家后设宴庆贺升官，盗贼们无不前来致贺，在他们喝得大醉之时，头目乘机在他们的衣服上涂上赭色，以为标记。张敞率吏卒在闾里等候，凡出来有标记者逐一收捕，一日之内，几百名盗贼全部落入法网。经过审讯，有的竟一人作案百余起。从此以后击鼓报案的人稀少了，长安城中无偷盗现象发生，路不拾遗，夜不闭户，人们无不钦佩张敞的才干。

张敞为人机敏，赏罚分明，见恶辄惩，毫不容情。他精熟《春秋》，以儒家思想指导施政，不单纯用诛戮刑罚手段。当时郡国二千石因政绩优异者而充任京兆尹者，任久的不过二三年，短的只有数月、一年，就因种种原因而被罢免。由于上面所说的原因，张敞却任此职长达九年，这在当时是非常罕见的。

在这个期间，朝廷每有重大决策，他都参与，常引古论今，左右逢源，公卿们莫不敬佩，皇帝也多次采纳他的主张。然张敞无威仪，罢朝后，走马经章台街，命驭夫驱马而行，自己总是用扇抚马跟在后面。盛传他常给夫人画眉，有人上奏宣

① 《汉书》卷76《张敞传》。

帝，宣帝问及此事，张敞回答说："臣闻闺房之内，夫妇之私，有过于画眉者。"皇帝也不好再说什么。尽管如此，却导致张敞始终不能再得到更高的职位。

张敞的罢免是受了友人的牵连。光禄勋杨恽与张敞关系密切，后杨恽犯大罪，被诛杀，公卿中有人奏张敞是杨恽党友，不宜继续留任，遂被罢官。就在罢官前夕，捕掾（负责捕盗的官吏）絮舜拒绝执行张敞的命令，以为他马上就要被罢官，遂私自回家。有人劝絮舜不可如此，絮舜曰："吾为是公尽力多矣，今五日京兆耳，安能复案事?"张敞听到后，马上派人把絮舜收捕入狱。在冬月将尽的几天内，命审讯官吏日夜推按，竟将其判为死罪。在对絮舜执行死刑时，张敞派人持自己的手令对絮舜说："五日京兆竟何如？冬月已尽，延命乎?"遂斩杀絮舜于市。[①]"五日京兆"遂成为典故，比喻任职很短或即将去职，张敞因此也名垂千古。

5．"虎穴"县令尹赏

尹赏，巨鹿（治今河北平乡西南）人。早年任本郡小吏，因精明强干被提升为楼烦、频阳、郑等县令长。永始、元延（前16—前9）间，汉成帝怠于政事，朝政混乱，贵戚骄纵不法。有的地方官吏结交游侠，藏匿亡命不轨之人；有的豪强为报私怨，杀人妻子，却公然往来于长安城中。至于长安城中不法之辈更多，街巷少年群聚杀害官吏，受人财物，为人报仇。他们往往抓弹丸以确定分工，抓得红丸者杀武官，得黑丸者杀文吏，得白丸者为不幸被杀的凶手办理丧事。长安城中每到黄昏以后，剽劫行人，杀人害命，死伤横卧于道中，击鼓报案者不绝。为了改变长安混乱的社会秩序，汉政府选三辅地区治绩突出的官吏任职于长安，尹赏以高第被选任为长安令，并授以

① 以上见《汉书》卷76《张敞传》。

便宜从事之权。

尹赏到任后，先整修了长安狱，掘地深宽各数丈，以大石覆在口上，取名曰“虎穴”。然后分派吏卒遍召长安的乡吏、亭长、里正、伍人等，命他们将长安的轻薄少年、无赖流氓、无市籍商贩而身着华美衣服或着戎服铠甲手持兵刃者，一一统计，编成名册，共得数百人。摸清情况后，尹赏集合吏卒，准备了数百囚车，分头收捕，以迅雷不及掩耳之势，将这些人尽数捕获。尹赏亲自讯问，从中排除了大约十分之一的人，其余的以百人为一批，分别投入“虎穴”中，覆以大石。数日打开“虎穴”一次，将已死的人抬出，埋在城东墙外，并注明其姓名。百日后“虎穴”中人无一不死，然后命其家属各自拉走尸体，“亲属号哭，道路皆歔欷”。当时长安城中有人作歌曰：“安所求子死，桓东少年场。生时谅不谨，枯骨后何葬。”[1] 尹赏的这次行动沉重地打击了恶势力的气焰，初步整顿了长安的社会秩序。

尹赏这次释放的人或恶少年之魁首，或故吏良家子，失足而愿改悔者，大约有百十人。尹赏让他们立功赎罪，有立功者任用为捕吏。这批人一方面急于自赎，另一方面因他们熟悉情况，追捕奸邪豪强不法者效率很高，办案积极，尹赏任职仅数月，长安城中盗劫杀人现象绝迹，郡国亡命于长安者四散奔走，不敢再进京畿一步。尹赏因功提升为江夏（治今湖北新州西）太守，捕捉长江盗贼甚多，诛杀无虚日，因杀人过多被免职。不久，关中盗贼大起，南山一带尤为猖獗，朝廷又任他为右辅都尉，迁执金吾，负责捕杀盗贼。三辅豪猾大奸得知尹赏重新起用，纷纷逃走，吏民畏其法严，不敢轻犯刑律，京畿社会治安大大好转。数年后尹赏因病而卒，临死前告诫其诸子，

① 《汉书》卷90《尹赏传》。

大丈夫为吏，宁愿因诛杀残贼过甚而免官，不可软弱不胜任被罢免，前者皇帝追思功绩还有重新起用的时候，而后者将会废弃终身，永远不会起用，这种羞辱甚于贪赃枉法，望你们谨记。尹赏共有四子，长子尹立任京兆尹，其余皆位至郡太守。他们都以执法严明、果于诛杀而闻名于世，这都是谨遵其父之教的结果。

6. 牧羊儿出身的京兆尹

王尊，涿郡高阳（治今河北高阳东旧城）人。少年时牧过羊，13岁为本郡狱小吏，办事干练，受到太守的器重，提升为郡书佐。汉平帝初元（前48—前44）中，升任为虢县令，历任美阳令、安定太守、护羌校尉、涿郡太守、益州刺史，几起几落，成帝时任高陵（今陕西高陵西南）令。这时关中南山一带有一伙以傰宗为首的数百名盗贼，往来杀害吏民，朝廷调动军队数千人,追讨一年有余，竟不能擒获。有人向辅政的大将军王凤建议，盗贼不能讨平，问题在于用人不当，只有选任贤才为京兆尹，才可从根本上消除京畿地区社会混乱的状态。建始四年（前29年），王凤荐王尊为京辅都尉、行京兆尹事。王尊只用了月余时间就扫清了盗贼，因功正式任命为京兆尹。

王尊任京兆尹三年，京师大治，路不拾遗。有一次司隶校尉派使奉诏书要王尊调发吏卒捕人，王尊认为诏书中并无明确要求京兆尹参与行动，不应当调发卒吏，拒绝了使者的要求。王尊外出巡视境内诸县，一个名为郭赐的男子向王尊反映说，豪门许仲家的十余人杀死其兄郭赏，请求王尊回府以法惩治。许仲势大，吏不敢捕凶手。王尊回到京师后，向皇帝反映了此事。御史大夫张忠袒护许仲，反而上奏王尊暴虐不改，欺下瞒上，倨傲无礼，王尊因此竟被免官，“吏民多称惜之”。[1]

湖县（治今河南灵宝西北，当时归京兆尹所管辖）三老公乘兴等人上书皇帝，为王尊辩冤，大意说王尊治理京兆以来，讨捕南山群盗，整顿社会秩序，诛暴禁邪，成效显著，前所未有；智谋胆气，名将不能过。他翦除豪强，赈抚贫弱，使百姓安心从事于农业。还列举了长安城中豪强奸邪者，如东市贾云、城西万章，翦张禁，酒赵放、杜陵杨章等，皆结党营私，隐藏奸轨之徒，“上干王法，下乱吏治，并兼役使，侵渔小民”，如同豺狼一样凶恶。朝廷更换数任京兆尹，二十年间不能铲除，王尊到任后，一一治罪，“吏民说服”。[2]朝廷虽然正式任命他为京兆尹，却未见给予大的褒赏，明显地赏罚不公。上书中还指出王尊修身洁己，一心为公，诛恶不避豪强，弹劾不惮将相，今日一旦无辜被罢，只能使仇家快，百姓忧。通过公乘兴等人的上书，可以更清楚地了解王尊的治绩与其刚正不阿的品格。关于王尊被御史大夫张忠弹劾的原因，除了得罪司隶校尉及一些权贵外，还有一条原因，这就是王尊与御史丞杨辅素有私怨，杨辅遂通过其上司张忠之手，挑唆他诬陷王尊，欲报私仇。公乘兴等的上书，引起了成帝的重视，觉察到这是朝廷大臣间内部矛盾的结果，但成帝又不愿因王尊一人而得罪权贵，遂采取了一个折衷的方法，将王尊调任徐州刺史，后迁东郡太守。数年后，王尊死于任所。王尊之后任京兆尹者皆不称职，大将军王凤遂推荐王章任此职，颇有才干，王章死后，京兆尹中以王骏最为有名，故京师之人称曰：“前有赵张，后有三王。”[3] 赵张即指赵广汉、张敞。

---

①② 《汉书》卷76《王尊传》。

③ 《册府元龟》卷681《牧守部·谣颂》。

第三章

魏晋南北朝时期的吏治

魏晋南北朝是我国继春秋战国之后又一个分裂动荡的历史时期，同时也是一个民族激烈对抗与民族融合发展较快的历史时期。关中地区也和全国一样一直处于激烈的社会动荡之中，长安走马灯般地换了数个少数民族政权。由于战争频繁，干戈不息，民族矛盾异常激化，虽然也有吏治状况相对较好的时期，往往好景不长，很快又陷于混乱之中。所以这一历史时期的长安吏治一直很不稳定，直到北周时期社会才渐趋平稳，吏治也得到初步整顿，为隋唐吏治的改革创造了一定的条件。

第一节　魏晋十六国时期的吏治

一、魏晋时期的吏治

三国时期关中归魏国管辖，魏国实行的是州、郡、县三级行政区划，关陇一带为雍州，治所在长安。在长安地区设置了京兆郡，治所也在长安（治今西安市西北），下辖长安、杜县（治今西安东南）、蓝田（治今陕西蓝田西）、上洛（治今陕西商州）、商县（治今陕西丹凤）、霸城（治今陕西西安东北灞河东岸）、阴般（治今陕西临潼东北）、新丰（治今陕西渭南西）、郑县（治今陕西华县）、池阳（治今陕西泾阳西北）、高陆（治今陕西高陵）、万年（治今陕西富平东南）等12县。

西晋统治时期仍是三级行政区划，州郡二级不变，京兆郡下辖的县变化较大，上洛、商县、池阳三县划归外郡，杜县改名杜城，其余诸县不变。魏晋时期州置刺史，负责一州的军事、行政，郡置太守为长官，县置长、令，县以下的基层组织大体与东汉略同。

在这一历史时期长安失去了政治中心的地位，但仍不失为西北的军政重镇。三国时期这里是魏、蜀争夺的焦点，西晋时期也是京城洛阳的西部屏障。“八王之乱”时，河间王司马颙曾一度强迫晋惠帝迁都长安，以便独掌朝廷大权，不过长安的这种中心地位维持不久，便在其他宗室诸王的围攻下，河间王兵败逃亡，惠帝又重新被迎回洛阳。十六国时期长安还数度作为过统治中心。这说明长安虽然暂时失去了京师地位，但其仍具有重要政治、军事意义，一旦时机成熟，便可恢复昔日的统治中心地位。

自汉末董卓之乱以来，关中兵祸连年，百姓逃亡，生产荒废，曹操派司隶校尉钟繇治理关中。钟繇到达长安后，招徕逃亡农民，用盐利换牛，提供给农民，奖励耕植，并以汉献帝的名义招抚关中诸将，化解他们之间的矛盾，暂时稳定了关中局势。建安五年（200年）官渡之战爆发后，钟繇还从关中送战马2 000匹到前线支援曹操之军，说明关中的社会生产确有相当程度的恢复。但是好景不长，以后曹操西征，与马超、韩遂在关中激战，使已经有所恢复的社会经济再次遭到破坏。魏国建立后，为了防御蜀国诸葛亮的军事进攻，在关中大兴屯田，兴修水利，种植桑果，积贮粮食，使关中形势稳固，生产发展，这是诸葛亮始终不能攻取关中的主要原因之一。此后魏国以关中为基地灭亡蜀国，由于战争不在关中进行，所以对关中的局势和生产并无大的影响。

西晋建立后，大封诸侯王，先后在关中镇守的宗室诸王有：扶风王司马亮、汝阴王司马骏、陇西王司马泰、秦王司马柬、梁王司马肜、赵王司马纶、河间王司马颙等。西晋时期门阀士族控制朝政，豪强地主经济发展很快，大肆兼并土地，社会矛盾激化。在关中爆发了齐万年领导的农民大起义，多次击败官军，晋政府不甘心失败，调集大军镇压，虽然最后镇压了起义，但关中的社会经济也由此遭到了很大的破坏，加上自然灾害频繁，使关中人口锐减，土地大量荒芜。如元康七年(297年)，关中大旱，饥荒严重，斗米万钱，加之瘟疫流行，饿死病死的人不计其数。分封的诸王占有大量土地和人口，如秦王司马柬镇守长安时，食邑达8万户，而农民却大量失去土地，饥寒交迫，生活极为困苦。

“八王之乱”爆发后，坐镇长安的河间王司马颙不甘心大权落于他人之手，也加入到这场争权夺利的斗争中去，从而使关中地区也卷入到这场浩劫中。他先是派军东出，进攻洛阳，继而又将战火引入关中境内，使长安一带连年战火不息，关中诸郡长吏之间也互相残杀。长期的战争破坏了关中的生产基础，致使关中人口稀少，劳动力缺乏，一片残破荒凉景象。在战争中大批关中百姓流亡他乡，仅逃到宛城（今河南南阳）一带的人口，“众至四五万”。[①] 西晋统治者强迫流民还籍，但流民们以关中残破，皆不愿还乡。可见关中的社会经济破坏到何种程度，否则关中百姓也不会不恋故乡。在这种情况下，统治者动用武力押送流民返乡，激起了流民的反抗，在京兆新丰人王如领导下，流民袭击了押送官军，南攻襄阳（治今湖北襄樊），就地耕作种谷。

---

① 《晋书》卷100《王如传》。

在这种混乱复杂的形势下，统治阶级忙于争权夺利，相互攻伐，自然无暇兼顾地方吏治的整顿，因此，这一时期的长安吏治是谈不上什么成就的。这是就整体而言，然而在这里任职的各个官员情况又不相同，其中也不乏有政绩较突出的官员存在。如曹操率大军欲征伐汉中张鲁，因关中残破，遂命郑浑为京兆尹，招抚流亡，稳定后方。当时关中经过董卓之乱后，人口由数十万户锐减到几乎空无人烟。据旧史记载，董卓部将李傕攻破长安，后又与郭汜互相攻杀，献帝与百官仓皇逃出长安，长安城空四十余天，“二三年间，关中无复人迹”。[①] 郑浑制定“移居之法”，以优惠政策招徕流亡百姓返乡。又严明禁令，不准官吏扰民，发动农民开垦土地，勤于稼穑，“由是民安于农，盗贼止息”。[②] 初步恢复了长安一带的社会生产。

魏明帝青龙（233—237）中，颜斐任京兆太守，当时魏、蜀两国军事对峙形势严峻,长安的稳定与否对魏国具有重要意义。颜斐到任后，下令下属各县整修道路，种植桑果，发展生产。这一时期民间缺乏耕牛，颜斐强令百姓饲养猪狗，卖后以买牛。百姓无本，他又令在农闲时上山砍伐树木，使相互教授制造车辆。开始时百姓不理解，以为烦苛而有怨言，一二年后，家家皆有车牛，百姓便之。颜斐在注重发展生产的同时，还注重发展教育，他修建学舍，鼓励吏民读书，对于愿意学习的百姓子弟，免除了他们部分徭役。在这种政策鼓励下，长安一带读书学习蔚为风气，教化大行。与京兆毗邻的冯翊、扶风二郡，道路堵塞，田地荒芜，百姓饥冻，两者形成了鲜明的对照。当时，魏军统帅司马懿在长安设置了军市，用以购置军中所需物资。军中吏士时常欺凌百姓，巧取豪夺，人不敢

---

① 《后汉书》卷 72《董卓传》。

② 《西安府志》卷 21《职官志》。

言。颜斐遂将此事报告司马懿，要求加以整顿，司马懿召来主管军吏，当颜斐面重杖一百，从此军士无人再敢擅自犯禁，长安的社会秩序重又稳定。后来颜斐调任外地，长安吏民遮道泣送，稽留十余日，才得以出界，百姓为之立碑以纪念其功德。①

西晋时张辅任蓝田县令，当时县内豪强众多，兼并土地，凌侮百姓，地方官吏畏其势大，不敢过问。强弩将军庞宗与护军张浚最为跋扈嚣张，张浚为庞宗妻族，两家联姻，势力很大，“僮仆放纵，为百姓所患”。张辅察知这些情况后，下令捕杀其二奴，又夺庞宗田地 200 余顷，分给县内贫户，“一县称之”。此外，这一时期还有一些良吏，如王育，字伯春，京兆人。他博通经史，敢作敢为，于是太守任用他为郡主簿，由于成绩突出，遂迁万年令。王育在万年县“为政清严”，敢于打击邪恶势力，整理社会秩序，当地“宿盗”无法立足，纷纷逃往外地。②

以上这些良吏大都产生在魏晋前期，那时就全国政局而言还比较稳定，所以他们具有整顿社会秩序，发展生产的客观条件。后来政治动荡，社会混乱，人心惶恐，地方官吏自顾不暇，也就谈不上维持什么吏治了。如上面提到的张辅，在“八王之乱”期间，也被迫卷入战争之中，率领一支军队，忙于协助河间王四处征战，根本无暇顾及地方的治理了。因此，就整个魏晋时期的长安来看，虽偶有政绩突出的良吏出现，但却无法掩盖吏治混乱的整体状况，至于吏治改革与整顿就更谈不上了。

---

① 《西安府志》卷 21《职官志》。

② 以上见《西安府志》卷 21《职官志》。

二、前后赵时期的吏治

西晋末年，统治残暴，各族人民纷纷起兵反抗，匈奴首领刘渊乘机举兵，得到了胡汉各族人民的支持，势力发展很快。刘渊死后，其子刘和继位，不久刘和又被其弟刘聪所杀，取代了他的地位。刘氏建立的政权国号为汉，并在平阳（今山西临汾西）称帝。永嘉五年（311 年），洛阳被汉军攻破，俘获了晋怀帝。在长安的晋朝官员遂拥秦王司马邺为帝，即晋愍帝。于是刘聪又派刘曜进攻关中，经过数年的战争，于建兴四年（316 年）攻破长安，愍帝投降，西晋灭亡。刘曜为刘渊族子，从小是孤儿，被刘渊收养。他攻破长安后，被封为相国，镇守长安。不久，在平阳发生了政变，刘曜出兵平定了叛乱，并在长安称帝，国号为赵，史称前赵。

在前赵统治时期，关中一带局势并不平定，战争仍然比较频繁。西晋残余势力，胡汉各族人民，在战争中势力膨胀的各地军阀，不断地起来与前赵斗争。刘曜为了扩充地盘，也经常派军向四周进攻。因此，前赵统治时期关中人民的兵役负担很重，不利于生产的恢复。此外，连年的战争对长安的破坏很大。如刘曜围攻晋愍帝时，长安城内粮食断绝，“米斗金二两，人相食，死者太半”。当时城中“户不盈百”，“墙宇颓毁，蒿棘成林”,[①] 已经残破不堪了。为了维持统治，增加关中人口数量便成为刘曜的当务之急，他主要采取了从外地向关中强制迁徙人口的办法。如他平定了汉国的内乱后，从平阳向长安迁士女万余人。平定了上郡（治今陕西榆林东南）氐羌诸族后，迁其首领及部落 20 万人到长安。进攻南安（治今甘肃陇西东南）的杨韬，迁陇右氐羌万余户到长安。经过了这一系列迁徙

① 《晋书》卷 5《愍帝纪》。

行动后，长安一带人口增加，生产恢复，刘曜也初步稳定了关中局势。

由于迁入的人口多为氐羌等少数民族，所以刘曜又加强对他们的汉化行动，主要兴办教育，通过这种手段促使其汉化。另外还重视农耕，把各族中的上层人士尽量吸收到统治阶层中来，以提高凝聚力。刘曜在长安的长乐宫设立太学，在未央宫设小学，招收百姓子弟 1 500 人，学习儒学。他还亲临太学，通过考试来选官。关中初步稳定后，他曾打算营建宫殿和陵墓，经人劝谏，他便下令停建。刘曜还公告于天下："自今政治有不便于时，不利社稷者，其诣阙极言，勿有所讳。"① 刘曜虽然有一些作为，但是由于当时战争频繁，关中社会很难有数年的平静状态，加之徭役、赋税较重，人民难于休养生息。在前赵统治时期朝廷以军事为第一要务，政治退居次要地位，更谈不上吏治的整顿了。所以这一时期长安虽又重新获得京师地位，但吏治并不比魏晋时有所好转，也无政绩特别突出的良吏出现。

后赵石勒为汉国皇帝刘渊的大将，占据河北地区，当刘曜建立前赵时，他在河北襄国（治今河北邢台）建立政权，自称赵王，史称后赵。石勒野心很大，不甘心偏霸于河北，遂派兵进攻归属于前赵的上郡，双方在这里展开了一系列的大战，刘曜大败，死伤惨重。此后双方在河东（今山西）大战，刘曜为报战败之仇，亲率大军出征，高候（今山西闻喜）大战中，前赵军获胜。刘曜本应乘胜进攻后赵的都城襄国，却错误地渡过黄河围攻坚固的军事要塞金墉城（今河南偃师西北），长期屯兵于坚城之下，给后赵以喘息之机。石勒之侄石虎见形势危急，亲率大军数万来战，刘曜竟无派兵防守战略要地成皋（今

① 《晋书》卷 103《刘曜载记》。

河南荥阳西北汜水镇西），使石虎大军顺利开进洛阳。双方在洛阳西布阵决战，刘曜饮酒昏醉，受伤被俘，后被杀。这次大战前赵军主力丧失殆尽，刘曜之子刘熙、刘胤无力守住关中，遂放弃长安，率众撤到上邽（今甘肃天水），长安遂被后赵占据。不久，后赵击败刘胤军对长安的反攻，乘胜攻克上邽，俘杀了刘熙、刘胤及前赵公卿百官数千人，前赵彻底灭亡。

关中从公元329年起被后赵占据，到350年后赵灭亡止，二十多年间战争连续不断，先后发生石生与秦州王羌，石虎与石生，郭权与石斌，陈良夫与石斌，高力领导的戍卒起义等一系列战争，对关中破坏很大。尤其是后赵灭亡后，关中诸将群龙无首，互相攻杀，关中的氐羌人与汉人互相杀掠，无月不战。在后赵统治时期为了防止关中再发生对抗朝廷的战争，遂从这里大批地向关东迁徙人口，以削弱这里的军事潜力。如石虎曾一次迁徙雍、秦（治今甘肃天水）胡汉人10万户到关东。这样就严重地影响了关中的社会生产，使残破的社会经济更加残破。后赵的统治政策也十分残酷，石虎之子石鉴镇守长安时，横征暴敛，赋役繁苛，激起了民怨。石虎又派石苑代镇长安，石苑也同样不顾民生国计，征发了16万人重建长安未央宫。关中与关东诸州一样，也实行“五丁取三，四丁取二”的政策，长期的战争和繁重的赋役，使百姓不得喘息，生产废弛，有时黄金一斤只能买米二斗，贫民无粮，或“人相食”，或“自经于道路，死者相望”。[1] 在这样的社会状况下，哪里还能谈得上吏治问题。前赵时期虽然战争较多，但长安一带曾有过短暂的平稳时期，使百姓得一喘息机会，而后赵时却始终处于激烈的动荡之中，民不聊生，比之前赵尤为不如。

① 《晋书》卷106《石季龙载记》。

三、前秦对吏治的整顿

前秦是氐族首领苻健建立的政权。苻健之父苻洪原为后赵的龙骧将军，率领迁徙的10万户氐羌人居住于枋头（今河南浚县西南），后赵末年他招纳西归的原秦、雍等州之民，实力大增，遂自称大单于、三秦王，打算逐鹿于中原。不久，苻洪被人暗杀，临死前叮嘱其子苻健率众返归关中，以图大业。苻健遵照其父遗命，率众攻入潼关，击败了占据长安的豪强杜洪，占据关中，接着又攻占上邽，关陇地区遂为苻健所有。公元351年正月，苻健在长安正式建国，他自称天王、大单于，国号大秦，史称前秦。次年称帝。皇始四年（354年），东晋大将桓温北伐，击败苻健，攻入关中。苻健采取坚壁清野，派遣军队骚扰袭击晋军的对策，迫使桓温退兵。此战以后，前秦政权日益巩固，苻健遂与关中百姓约法三章，并采取了轻徭薄赋，鼓励农桑，提倡儒学的政策。他还在长安平朔门内建立来宾馆，广招天下贤才。这些措施的实施，使久经战乱破坏的关中经济逐渐得到恢复，百姓生活初步稳定。皇始五年（355年），苻健病死，其子苻生继立。苻生性格暴虐，刚愎自用，滥杀大臣。于是，苻健侄苻坚在朝中众臣的支持下，发动政变，杀死了苻生，夺取了天王之位。

从此前秦在苻坚的治理下，社会稳定，生产发展，吏治清明，实力逐步强大，迅速统一了分裂割据的北方，干出了一番轰轰烈烈的大事业。苻坚这些成就的取得，与他发现并重用汉族奇才王猛有直接关系,正是在他的辅佐下前秦才得以异军突起，迅速强大起来。

王猛，字景略，北海剧县（治今山东寿光）人。少年时生活贫苦，勤奋好学，喜读兵书，抱负远大。成年后他云游四方，寻找英主，一心想报效国家。东晋桓温北伐时，他曾在关中谒见桓温，身穿粗布，扪虱而谈，旁若无人。他发现桓温并非是人们传说的英雄，便悄然离去，隐居于华山。苻坚听说王猛大名，派大臣请他下山相见。两人交谈后，甚为投机，大有相见恨晚之意。王猛在长安任职，曾一年之内提升五次，凡军国大事苻坚无不交王猛处理决断，信任异常，权倾内外。

王　猛

在王猛的辅佐下，前秦在吏治方面成就较大，概括起来，主要表现在如下几个方面：

第一，明法峻刑，打击豪强。十六国时期豪强势力很大，关中亦是如此，尤其是贵戚权臣，更是肆无忌惮，违法乱纪。王猛早年任始平（治今陕西兴平东北）令时，“明法峻刑，澄察善恶，禁勒豪强”。上任不久，就鞭杀了一个违法官吏，使县内豪右畏惧，官吏自律，不敢轻易干纪违法。[①] 后来他任京兆尹，下车伊始，就大力整顿长安社会秩序，打击权豪。外戚强德是苻健之妻强太后的弟弟，“昏酒豪横，为百姓之患”。王猛下令收捕杀之，并“陈尸于市”，以警告不法豪强。王猛办事果敢，雷厉风行，“数旬之间，贵戚强豪诛死者二十有余人”。[②] 由于王猛权势很大，朝中一些权贵不服，如开国元勋樊世，为氐族

① 《资治通鉴》卷 100。

② 《晋书》卷 113《苻坚载记上》。

大姓，恃功自傲，扬言要悬王猛之头于城门。对这类人如果不加以打击，整肃风纪，稳定社会就会半途而废。于是苻坚果敢地下诏处死了樊世，以支持王猛的行动。在苻坚、王猛的努力下，长安的社会风气大变，所谓“百僚震肃，豪右屏气，路不拾遗，风化大行”。苻坚也赞叹地说：“吾今始知天下之有法也，天子之为尊也!”[1] 为了整顿国内其他地区的吏治，苻坚遣使巡察四方及诸族部落，州郡有高年孤寡不能自存者，长吏刑罚失中，对百姓造成危害者，以及劝课农桑，忠烈力田，笃学至孝，移风易俗等方面，都在巡察监督的范围之内，要求使者具条以奏，以便对地方长吏进行考核褒贬。

第二，法简政宽，严肃公正。王猛强调“治乱邦以法”，但同时又认为不能单纯地严刑峻法，而要“法简政宽”[2] 和处事公正。他主张“刚明清肃，善恶著白，放黜尸素，显拔幽滞，……练习军旅，官必当才，刑必当罪”。[3]“法简”则便于推行贯彻；公正就可以保证政令的统一，使官员严以律己，不因私废公；“政宽”有利于百姓休养生息。“官必当才”，强调的是善于选拔人才，使用人才。与此同时，又必须“放黜尸素”，只有把那些无所事事者从官吏队伍中清除出去，才能保证真正有才者得以施展才华。

第三，重视农耕，兴修水利。关中号称八百里秦川，土地肥沃，物产丰富。但是长期的战争极大地破坏了生产基础，前代的水利工程大都毁坏而失修，而关中降水量小，气温较高，日照时间长，蒸发量大，干旱成了威胁关中农业发展的最大问题。苻坚“议依郑白故事，发其王侯已下及豪望富室僮隶三万

① 《晋书》卷113《苻坚载记上》。

② 《资治通鉴》卷102。

③ 《资治通鉴》卷103。

人，开泾水上源，凿山起堤，通渠引渎，以溉岗卤之田”。据载此渠修成后，“百姓赖其利”，[①] 对关中农业的恢复和发展发挥了重要作用。为了促进农业生产的发展，苻坚还根据关中的自然条件，推广了区种法。此法的具体内容，见贾思勰《齐民要术》种谷篇引《氾胜之书》，主要是强调选种、施肥、行距和株距、浇水、除草等精耕细作和农田管理的适时，是一种较为先进的集约化耕作方法。古代农夫通常是一丁可耕百亩，而氾胜之认为采用区种法，“丁男长女治十亩”，即一夫一妇最多只能耕种10亩，可见是精耕细作的方法。采用此法比传统方法可以提高产量。苻坚还下令“开山泽之利，公私共之”。[②]自秦汉以来，山林川泽在法律上属皇帝所有，山泽之入也归少府管理，严禁百姓樵采渔猎。苻坚开放山林川泽，有利于自然资源的开发利用，可以增加社会财富，利国富民。关中自魏晋以来，战争频繁，人口流亡严重，尤其是后赵时期大批地从关中向外迁徙人口，使关中的人口数大减，劳动力缺乏。苻坚动用豪强之家僮仆兴修水利，虽然有爱惜民力之意，又何尝不是缺乏劳动力的缘故呢？要恢复和发展生产，增加关中人口便成为必须解决的又一重要问题。苻坚采取的措施主要是从外地向关中迁徙人口，如平定并州（治今山西太原西南）张平之叛后，“徙其所部三千余户于长安”。击败前燕慕容暐后，“徙关东豪杰及诸杂夷十万户于关中”。[③]这样做既可充实关中人口，又可削弱外地分裂势力，巩固前秦的统治，可谓一举两得。

第四，广立学校，精选人才。苻坚即位以来，对振兴儒学，兴办学校倾注了巨大的热情，下令中央及郡县都要设置学校，并表示自己一月之内要三次亲临太学，躬亲奖励。他规定太子及公卿百僚之子皆要入太学受业，甚至要求“中外四禁、

---

①②③ 《晋书》卷113《苻坚载记上》。

二卫、四军长上将士，皆令修学”。他还在后宫设置了学校，选择宦官及女奴中有学识者为博士，讲授经学。又在渭城（今陕西咸阳）设立了教武堂，选择懂阴阳兵法的太学生去教授各级将领。为了鼓励生员读经，他亲临太学考核，学习成绩优异者可以优先录用授予官职。对在职官员苻坚也同样制定了考核办法，“在官百石以上，学不通一经，才不成一艺者，罢遣还民”。[①] 与此同时，苻坚又对各类人才千方百计地予以罗致，多次下诏要各地长吏举荐“孝悌、廉直、文学、政事”等各种人才。[②] 凡“有学为通儒，才堪干事，清修廉直，孝悌力田者”，都可举荐录用。灭前燕后，他又命王猛“以便宜简召英俊，补六州守令”。[③]对于知名人才，苻坚常以安车蒲轮礼请。由于苻坚求才心切，使大批人才得到任用，“号称多士”。[④] 大批优秀人才充实到前秦各级政府中，对改善吏治，促进政治清明大有益处。

苻坚还善于纳谏，凡有利于国家治理，稳定社会秩序，发展生产，改善吏治的建议，不论进谏者地位尊卑，他都能虚心采纳。如长安民王攸曾向他提出过十条施政方针，就被他全部采纳并予以实施。这十条是：“一曰君道宜明，二曰臣尚忠敬，三曰子贵孝养，四曰民生在勤，五曰教无偏党，六曰养民在惠，七曰延聘耆贤，八曰惩恶显善，九曰伐叛柔服，十曰简易弘大。”[⑤] 其中多条是有关吏治的内容。苻坚还实施了轻徭薄赋的政策，“偃甲息兵，与境内休息”。他与王猛一致认为要使政治清明，国家治理，则必须严格用人政策，务使“请托路

① ③ 《资治通鉴》卷103。

② 《资治通鉴》卷101。

④ 《晋书》卷113《苻坚载记上》。

⑤ 《太平御览》卷122引《十六国春秋·前秦录》。

绝”，只有这样吏治才可以澄清，百姓才能安居乐业。苻坚前期生活十分节俭，“减膳撤悬”，“后宫悉去罗纨，衣不曳地”。[①]

在官制上苻坚仿照魏晋之制。以长安地方官制为例，仍为州、郡、县三级制，以刺史、太守、令长为长吏。由于长安为京师所在，所以又恢复了京兆尹的设置。此外，司隶校尉也恢复了，职掌与汉魏同，主要掌管关中诸郡。充任司隶校尉、京兆尹者，大都是当时的上选之才，如王猛、苻融等。京兆之内的县令，也都选清廉刚直之人充任，以保证长安地区的社会稳定。

前秦在苻坚统治时期的这一系列政策的实施，不仅彻底改变了长安地区的社会混乱状况，而且为吏治的整顿创造了良好的条件，在很大程度上改变了以往残暴贪婪，漠视民生的吏风。自王猛以后，任职于长安的官员大都能忠于职守，敢于打击豪强，严明法纪。如苻坚弟苻融，曾任京兆尹，“尤善断狱，奸无所容，故为坚所委任”。后来他担任司隶校尉，曾破了一件大疑案，得到人们的一致赞誉。京兆人董丰在外游学三年，回家后的当天夜里，妻子突然被人杀死，其妻兄怀疑是董丰杀的人，遂将其送入官府。董丰在严刑拷打之下，不得已承认了杀妻之罪。此案报到苻融处，他认为疑点甚多，经过仔细调查，终于抓到了真凶。原来董妻与他人通奸，董丰返家后二人不便再往来，遂商议于当夜将董丰杀死，岂料夜间黑暗熟睡之际，误将董妻杀死。[②] 再如徐嵩，字元高，苻坚举贤良得以为郎中，由于精明果敢，被任命为长安令。徐嵩任职期间，不畏权贵豪强，凡贵戚子弟犯法者，莫不得到严惩，并拒绝说情请

① 以上皆见《晋书》卷113《苻坚载记上》。

② 《晋书》卷114《苻坚载记下》。

托，“（苻）坚甚奇之”。[①] 京兆丞邓羌，“性鲠直不挠”，忌恶如仇，曾配合王猛诛杀长安贵戚强豪20多人。[②]

在苻坚统治时期长安吏治状况达到了空前的清明程度，不仅执法严明，豪强敛迹，社会秩序稳定，所谓“盗贼止息”，“关陇清晏”，而且农业生产恢复很快，“田畴修辟”，“百姓丰乐，帑藏充盈”，即国家的财政收入也比较丰足了。史书记载当时的情况说：从长安至诸州，道路畅通，路两旁皆种有槐树和柳树，“二十里一亭，四十里一驿，旅行者取给于途”。工商贾贩往来于道。百姓安居乐业，皆歌之曰：“长安大街，夹树杨槐，下走朱轮，上有鸾栖。英彦云集，诲我萌黎。”[③] 后两句是百姓对当时吏治的赞颂。

建元十九年（383年），苻坚率大军南下伐晋，淝水一战，全军溃散。前秦内部的鲜卑、羌、羯等族将领乘机拥兵叛乱，图谋恢复往日割据局面。苻坚实力在伐晋之役中大受削弱，无力控御全国局势，庞大的前秦帝国终于四分五裂了。此后关中一带又重新陷入战乱之中，乱兵四处抢掠，残酷杀戮，尤其民族之间的屠杀更是惨烈。史称“冲毒暴关中，人皆流散，道路断绝，千里无烟。”[④] 长安城后来被鲜卑人慕容冲攻破，大肆烧杀抢掠，繁华的长安又成了一堆瓦砾。战乱之时自然也就谈不上什么吏治了。

四、后秦时期的吏治

后秦的开国者姚苌，本是南安赤亭（今甘肃陇西）的羌族

① 《晋书》卷115《苻登载记》。
② 《晋书》卷113《苻坚载记上》。
③ 以上见《晋书》卷113《苻坚载记上》。
④ 《晋书》卷114《苻坚载记下》。

首领，在他的父亲姚弋仲时迁到关中。姚苌在苻坚发动淝水之战时，被封为前秦的龙骧将军，督益、梁诸州军事。淝水之战后，苻坚败归长安，鲜卑人慕容泓起兵于华阴，姚苌与苻坚之子苻睿率军镇压。苻睿战败而死，姚苌派人报讯于苻坚，苻坚大怒，杀死姚苌使者。姚苌见势不妙，带领亲信逃到渭北，纠集羌族豪酋，拥众5万，树起自立的旗帜。后来姚苌在五将山围困苻坚，将他俘获杀死，占据长安，建立了后秦政权。

苻坚死后，其子苻丕在晋阳（治今山西太原西南）登上帝位。太安二年（386年），苻丕率军向关中进发，遭遇到西燕慕容永之军，双方在襄陵一战，苻丕大败，逃向东垣（治今河南新安）时，遭东晋军队截击，苻丕败死。接着苻坚族曾孙苻登在南安（治今甘肃陇西东南）即位，他联合前秦残余势力，与姚苌展开了殊死决战。苻登之军勇敢善战，所向无敌，后秦军屡战屡败，形势对姚苌很不利。两军相持日久，苻登内部发生分化，勇将窦冲叛归姚苌，加之苻登有勇无谋，屡胜之后疏于对后秦突袭的防范，大界一战，后秦军偷袭其大营成功，5万军队被俘，因而元气大伤，形势又向有利于后秦的方向发展。建初八年（393年），姚苌病死，太子姚兴即位。苻登大喜，以为反攻时机成熟，亲率主力向东进攻，废桥（治今陕西兴平东北）一战，苻登大败，向平凉（治今甘肃平凉西北）逃去。进入马毛山，凭险据守，姚兴派军追击，苻登再败，被俘后处死。苻登与后秦争战达9年之久，他败死后前秦残余势力至此彻底被消灭了。

前秦覆亡后，我国北方又重新分裂为几个割据政权，关陇地区为后秦统治。后秦的政治制度基本沿袭前秦，仍以长安为其京城。姚苌称帝建立后秦后，颇想有一番作为，他修德政，惜费节俭，重用人才，兴修太学。可惜的是他虽有安邦治国之心，却没有安宁的局面，不得不与前秦残余势力连年激战。直到姚兴时关陇局面才逐渐平稳，于是他继承其父遗志，开始了复兴关陇的事业。姚兴治国宽明，知人纳谏，非常重视发展教育，在长安兴修官学，召请名儒讲学，使关中儒风大盛。如天水姜龛、东平淳于岐都是当时的儒学大师，各有门徒数百，姚兴把他们请到长安讲学，四方士子纷纷而至，人数达一万数千人之多。姚兴本人在政事之暇，也常召请姜龛等，讨论经学义理。为了长治久安，姚兴还提倡佛教，曾派人把高僧鸠摩罗什迎请到长安，尊为国师，十分礼遇。他不仅率群臣听鸠摩罗什讲经，还亲自参与了译经。鸠摩罗什讲经译经的草堂寺，是关中的佛教圣地之一，其弟子最多时达 5 000 多人。由于这个原因，关中各郡都掀起了传播佛教的高潮，百姓中十有八九都信仰佛教。除了重视发展文化之外，姚兴对农业生产的恢复也同样重视。为了增加社会劳动力，他下令大量放免奴婢，此举深得人心拥护。因为战乱关中人口流散严重，他采取了两项措施：一是从外地迁徙人口到关中，如击灭苻登后，“徙阴密三万户于长安”。① 讨伐羌酋党容叛乱时，“徙其豪右数百户于长安”。② 二是极力吸引流亡在外地的原关中人返乡，为此专门制定了优惠政策。当京兆人韦华、始平人庞眺等率流亡襄阳的万余名关中人回归关中时，他十分高兴，亲自召见韦华等，并一一授官。此外，姚兴生活节俭，车马无金玉之饰；重视农耕，发展生产，督促官吏尤其是地方官吏劝课农桑。

在整顿吏治方面，姚兴也做了大量工作。首先是他十分重视任用人才，凡有一技之长者，都能得到适当的任用。如京兆人杜瑾、冯翊吉默、始平周室等，皆因上书言事，而得以擢任官职。姚兴还规定地方郡县必须每年选拔进贡优秀人才，根据

① 《晋书》卷 117《姚兴载记上》。

② 《晋书》卷 119《姚泓载记》。

其才分别授予不同的官职。其次，姚兴十分重视官吏执法问题，要求公平严明，而要达到这个目标，则必须先使官吏精熟法律，然后才能谈得上执法公平。为此他在长安专门建立律学，“召郡县散吏以授之”。学习成绩优异者再送还郡县，让他们“论决刑狱”。对于重大案件或疑案而郡县不能决者，则报送廷尉决断。姚兴本人也常常亲临听断疑狱，这样就能督促官吏严于执法，“于时号无冤滞”。[①] 姚兴还很重视对长安地区吏治的监察，为此他对司隶校尉的人选十分慎重，往往都要选公正果敢，明于执法的人充任，以加强对吏治的整顿，稳定长安的社会秩序。再次，他还十分重视对政绩突出的官吏的褒奖，通过这种办法来达到激励官吏尽心于政事的目的。他曾经一次褒奖了司隶校尉郭抚、扶风（治今陕西兴平东南南佐村）太守强超、长安令鱼佩、槐里（治今陕西武功东北）令彭明、仓部郎王年等人，除王年一人外其余均为关中地方官员。其中强超赐爵关内侯，郭抚增加食邑 100 户，其余均进秩一级。[②]

在姚兴统治时期，后秦的吏治状态虽不如前秦，但与这一时期其他割据政权相比，仍是相当突出的。后秦之所以没有在吏治上取得更大的成就，原因颇多。从客观上看，主要是政治局势并不完全稳定。在东面他与北魏为敌，双方之间时有战争爆发。如弘始四年（402 年），后秦派姚平、狄伯支率军 4 万进攻河东，北魏道武帝拓跋珪亲率大军迎击，姚兴遂自率精锐甲士增援，双方激战两月，姚平战死，狄伯支被俘，后秦损失了 4 万军队。此外，北方的匈奴首领赫连勃勃也不断向后秦挑战。赫连勃勃本是后秦的将军，背叛后秦后自称天王、大单于，建立大夏国。他经常袭扰后秦的北部边境，有时甚至打到关中北部一带。姚兴数次派大军征伐，尽管胜多败少，但由于

① ② 《晋书》卷 117《姚兴载记上》。

夏军以骑兵为主力，作战流动性很大，所以后秦始终不能歼其有生力量。有时姚兴甚至亲自统军征讨，而且不止一次，也无法征服赫连勃勃，北部边患始终存在。由于这些战争的长期存在，影响了关中的社会稳定和农业生产的发展，也在一定程度上增加了百姓兵役和徭役负担。

在后秦内部也存在着不稳定因素，尤其是姚兴晚年，诸子争立，勾心斗角，政局不稳。姚兴本来立姚泓为太子，却又宠爱另一子姚弼，并任命其任尚书令、大将军，位兼将相。姚弼乘机结交朝臣，拉拢内宫妃嫔，控制机要，谋图夺嫡。弘始十六年（414 年），姚兴患病，姚弼聚兵数千，将要发动政变。姚兴在外统兵的诸子遂起兵赴长安，讨伐姚弼。姚兴免去姚弼之职，阻止了诸子起兵。姚弼不思悔改，与皇子姚愔通谋，率甲士攻打宫门,失败后被赐死。姚兴死后，太子姚泓即位，杀死了姚愔。宗室姚恢、皇子姚宣相继发动叛乱，李闰诸羌，平阳数万胡人也乘机起兵叛乱。北方的大夏见关中混乱，自然不肯放过这种时机，于是也出兵进攻后秦。关陇的豪强、胡酋的起兵此起彼伏，搞得姚泓穷于应付。这样一番内争，使姚兴苦心经营的关中大好局面遭到了彻底破坏。永和二年（417 年），东晋刘裕北伐，后秦无力抵御，长安被攻破，姚泓投降，后秦灭亡。后刘裕势力被赫连勃勃驱逐出关中，长安遂落入夏国之手。

后秦时期的长安吏治以姚兴统治时期最好，他在位 22 年，除晚年多病加之皇室内争对吏治有影响外，其余时期还是比较好的。此前的姚苌虽有心整顿吏治，由于忙于与苻登的战争，无暇多顾，但尚不至于使吏治恶化。姚泓才干平平，加之内外交困，遂使长安的吏治日渐颓坏。赫连勃勃统治残暴，关中人民深受其苦，故无丝毫吏治成就可言。

第二节　北朝时期的吏治

一、复杂的关中社会

北魏神䴥二年（429 年），北魏大军击败夏军，攻占长安，关中郡县纷纷投降。四年，北魏歼灭夏残余势力，夏亡，从此关中便处于北魏统治下。

关中在夏国统治时，社会生产遭到极大的破坏，社会动荡不安，人口流散严重。除了因战争或其他原因人口自发地向外流散外，夏统治者有时竟把长安或关中边缘的人口迁到其都城统万（治今陕西靖边东北白城子）。仅北魏延和三年（434 年），杨难当攻克汉中，送还流散在当地的原雍州民 7 000 户回到长安。[①] 可见人口流散之严重。流落到河南、荥阳、河内等处的秦、雍之民达万余户。[②] 此外，十六国时期关中民族迁徙异常频繁，大批的氐、羌、羯、鲜卑、匈奴等民族迁入关中，极大地改变了这一地区的人口构成。诸民族的杂居在促进民族融合的过程中，不可避免地也引起一些民族纠纷或矛盾，一定程度上影响了关中的社会稳定。

自魏晋以来，关中尤其是长安一带形成不少衣冠大族，世代相传，社会影响很大，至北魏初年，著名的士族有韦氏、杜氏、杨氏等。北魏统治者对这些汉族士族极尽拉拢之能事，如拓跋焘刚刚平定关中和凉州（治今甘肃武威），就下诏征召包括关中在内的中原著名士族数百人，分别任以官职。北魏政权实际上是以鲜卑贵族和汉族士族为支柱的封建王朝。这些士族

① 《魏书》卷 4 上《太武帝纪》。
② 《北史》卷 27《寇谠传》。

不仅在北魏中央具有较大的影响，在当地的势力也很大，使北魏政府不得不承认他们自魏晋以来所形成的种种特权。如韦叔裕，字孝宽，京兆杜陵人，“世为三辅著姓”。北魏任命他为大行台右丞、辅国将军、雍州大中正。[①] 即承认了这个家族在当地的特权。此类家族在政治上有优先做官的权力，在经济上占有大量的土地，在文化上垄断经学的讲授阐释，是当时一个十分特殊的社会阶层。

北魏初年的关中还有许多大田庄主，即所谓宗主，他们往往都是聚族而居，占有许多部曲和农户。十六国时期由于战争比较频繁，所以宗主多建坞堡以自卫，逐渐形成小规模的武装割据，所以宗主也称坞主。如寇谠本为上谷（治今北京延庆）人，早年迁到关中万年。后秦灭亡，当地千余家为避免战火摧残，以寇谠为宗主，实行武装自卫。北魏占据关中后，遂降于北魏。[②] 这种坞堡主也有不少人为少数民族，不都全是汉族。在夏国统治即将崩溃之际，为了保证同族人生命和财产安全，不少人都拉起武装，北魏初年又纷纷归顺于北魏政府。在关中五胡聚居的地区，这种宗主督护农民的现象较普遍，且具有较强的民族色彩。北魏初年对这些归顺的宗主地位予以承认和保留，让他们仍辖原土原民。北魏在承认宗主督护制的基础上，实行九品混通法，即天下户分为九等，按户等征税。这就使普通农民与拥有大量部曲和佃户的宗主等同，都作为一个纳税单位，因而负担极不均衡。

由于以上情况的存在，就使得北魏初年的关中社会矛盾比较激化，稍有风吹草动，便爆发人民起义。建立北魏政权的鲜卑拓跋部相对于早已进入中原的慕容、乞伏、段等部要野蛮落

① 《北史》卷64《韦孝宽传》。
② 《北史》卷27《寇谠传》。

后许多，他们在建国初期尚未完全摆脱原始文化状态的影响，统治政策粗暴野蛮，专务豪夺，掠人为奴，还不能适应中原先进的农业文明，因而与人民的关系比较紧张。如拓跋焘入关中后，以镇西将军王斤镇守长安，而王斤根本不知如何整顿吏治，治理社会，反倒“骄矜不法，信用左右，调役百姓。民不堪命，南奔汉川者数千家”。[①] 关中人民的起义便是在这种社会背景下爆发的。

太平真君六年（445 年），卢水胡青年首领盖吴在杏城（今陕西洛川西）发动起义。各族人民纷纷响应，起义队伍很快发展到 10 万余人。盖吴在天台山建立政权，设置百官，自称天台王，并派使上表于南朝刘宋，向其称臣，希望能得到支持。起义军连战连胜，歼灭了前来镇压的北魏军队，盖吴亲率主力攻下华州（治今陕西大荔），直逼潼关，又转攻长安，连败魏军。河东人耿青、孙温、薛永宗等起兵响应，控制了今山西南部及弘农（今河南三门峡）间大部地区。盖吴部将白广平西进新平（治今陕西彬县）、安定（治今甘肃泾川）一带，连克数城，百姓聚众响应者甚多。关中西部的散关（今陕西宝鸡西南）氐族起兵杀魏陈仓（今陕西宝鸡）守将，响应盖吴。今陕北至河套一带的少数民族首领也与盖吴结盟反魏。一时间关陇一带人民到处起义打击魏军，关中渭水以北几乎尽为起义军所占，长安成为孤城。北魏官吏纷纷逃入南山躲避，北魏在陕西的统治陷入了空前危机。在平城（治今山西大同东北）的北魏朝廷接到急报后，急调各地大军入关中镇压起义军，魏帝拓跋焘也亲自出马，率精锐骑兵镇压，经过数十次激烈的战斗，起义军最后失败了，盖吴也由于内部的出卖而牺牲了。这次起义尽管失败了，但也沉重地打击了北魏政权。

① 《资治通鉴》卷 121。

关中社会的这种复杂状况，决定了北魏时期长安吏治的整顿也将是一个艰难曲折的过程。人民起义与反抗迫使北魏政府不得不改变统治政策，推行汉化，整顿吏治。但北魏政府面对势力强大的士族集团和宗主们，又不得不采取拉拢迁就的政策，照顾他们的政治与经济利益。这种矛盾的政策决定了北魏整顿吏治将会是不彻底的，只能暂时保持社会秩序的稳定，而不可能长期维持，社会矛盾的再度激化不可避免，这就是盖吴起义后仅数十年关陇再次爆发大起义的一个重要原因。

二、北魏时期的吏治

北魏在长安地区设置了雍州（治今西安西北），下辖京兆郡、北地郡（治今陕西耀县东南）、冯翊郡（治今陕西高陵）、咸阳郡（治今陕西泾阳）、扶风郡（治今陕西乾县）等5个郡，京兆郡下辖有长安、霸城、杜县、鄠县、山北、蓝田、铜官、宜君等20多个县。虽然仍是州、郡、县三级，但实际管辖区域较十六国时期有所缩小，说明地方行政机构设置密集了，官吏增多了，不利于减轻百姓的负担。州置刺史，郡置太守，县有令长，这一点和魏晋之制没有区别。

县以下的地方组织，在北魏前期仍是乡里之制，由于坞堡林立，豪强众多，大量的民户被宗主豪强荫占，政府控制下的户口并不是很多的。这种状况的存在，既不利于赋税征收，也不利于推行吏治。太和十年（486年），魏孝文帝颁布三长制，强化了县以下的地方组织。三长制的内容是：百姓每五家立一邻长，二十五家立一里长，一百二十五家立一党长。与此同时，还开始了校户口，造户籍的工作，也就是有计划地有组织地搜括荫户，扩大政府控制的户口数。

三长制的实行有利于推行吏治，强化政府对地方事务的管理。对荫户来说也是有好处的，因为荫户虽然可以逃避官役赋税，然豪强的奴役要重于官府。《魏书·食货志》云："魏初不立三长，故民多荫附。荫附者皆无官役，豪强征敛，倍于公赋。"指的就是这种状况。政府与豪族、地主争夺户口，自然会引起士族与豪强对三长制的反对，但由于北魏皇权的强有力，加之均田令中关于奴、牛授田的规定，又有利于这些大家族。这样一来三长制也就没有多大阻碍地建立起来了。

建立北魏的鲜卑拓跋部入主中原前十分落后野蛮，具有十足的残忍性和狂热的掠夺性，战斗力甚强。征服了黄河流域后，吸收了不少先进的汉族文明，接受了中原固有的文化和制度，但在其统治初期仍保留了不少野蛮性，体现在统治政策上，即表现为残暴性和很强的掠夺性。所谓"魏氏以戎马定业，武功平海内，治任刑罚，肃厉为本"。[①] 所以北魏统治者对人民很少安抚赈济，稍有不满，即以武力镇压。同时又残酷地掠夺人民财富，主要表现在赋税的苛重上。如延兴三年(473年）十月，北魏将大举南侵刘宋，下诏诸州郡之民，户收租50石，以备军粮。为什么这次征税如此之重呢?《魏书·李冲传》有一条史料可以对此作一解释，即北魏初年，"民多荫冒，五十、三十家方为一户。"这是三长制推行之前的情况。由于这类荫户较多，所以北魏政府采取了重税政策来征收租米。问题是如果只向这类编户征取租米，他们是能够承担起这次沉重的租米征收的，如不仅限于此类编户，那么贫户、小户就很难承担了，而这一点史籍中恰恰没有说明。以上所举之例，只是特例。北魏前期的正常租调是：户调帛二匹，絮二斤，丝一斤，粟二十石，另外加收帛一匹二丈，收入州库，以充外调之资。这是按九品混通的办法征收的，即九等户的平均数。这个税额对中中以上的户也许不重，但是对中下户以下，

① 《魏书》卷89《酷吏列传序》。

则相当沉重了，故魏初时常有百姓“弃卖田宅、漂居异乡”的记载出现。关中一带由于战争破坏严重，百姓生计困难，这样的税额往往使他们承担不起。魏初关中社会矛盾较为激化，动荡不安，与税额的沉重有直接关系。其政策的掠夺性还表现在人口迁徙方面，如拓跋焘镇压了盖吴起义后，一次就“徙长安工巧二千家于京师”。[①] 这种大量迁徙工匠的行动，完全是为满足平城鲜卑贵族奢侈生活的需要，却破坏了长安手工业的恢复和发展。

魏初的统治政策如此，故其官吏也比较残暴，所谓“为吏罕仁恕之诚，当官以威猛为济”。[②] 北魏占据关中之初，镇守长安的王斤和乐安王拓跋范，都是属于此类官员。华山（治今陕西华县）太守赵霸，“酷暴非理”。不过在北魏前期皇帝对于残暴官吏的惩处也是很重的，动辄罢官甚至处死。如王斤就被太武帝拓跋焘处死。赵霸因为“不遵宪度，威虐任情，至乃手击吏人，僚属奔走。不可以君人字下，纳之轨物，辄禁止在州。”[③] 被罢去了官职。北魏前期，官吏是没有俸禄的。鲜卑拓跋部在建立政权之前，在战争中四处掠夺人口财物，然后再按战功大小分配给将士。进入中原后仍是如此，除根据功劳分配外，将士也大肆抢掠，因此鲜卑贵族很少有不是大富的。统一黄河流域后，战争大大地减少了，地方官吏仍不给俸禄，这样就很难使他们清白廉洁，故旧史说北魏官员“少能以廉白自立者”。太武帝平定关中后，曾下诏说：“铁弗（匈奴）肆虐三秦……频年屡征，有事西北，运输之役，百姓勤劳，废失农业。”于是决定减轻徭役，“与民休息”，令各州郡将民户划分

① 《魏书》卷4《世祖太武帝纪》。

② 《魏书》卷89《酷吏列传序》。

③ 《魏书》卷89《张赦提传附传》。

为三等，“其富者租赋如常，中者复二年，下穷者复三年”。[1]但是这种减免租税的政策很难落实，诏令颁布之后，关中及全国的社会矛盾仍然比较激化，说明官吏们并没有很好地执行。原因之一就是与官吏无俸禄有关。面对官吏的贪污掠夺，北魏皇帝惟一的办法就是加大惩处力度，却不知从制度改变上入手，故效果就可想而知了。旧史说“虽动贻大戮，而贪虐未悛，亦由网漏吞舟，时挂一目”。[2] 执法不力，致使有些贪官漏网固是“贪虐未悛”的一个原因，制度上的缺憾却是根本原因。

到魏孝文帝元宏统治时期，贪污之风愈来愈烈。太和元年(477 年)，孝文帝为此专门下了一道诏书，说诸州刺史以下地方官，纵奸纳贿，违法营私，致使盗贼并起，攻掠愈甚，要求百官拿出办法，扭转这种状况。太和七年（483 年），孝文帝又下诏说：朕很想了解百姓疾苦，每有州郡之人来京，都征询过地方官苛虐的情况，可是都不肯说实话。本欲严惩，现特从宽放还，希望以后不得再隐瞒。此外，魏政府还多次遣使到州郡巡察，希望能制止官吏贪赃不法，但都无济于事。在这种情况下，迫使魏政府不得不寻找解决问题的办法。太和八年(484 年)，孝文帝颁诏实行俸禄制。在正常赋税之外，每户增收帛三匹，粟二石九斗，作为官吏的俸禄。班禄之后，官得赃一匹，即处死刑。不久，地方官刺史以下，犯赃发觉，被处死了四十余人。实行均田制以后，又规定地方官得收公田租，刺史 15 顷，太守 10 顷，县令 6 顷。由于在班禄制前，地方官贪污受贿，所获甚大，所以许多地方官并不愿意受禄。淮南王拓跋佗出面，请求恢复断（无）禄制，遭到拒绝。孝文帝坚决推

① 《魏书》卷 4《世祖太武帝纪》。
② 《魏书》卷 88《良吏传序》。

行新制，严厉惩罚贪官，使得北魏开国以来官吏贪污积弊，一时得以纠正，出现了一些新变化。三年后，高祐又向孝文帝提出精选地方官吏，停止勋臣贵族充任地方长官。这种措施的提出与推行，虽不能彻底扭转吏风，但也使地方吏治发生了新变化，社会矛盾也有所缓和。

经过孝文帝的大力整顿，关中与全国一样吏治状况大为好转，出现了一批治绩突出的良吏。如张应，“延兴中迁京兆太守，所在清白，得吏民心”。[①] 李思穆，“为京兆内史，在郡八年，颇有政绩”。[②]最突出的是安西将军、雍州刺史崔亮，他在长安任职多年，“敏于断决，所在并号称职，三辅服其德政”，得到北魏皇帝的嘉奖。他在长安干了不少有益于百姓的公益事业，最重要的一件事就是在渭水上架成一座桥。当时长安城北渭河水浅无法行船，而前朝所造之桥早已废坏，“行人艰阻”。崔亮看到这种情况，对僚佐说：“昔杜预乃造河梁，况此有异长河，且魏晋之日，亦自有桥，吾今决欲营之。”众人皆认为渭河水浅不能造浮桥，欲要在河中筑桥柱，然渭水泛滥无常，恐难施工。崔亮认为秦国定都咸阳，横桥于渭水之上，“以像阁道，此即以柱为桥”。当今可虑的是缺乏作桥柱的大木，而不是能不能在渭水上修桥。适会天降大雨，山水暴至，漂浮出长木数百根，利用这些木材，很快地建成一座桥梁。“百姓利之，至今犹名崔公桥”。[③] 崔亮还有知人之明，他见雍州别驾王罴“清廉疾恶，励精公事”，十分敬重。后来崔亮调任定州，遂推荐王罴任雍州长史。朝中执政者不了解情况，恐怕王罴不能胜任，不许。[④]

---

①② 《西安府志》卷21《职官志》。

③ 以上见《北史》卷44《崔亮传》。

④ 《北史》卷62《王罴传》。

咸阳太守江文遥，自上任以来，勤于政事，礼贤下士，凡来者不论地位高低，均能以礼相待，“屏人密问。于是人所疾苦，大盗姓名，奸猾吏长，无不知悉。”掌握情况后，他大刀阔斧，整顿本郡吏风，打击豪强、盗贼，“郡中震肃，奸劫息止。政为雍州诸郡之最。”[①] 常景，字永昌。宣武帝延昌初（512年），元苌任雍州刺史，任常景为本州录事参军、兼长安县令。常景体察下情，“甚有惠政，民吏称之”。[②]

在魏孝文帝整顿吏治之前，虽然说吏风贪浊，但并不是说吏皆墨吏，官皆贪官，任何时候都有良吏与酷吏的存在，只不过是两者孰多孰少的问题。如京兆王拓跋子推，太安五年（459年）封，任侍中、征南大将军、长安镇大将。子推性格沉稳，善于安抚百姓，礼待下士，听讼察狱，故“秦、雍之人服其威惠”。子推死后，其子太兴袭爵，拜长安镇大将。太兴在长安任职期间贪赃受贿，违法乱纪，被削去了官爵。[③]

魏孝文帝推行均田制，由于关中战争频繁，人口流散，土地荒芜，有较多的土地可供授田。农民得到土地，生产积极性有所提高，农业经济发展迅速，社会经济日渐繁荣。原先萧条的局面，到孝文帝末年，已是“公私丰赡”，“库藏盈积”，[④]社会秩序随着经济的复苏和吏治改变，也愈来愈稳定，商业随之也繁荣发展起来了。中断多年的丝绸之路重又兴旺起来，从西域经长安至洛阳的胡商不可胜数，有力地促进了中外经济、文化的交流。

北魏的统治到了孝明帝元诩时期，处处已显示出衰败景

---

① 《北史》卷45《江悦之传附传》。

② 《西安府志》卷21《职官志》。

③ 《北史》卷17《景穆十三王传上》。

④ 《魏书》卷110《食货志》。

象，政治腐败，赋税苛重，徭役屡兴，统治阶级日益腐朽，且内部矛盾斗争激烈，社会上的阶级矛盾也日益激化。这些问题也影响到吏治的廉洁，使百姓更加与官府对立，终于爆发了莫折念生、万俟丑奴等领导的关陇大起义。这次起义先在秦州（治今甘肃天水）爆发，由于刺史李彦“刑政残虐，在下皆怨”，当地氐羌人民不堪忍受，遂发动起义，杀死李彦，推举羌人莫折太提为首领。莫折太提病死后，其子莫折念生继续领导起义事业，并称天子，建立政权。正光五年（524年）八月，起义军东下，挺进关中，连败魏军，直逼长安。北魏政府急调大军镇压，义军失利，退出关中。不久，另一支起义军在万俟丑奴率领下进军关中，击败北魏大军。孝昌三年（527年），义军歼灭魏军十余万，直逼长安城下，除了长安附近以外，几乎尽有关中之地。由于关中豪族纷纷招募私兵，与义军为敌，所以官军才稳住阵脚，没有彻底崩溃。永安三年（530年），权臣尔朱荣派其子尔朱天光率精锐军队入关中镇压起义，义军不敌，主力被歼，但余部仍坚持战斗，直到普泰元年（531年）才彻底失败。关陇大起义是北魏末年各族人民大起义的重要组成部分，虽然最后失败了，却给北魏在关陇的统治以沉重打击。北魏各族人民大起义彻底地动摇了北魏政府的统治基础，腐败的北魏旧贵族在大起义风暴中被荡涤殆尽，不久北魏政府就分崩离析了。与此同时，在关中土地上形成了一代新兴的地主集团，成为日后中国重新统一再登文明新高峰的主导力量。

三、宇文泰改制与西魏北周吏治

1. 宇文泰改制

北魏统治崩溃后，分裂为东、西魏，东魏以邺城（治今河南安阳北）为京师，政权实际控制在权臣高欢手中；西魏以长安为京师，大权控制在宇文泰手中。后东魏被高氏取代，建立北齐；西魏为宇文氏取代，建立了北周，北周又攻灭北齐，统一了中国北方。

宇文泰，字黑獭，代北武川镇（今内蒙古武川西）人。北魏末年，关陇爆发大起义，尔朱天光率贺拔岳、侯莫陈悦等精锐军团入关中镇压起义，宇文泰当时为贺拔岳部将，也随同入关。起义军被镇压后，尔朱天光又率军东上赴洛阳，贺拔岳留镇关中。贺拔岳死后，宇文泰取代了他的地位。宇文泰之所以能具有这样的地位，完全是武川镇军人集团支持的结果。宇文泰要在关陇立住脚，首先要能抵御得住东魏高欢的进攻，经过多年的战争，西魏取得了很大的胜利，但由于东魏实力的确比西魏强大得多，所以双方形成对峙状态，谁也无力吞并对方，只好各取守势。宇文泰在稳定了政治局势后，为了振兴久已破败的关中，进一步争夺天下，决心进行改革。

宇文泰推行改革的智囊人物和主要助手就是关中望族苏绰。他经常给宇文泰讲帝王权术和治国之道，有时甚至通宵达旦，宇文泰对他十分器重，委以重任，参与国家机要决策。在苏绰的协助下，宇文泰主要从经济、军事、官制、吏治等方面推行了一系列改革措施。在经济方面主要是重新颁布了均田令和租调制。和北魏不同的是，授田更倾向于自耕农的利益，租调也比北魏轻。这样就更有利于恢复关中的农业生

苏　绰

产。在军事方面，主要是创立了府兵制，从而增强了西魏的军事力量。在官制方面，仿照周官制度，参用汉魏官制，比较彻底地改革了西魏官制。在中央设置天、地、春、夏、秋、冬六官制，地方官的任命，完全收归中央，以强化中央集权。

长安地区的行政区划和职官设置是这样的：西魏在长安设置雍州、北雍州（治今陕西耀县）、东雍州（治今陕西华县）。州之下为郡一级行政区划，如咸阳郡（治今陕西泾阳）、延寿郡（治今陕西大荔西南）、武乡郡（治今陕西大荔）等。郡之下设县。北周仍为三级区划，但却取消了北、东两个雍州，改为宜州、华州。其他州郡名称也略有改变。西魏、北周均以长安为京师，北周将长安分为长安与万年两个县，县治均在长安城内。这种格局一直延续到隋唐时期。

州置刺史，郡为太守，县有县令。北周明帝时，改雍州刺史为雍州牧，京兆太守为京兆尹。北周规定：雍州牧官阶为九命，京兆尹为八命，15 000 户以上郡守为七命，1 000 户以上郡守为正六命，1 000 户以下郡守为五命。长安、万年两县令为正五命。其他诸县县令是：7 000 户以上县五命，4 000 户以上县正四命，2 000 户以上县四命，500 户以上县正三命，不满 500 户县三命。

雍州牧之下设有：长史、司马、别驾、司录、主簿、诸曹参军等官，治所在长安城内；京兆尹之下有：郡丞、郡主簿、司录等官；县令之下设有：县丞、主簿、功曹、西、兵、户、法、士等曹主簿、博士等官。①

2. 吏治的整顿

在吏治的改革与整顿方面，苏绰提出了六条基本原则，即

① 以上见王仲荦《北周六典》卷 10。

“先治心，敦教化，尽地利，擢贤良，恤狱讼，均赋役”。[①] 宇文泰根据这六条的基本精神颁布了《六条诏书》，命令百官作为座右铭，人人习诵，遵照执行。对地方官要求特别严格，规定“其牧守令长，非通六条及计帐者，不得居官”。[②]这六条实质上就是整顿吏治的纲领。

宇文泰为了巩固他的政权，首先必须发展经济，而恢复生产又急需大量的劳动力。关中自北魏末年动乱以来，人口流散严重，宇文泰采取了向关中大量迁徙人口的办法。他每对外攻掠，必将俘获的人口迁徙到关中来。如他命将攻下梁朝的四川后，将当地僚族数十万人迁到关中，分赐给部下，大将陆腾一次得到800人。攻下江陵（治今湖北江陵）后，把城内及附近十余万人迁到关中，分赐给各级贵族，如于谨得到1 000人，长孙俭300人，杨绍100人，侯植获100人。伐稽胡、羌、吐谷浑都不同程度地获得大批人口，分赐诸将。灭北齐以后，又再次分赐人口。这些分赐给部下大臣、将军的人口都是作为奴婢的。不过并不是把所有俘获的人口全部赐给众人作奴婢，更多的还是作为国家控制下的编户齐民。据载：“齐亡后，衣冠士人，多迁关内，唯技巧商贩及禾户之家，移实州郡。”[③] 说明并无全部将俘获迁徙来的人口作为奴婢。这数十万人口的迁入，为振兴关中经济起到促进作用。

为了增加政府的财政收入和社会劳动力，北周政府还采取了打击佛教的政策。北周的寺院约有万余，僧尼人数约100万，大约占政府控制的编户人口的十分之一。[④] 僧尼不承担赋

① ② 《周书》卷23《苏绰传》。

③ 《北史》卷86《梁彦光传》。

④ 转引自王仲荦《魏晋南北朝史》第622页，上海人民出版社1979年版。

役，不从事生产，坐费衣食，此类人越多政府的租税收入就越少，同时也影响社会经济的恢复和发展。于是周武帝在建德三年（574 年）下诏废佛，把全国的寺院、土地、资产全部没收，将近百万僧尼和僧祇户、佛图户，编为均田户。这样做扩大了社会劳动力和军队人数，调整了百姓的赋役负担。《广弘明集》中《叙任道林辩周武帝除佛法诏》说："所谓自废（佛）以来，民役稍稀，租调年增，兵师日盛。"可见效果是十分显著的。正因为废佛有利于国计民生，所以周武帝在灭北齐后，又把这种政策施行于原北齐统治区，使北周成为当时富强昌盛的国家，后来北方能统一南方，与这种政策的施行不无关系。

宇文泰十分注意稳定民心，早在入关中之初，"时关陇寇乱，百姓凋残，太祖抚以恩信，民皆悦服。咸喜曰：'早值宇文使君，吾等岂从逆乱。'"[①] 说明民心是向往社会稳定的，希望能够安居乐业。宇文泰极为重视农耕，在《六条诏书》中要求地方官吏劝励农民，无论少长，"但能农器者，皆令就田，垦发以时"。因为只有农业生产恢复并发展了，社会才能稳定，民心才能稳定。社会经济是维持和巩固其统治的基础，也是维持地方吏治的根本，宇文泰深知这个道理，所以他把恢复和发展农业生产放在整顿吏治的首要位置。在大统十六年（550年），他命大将军贺兰祥负责修造富平堰，开渠引泾水，"东注于洛"。用来灌溉渭北农田，"民获其利"。[②] 他还要地方官对贫穷农户予以接济，教民农艺。

整顿吏治要在选才，只有把那些德才兼备的人才选拔上来，任以官职，才能彻底改变吏风，而魏晋以来只凭门第取士，致使吏风日坏，长期不能扭转。苏绰针对此弊，明确提出

① 《周书》卷 1《文帝纪上》。
② 《周书》卷 20《贺兰祥传》。

“惩魏、齐之失，罢门资之制”的新方针，“今之选举者，当不限资荫，唯在得人”。[①] 得到宇文泰的支持与赞同。这一举措意义重大，是中国古代选官制度的重大变革，动摇了魏晋以来以九品中正制取士的旧制，为隋代开创科举取士开了先河。大统十年（544年）七月，颁布新制，“于是搜简贤才，以为牧守令长，皆依新制而遣焉”。[②] 西魏、北周吏治为魏晋南北朝之最，与此次选官制度的彻底改革有直接关系。地方长官的选用改革了，然对州郡吏职的任用却沿袭旧制，由牧守自署。牧守选用“末曹小吏”时，“唯试刀笔，并不问志行”。[③]苏绰认为这种状况也要改变，应选用州郡贤良志行高尚之人充任。经过这一系列的改革后，关中尤其是长安一带的吏风发生了很大的变化，一批新人充实到官吏队伍，生气勃勃，一改地方吏治萎靡不振的状态。

关中本是礼义之邦，自古以来民风淳朴，文化积淀深厚。但是十六国以来人口迁徙频繁，大量的胡族迁入关中，彻底改变了关中的人口构成。大批胡族的迁入不可避免地带来新的习俗、文化、观念及生活方式，他们在不断汉化的同时，也在这些方面影响着关中社会。加之长期的战乱，社会动荡不安，“民不见德，唯兵革是闻”。在战乱时期，生产荒废，百姓饥馑，统治阶级“率多权宜”，“上无教化，惟刑罚是用”，“致使礼让弗兴，风俗未改”。因此，苏绰提出的六条中，头两条就是“先治心，敦教化”。大统十年（544年），苏绰认为“比年稍登稔，徭赋差轻，衣食不切，则教化可修矣”。[④] 即认为大兴教化的客观条件已经成熟，要求地方官尽心尽力，以儒家思

---

① ③ 《周书》卷23《苏绰传》。

② 《周书》卷2《文帝纪下》。

④ 以上见《周书》卷23《苏绰传》。

想观念、礼义纲常教化百姓，改变强悍好斗、漠视法度的民风，进一步稳定社会秩序，加快汉化步伐。

在西魏、北周时期改革吏治，整顿吏风中，长安的地位显得尤为重要，其吏治的好坏直接影响全国吏治的整顿，因此朝廷十分重视，尤其是雍州牧和京兆尹的人选，非亲王、重臣不能充任。早在永熙三年（534 年）七月，宇文泰奉魏帝迁都长安，即被任以大将军、雍州刺史，兼尚书令。大统中，又以名臣王罴为雍州刺史。此后任雍州刺史（牧）者，有李穆、宇文护、宇文直、宇文宪、于谨、宇文招、宇文纯、窦炽、宇文贤、王雄等。大部分都是北周宗室亲王，宇文护虽未及封王，但他却是周明帝和周武帝时期的权臣，执掌国政。李穆、窦炽都是大贵族，朝廷重臣。王雄能任雍州牧，乃是忠于当时的权臣外戚杨坚，且实有非凡才干之故。周宣帝死后，8 岁的宇文阐继位，即周静帝。由于皇帝幼小，静帝外祖父杨坚把持了朝政，并谋图篡位。雍州牧、毕王宇文贤密谋铲除杨坚，王雄当时任雍州别驾，“知其谋，以告文帝（杨坚）。贤伏诛，以功授柱国、雍州牧”。[①] 不过王雄不仅仅是个靠告密起家的小人，他确有过人的才干和学识，否则杨坚也不会让他担此重任。

任京兆尹者也皆为才智之臣，或为功臣、贵族。如韦孝伯、韦总、韦寿，皆为关中高族；崔宣猷，关东士族；宇文深，鲜卑贵族。不过北周时并不全以门第授官，这些人或以功劳或以才智，而得充任京兆尹。如韦孝伯曾随皇太子率军击退吐谷浑，军中大事皆决于韦孝伯。其他任京兆尹者，有的不畏豪强，决狱严明，有的移风易俗，善能教化，有的号称强济，善抚孤贫，基本都是上选之才。

西魏、北周时的雍州牧、京兆尹地位尊贵，通常都在朝中

① 《北史》卷 68《杨绍传附王雄传》。

兼任要职，兼具朝官与地方官的双重身份。如宇文泰、宇文护均手握大权，把持朝廷决策权，当时的皇帝反倒都是傀儡。其他如宇文宪、封齐王、大司马、小冢宰，参与朝中决策，“赏罚之际，皆得预焉”。[①] 于谨，为太傅，封燕国公；宇文招，为柱国，赵王；宇文纯，封陈王；宇文贤，封毕王。京兆尹也多兼任朝廷官职，参与朝政。长安地方行政长官的这种特殊地位，有利于震慑豪强，打击权贵，维持长安的社会治安，同时位高权重，便于制定法规，推行政令。西魏、北周的这种做法，为隋唐两朝所继承，也都以皇子或朝廷重臣充任京师行政长官，以保证京师地区吏治的清明和社会的稳定。

3. 吏治的基本状况

经过整顿后，西魏、北周的吏治大为好转，与地处关东的东魏、北齐形成鲜明的对照，其中以长安一带的吏治成就最为突出。

西魏初年，吏治尚未整顿，地方官吏承十六国、北魏之遗风，只知重税盘剥百姓，而不知安抚赈济。魏文帝元宝炬大统初年，“时关中大饥，征税人间谷食，以供军费”。如果有隐匿不交者，令百姓互相纠告，“多被榜捶，以是人有逃散”。王罴时任华州（治今陕西华县）刺史，善抚百姓，“信著于人”，不横征暴敛，由是“莫有隐者，得粟不少诸州，而无怨讟”。[②] 由于王罴政绩突出，不久迁为雍州刺史。这一时期关中人口流散严重，如岐州（治今陕西眉县西北）一带，大统中（535—551），户口仅 3 000。郑道邕任刺史，“留情绥抚，远近咸至，数年之内，有四万家。”岁末考绩为全国之最。王罴十分钦佩他的才干，“贻书盛相称述”。宇文泰也专门写信表示嘉奖，并

① 《北史》卷 58《齐炀王宪传》。

② 《北史》卷 62《王罴传》。

将其调任京兆尹。[1]

崔猷在魏文帝大统中任京兆尹，易风移俗，严禁奢靡，提倡节俭。据载："时婚姻礼嫁聚会之辰，多举音乐。又廛里富室，衣服奢淫，乃有织成文绣者。猷请禁断，事并施行。"[2]当时关中残破，百姓贫困，崔猷此举对扭转这种不良风气，减轻百姓负担，有一定的作用。

这一时期由于吏治清明，革除了不少弊端。如韦孝宽任雍州刺史时，见境内路侧每一里置一土堠（堡），原为战争时期瞭望敌情之用，经雨冲刷，多有颓毁，每需修筑，劳民费财。韦孝宽上任后，下令境内凡有堠处皆种植槐树一棵，以代替土堠，既可以免于修复，"行旅又得庇荫"。宇文泰见到后，认为是利民的好事，应该推广这个办法，"于是令诸州吏道，一里种一树，十里种三树，百里种五树焉"。[3]

在这一时期雍州诸县令中也涌现出一批治绩突出的人，如裴祥，任长安令，打击豪强，法令严明，为权贵所惮。刘祥，先任万年令，不久又转长安令，连宰二县，政令严整，颇获时誉。长孙炽，建德二年（573 年），任雍州仓城令，"寻转盩厔令，频宰二邑，考绩连最，迁崤郡守"。[4] 这一时期雍州牧、京兆尹不仅本人勤于政事，同时也十分注意对僚属的选任，尤其是高级僚属。宇文泰任雍州刺史时，引皇甫璠为主簿。齐王宇文宪任雍州牧，用韦师为主簿，后来杨广为雍州牧，又再次用其为主簿。这些人皆以精明强干，勤于政事而知名。乐运，性方直，"未尝求媚于人"。周武帝天和二年（567 年）入仕，

① 《北史》卷 35《郑羲传附郑道邕传》。

② 《北史》卷 32《崔挺传附崔猷传》。

③ 《册府元龟》卷 668《牧守部·爱民》。

④ 《隋书》卷 51《长孙览传附长孙炽传》。

任夏州总管府仓曹参军。建德二年，调任万年县丞，“抑挫豪右，号称强直”。甚得舆论赞美，朝廷之事有“不便于时者，令巨细奏闻”。不久，便升任京兆郡丞。[1]

雍州牧虽然地位尊贵，由于任其职者多为亲王或权臣，本州的许多具体政务并不一定事事过问，往往委之高级僚属。长史、司马地位仅次于牧，这一时期也不轻易授人，所以雍州的政务通常由别驾掌管。西魏时柳庆任雍州别驾，广陵王元欣，为魏室宗亲，其甥孟氏，仗势横暴于长安城中。有人告发孟氏盗牛，柳庆调查清楚后，下令逮捕孟氏。孟氏丝毫无惧容，对柳庆说：“若加以桎梏，后独何以脱之?”元欣也派人辩其无罪。孟氏由此更加骄横，毫无认罪之意。本来其所犯之罪不至于死，由于长安城中权贵、豪强甚多，此次若不加严厉惩处，将无法行施政令。柳庆于是大集僚属胥吏，公布孟氏倚权侵虐之状，言毕，“令笞杀之”。此举震动了长安城，“此后贵戚敛手”，不敢轻犯其威。

柳庆不仅执法严明，且智略过人，屡破疑案。有一商人携巨金到长安，寄住他人之家，每次外出，常自带管钥。然而不久财物尽失而门户紧闭，没有异常。此案发生后，郡县官员认为是主人所窃，在严刑逼供下，这家主人被迫承认窃取了财物。这个案件引起了柳庆的疑问，遂召来商人问道：“卿钥恒置何处?”回答说：“恒自带之。”柳庆又问他曾与人同宿过?答曰：“无。”又问是否与人同饮?答曰：“日者曾与一沙门再度酣宴，醉而昼寝。”柳庆断定此沙门为窃贼，下令追捕，然此人已怀金逃匿。后来捕获此人，果然获得所失金。

又有一胡人之家被劫，郡县四处追查，皆无线索，“邻近被囚者甚多”。柳庆认为这样盲目抓人，不仅无法破案而且还

① 《西安府志》卷21《职官志》。

会牵连更多的无辜之人，搞得人心不稳。于是命人写一匿名书，张贴于官府之门，上面写道："我等共劫胡家，徒侣混杂，终恐泄露。今欲首伏，惧不免诛。若听先首者免罪，便欲来告。"然后柳庆又正式张贴出自首者免罪的官府牒文，公布于众。过了两天，广陵王元欣的家奴自缚到官府首告，因此抓获了参与犯罪的全部人犯。"（柳）庆之守正明察，皆此类也"。①

西魏时期国家大权掌握在宇文泰手中，他励精图治，整顿吏治，所以长安一带的吏治日渐清明。宇文泰死后，虽然他的儿子取代了西魏，建立了北周政权，但大权却控制在他的侄子宇文护手中。据《周书·晋荡公护法》载：宇文护"诸子贪残，僚属纵逸，恃护威势，莫不蠹政害民"。这样就在一定程度上影响了吏治的整顿。周武帝宇文邕即位后，他不愿充当傀儡皇帝，于是在建德元年（572 年），设计杀掉了宇文护，亲掌国家大政。周武帝是一个雄才大略，励精图治的皇帝，他不仅推行了灭佛政策，灭亡了北齐，统一我国北方，而且继续整顿吏治的政策。"武帝性甚明察，自诛（宇文）护后，躬览万机，虽骨肉无所纵捨，中外肃然。"② 使北周吏治重新走上了正轨。周武帝生活俭朴，节费惜用，"身被布袍，寝布被，无金玉之饰，诸宫殿华绮者，皆撤毁之，改为土阶数尺，不施栌栱。其雕文刻镂，锦绣纂组，一皆禁断。后宫嫔御，不过十余人"。武帝作风平实，能吃苦耐劳，校兵阅武，"步行山谷，履涉勤苦，皆人所不堪"。在平定北齐战争中，行军时见军士有赤足者，"帝亲脱靴以赐之"。③ 周武帝的这些作风在古代帝王中的

---

① 以上见《北史》卷 64《柳虬传附柳庆传》。

② 《隋书》卷 25《刑法志》。

③ 以上见《周书》卷 6《武帝纪下》。

确十分罕见。皇帝如此作为，地方官吏自然不敢怠慢，尤其是长安就在天子视线之内，因此这一时期的吏风朴实、勤勉，涌现出一批治绩显著的官吏。

周武帝死后，其子宇文赟继位，是为宣帝。他在即位的当年，即宣政元年（578 年），还下诏曰："决狱科罪，皆准律文"；"以杖决罪，悉令依法"。[①] 然而不久就嫌武帝之法量刑太轻，而"更峻其法"。比如杖决犯人，以 120 杖为度，后又加到 240 杖，美名曰"天杖"，往往使轻罪却死于杖下。[②] 上自公卿，内自后妃，也多被棰杖。他还把武帝信任的重臣贬的贬，杀的杀，却把一些为非作歹之徒视为亲信，参掌机要。宣帝本人整日饮酒，几乎天天都在醉乡。又搜刮天下美女，充实后宫，搞得人心慌乱。因此，在宣帝统治时期，北周吏治一度混乱不堪。不过宣帝在位时间短促，不到二年就死去了。此后外戚杨坚执掌国家大政，他为了篡夺政权，收买人心，施政宽简，对吏治也十分重视，加之宣帝对吏治破坏程度有限，虽然这期间有一些反对杨氏专权的战争，但对北周吏治无大的影响。故直到北周末年，长安吏治基本都在正常轨道上运行，并与隋初吏治相接轨。

① 《周书》卷 7《宣帝纪》。
② 《隋书》卷 25《刑法志》。

第四章

隋唐五代时期的吏治

隋唐时期是结束了魏晋南北朝分裂割据的大一统时期，也是中国古代政治、经济、军事、文化等最为繁荣辉煌的一个历史时期。在这一时期文治武功都达到了一个新阶段，吏治也不例外，取得了很大的成就，尤其是长安作为隋唐王朝的统治中心，吏治成就最为突出，堪为全国之表率。在地方官吏的选授、监察、考课、迁转等方面，都已形成了完善严密的标准和法规，这些制度的完善保证了吏治的顺利推行，对后世也具有很大的影响。五代时期长安降为一方重镇，成为西北地区的政治军事中心，吏治也一度陷入混乱，入宋以后才得以整顿并形成新的特点。

第一节　隋朝吏治的曲折变化

一、职官设置与社会特点

1. 行政区划与职官设置

隋文帝杨坚建立隋王朝以后，因为长安旧城北临渭水，渭水不断南移，对都城形成洪水威胁。加之长安自汉代建都以来，人口众多，地下水逐渐变质，不宜食用，且规模较小，屡经战乱，残破不堪，所以决定另建新都。开皇二年（582 年）六月，在龙首原之南开始另建新都，次年三月基本建成，取名大兴城。从此，这里便作为隋唐两朝的都城，并且发展为当时世界上最大最繁荣的都市之一。

隋代实行郡县两级行政区划，在长安地区设京兆郡，治所长安，下辖长安、大兴、宜君（治今陕西宜君西南）、同官（治今陕西铜川西北）、华原（治今陕西耀县）、三原（治今陕西三原西北）、富平（治今陕西富平东北）、上宜（治今陕西乾县西北）、醴泉、云阳（治今陕西三原西）、高陵、万年（治今陕西高陵东北）、武功（治今陕西武功西北）、泾阳、新丰（治今陕西临潼东北）、渭南、郑县（治今陕西华县）、华阴、盩厔（治今陕西周至）、始平（治今陕西兴平东南）、鄠县（治今陕西户县）、蓝田等县，其中长安、大兴两县治所均在长安城内，分治长安东西部。以上是大业八年（612 年）时的行政区划情况。

隋文帝建国之初，沿袭北周之制，仍为州、郡、县三级行政区划。开皇三年（583 年）废诸郡，实行州、县两级制，在长安地区仍置雍州，以牧为长官。隋炀帝大业三年（607 年），改州为郡，仍是两级制。京兆郡置尹为长官，正三品。罢长史、司马，置赞务一人，以为副贰，从四品。后又加置内史一人为副贰，改赞务为丞，位在内史之下。其下有东西曹掾、主簿、司功、仓、户、兵、法、士等曹书佐，分掌各种具体事务。隋朝还置有京辅都尉一人，从三品，掌军事，领兵屯驻潼关，以保护京师的安全。

县置县令，大兴、长安两县令为正五品，其余诸县县令以户口多寡和冲要闲剧与否以定等级，六品七品不等。令之下置丞为副贰，有县正、功曹、主簿、西曹、金、户、兵、法、士等曹吏员。县以下仍为乡里。[①]

2. 复杂的长安社会

北魏末年贺拔岳、宇文泰率领入关的六镇中武川镇的军官，大都是鲜卑贵族，以他们为骨干的关陇集团是北周及隋唐王朝的创建者和支柱。这个集团入关以后汉化速度很快，并且将籍贯一律改为长安。周明帝即位后的第二年（558年）曾下诏说："三十六国，九十九姓，自魏南徙，皆称河南人，今周室既都关中，宜改称京兆人。"[②] 诏书中未提入关汉人改地望之事，可能此问题已经解决。据载："及周太祖入关，诸姓子孙有功者，并令为其宗长，仍撰谱录，纪其所承。又以关内诸州，为其本望。"[③] 说明早在西魏时已解决了这个问题。如世居武川的杨隋、李唐分别以弘农华阴和陇西成纪为郡望。因此，这个时期的关陇士族实际上是新一代贵族，其家族历史和关东旧士族是不可同日而语的。由于他们是隋唐王朝统治的支柱和基础，所以在关陇一带尤其是在长安地区具有很大的势力，他们之间互为婚姻，从而形成了牢固的政治集团。如北周的柱国大将军独孤信的长女为周明帝皇后，第四女为唐高祖的父亲李昞之妻，第七女为隋文帝的皇后。唐高祖李渊娶柱国大将军窦毅第二女为妻，而窦毅却娶宇文泰第五女襄阳公主为妻。这种婚姻关系一直延续到唐代，如扶风窦氏，出皇后、皇妃、王妃各一人；华阴杨氏，出皇妃一人，驸马五人，王妃三人；长安长孙氏，出皇后一人，驸马四人；京兆韦氏，出皇后一人，王妃一人，驸马五人。这种婚姻状况使联姻的家族都成为所谓皇亲国戚，一损俱损，一荣俱荣，亲党胶固，密不可

① 以上见《隋书》卷28《百官志下》。
② 《北史》卷9《周本纪上》。
③ 《隋书》卷33《经籍志二》。

分。这些家族均聚居长安一带，地位尊贵，权势赫赫，为长安吏治的顺利推行带来不少困难。

六镇鲜卑军人集团欲要在关中立足，不能不对关中的旧士族采取团结笼络政策，故这部分社会势力在隋唐仍有较强的经济政治力量。如京兆韦氏、杜氏，河东裴氏、柳氏、薛氏和弘农杨氏。他们“各修其家法，务以门族相高。其材子贤孙不殒其世德，或父子相继居相位，或累数世而屡显，或终唐之世不绝。”① 这些旧士族占有大量的土地，于志宁曾称：“臣家自周魏来，世居关中，赀业不坠。”② 至于占有数千顷土地的旧士族也大有人在。他们不仅经济力量雄厚，在政治上也是历久不衰。隋唐时期关陇旧士族担任宰相的人数很多，如弘农华阴人杨素，世代高门，在隋文帝、炀帝两朝充任宰相，亲戚故吏，遍及全国，势力无人能及。苏绰之子苏威，也是高门之后，文帝时高居相位，身兼五职，甚得皇帝信任。唐代的关中士族政治势力更大，如京兆韦氏出了16位宰相，杜氏11人，时称“城南韦、杜，去天尺五”。裴氏出宰相17人。这些旧士族由于历史久远，家族庞大，人数众多，加上亲戚故吏，构成了很大的社会关系网，其势力也是地方官吏不敢轻易触动的。

西魏、北周的府兵制，其府兵自有其兵籍，编户齐民有编户齐民的民籍，兵籍和民籍是分开的。周武帝天和元年（565年），“筑武功、郿斜谷、武都、留谷、津坑诸城，以置军人”。③ 也可证明这一点。府兵和他们的家属虽有了定居点，但并不从事耕作，自然也不承担赋役。后来为了扩大府兵，募

① 《新唐书》卷70上《宰相世系表序》。

② 《新唐书》卷104《于志宁传》。

③ 《周书》卷5《武帝纪上》。

百姓充当府兵，也都令地方官“除其县籍。”[①] 这样做的结果，就使得府兵中的汉人大大增加，远远超过了鲜卑人。直到隋代初年，诏书中也还是把军、民并提的。关中社会中的这些军户虽不是豪门权贵，由于其户籍不归地方郡县管理，因此他们也就成为一个特殊的阶层，成为地方官吏维持社会秩序的一个头痛问题。开皇十年（590年），隋文帝下诏说：“凡是军人，可悉属州县，垦田籍帐，一与民同，军府统领，宜依旧式。”[②] 这样就将兵籍与民籍统一起来了。尽管如此，由于府兵必定归军府统领，和一般民户不同。所以地方官吏要强化社会秩序，总有些碍手碍脚，军户欺凌平民的事也不鲜见，这和盛唐时的情况是大不相同的。

在隋朝统治时期，关中的阶级矛盾始终是存在的，主要集中在土地和赋役负担问题上。隋初颁布均田令，规定王公以下，至于都督，皆给永业田，多者100顷，少者也有40亩。京官又给职分田，一品5顷，每品以50亩为差，九品也有1顷。至于给勋贵权臣的赐田还不在其内，如杨素平陈功大，赐田100顷；张衡助炀帝篡位有功，在其宅旁赐田30顷。奴婢也在赐予之列，杨素前后受赐奴婢数千人，梁睿一次受赐奴婢1 000口，于义受赐500口，王韶受赐300口。关中在西魏、北周时期实行过均田制，土地已经不足了，到了隋代这种情况并未好转。由于隋代官吏受田以及赐田大都在京师附近，使得土地紧张状况更为严重，致使推行均田制用来授田的土地严重不足。有人曾建议减少功臣土地以给民，可见问题的严重程度。这个问题一直没有很好地解决，于是便造成了“京辅及三

① 《隋书》卷24《食货志》。

② 《隋书》卷1《高祖纪》。

河，地少而人众，衣食不给”的现象。① 关中地区这个问题的存在，是社会矛盾长期不能缓和的主要原因。在隋文帝统治时期，由于吏治尚比较清明，同时文帝也采取了一些其他措施，故关中的社会矛盾尚没有激化。到了炀帝时期，由于他倒行逆施，政治黑暗，这些潜在的矛盾便激烈爆发出来，不仅使隋前期的吏治成就毁于一旦，而且连隋朝政权也一起葬送了。

隋代关中尤其是长安一带这些社会势力和社会矛盾的存在,是封建政权的性质在社会问题上的反映,因此决非某个个人可以改变。即使统治阶级中的最优秀分子,也只能缓解这些矛盾不使其激化起来,而无法从根本上消除这些社会势力和化解这种社会矛盾。任何人也不可能具有超越历史阶段的能力和认识。这就决定了隋代长安吏治只能在艰难与曲折之中发展,加之隋朝国祚短暂,即使有一定的吏治成就,那也是比较有限的。

二、隋文帝与隋初吏治

1. 对长安吏治的重视

隋文帝建立隋王朝后，为了避免隋朝也像北周那样短命，于是将“随”字的“辶”去掉，因为“辶”与“辵”同，有快走的意思，改国号为隋。然而这个举动只能求得心理上的安稳，真正要使隋朝长治久安还得要从治理国家上下功夫。早在文帝杨坚称帝前，一些北周贵族曾起兵反对过他的专权，被其一一镇压。隋朝建立后，他除了采取措施巩固政权外，由于长安是京师所在，长安的安稳直接关系到政权的安危，所以隋文帝对长安地区的行政长官十分重视，从不轻易授予别人，于是便仿效北周的做法，这个职位通常只授给亲王。充任过雍州牧的杨氏家族中人有：

① 《隋书》卷24《食货志》。

开皇元年（581 年）二月，以文帝弟同安郡公杨爽为雍州牧。数天后封卫王。

开皇三年四月，以腾王杨瓒为雍州牧。

开皇六年十月，以晋王杨广为雍州牧。

开皇十二年二月，以汉王杨谅为雍州牧。

仁寿四年（604 年），以杨广长子晋王杨昭为雍州牧。

大业三年（607 年），以炀帝子齐王杨暕为雍州牧。

这种做法一直延续到炀帝统治末期炀帝征伐高丽时，让代王杨侑留守长安，直到唐高祖李渊攻下长安止。文帝这样做主要为了隋王朝统治的稳固，同时也是对长安吏治重视。从客观上看，宗室亲王任京师行政长官，由于其特殊的身份，对弹压豪门权贵势力确有他人所无法达到的作用。皇帝让亲王充任地方行政官员，表示了皇帝对地方吏治的重视态度，在政治上有勉励其他地方官员抓好政务，促进吏治建设的作用。

2．整顿吏治的措施

隋文帝建国以后，为了整顿吏治，首先整顿了混乱的地方建置。南北朝时期地方实行州、郡、县三级制，滥置郡县，十羊九牧的现象十分严重，所谓“当今郡县，倍多于古，或地无百里，数县并置，或户不满千，二郡分领。”① 郡县的增多，使机构臃肿，政治效率低下，“资费日多”，国家开支增大，人民负担加重。开皇三年（583 年），隋文帝采取了“存要去闲，并小为大”的政策，改地方政区三级制为二级制，同时合并了一些州县，裁汰一批冗官。隋文帝此举简化了地方机构，提高了行政效率，使国家“不亏粟帛”，既节省了财政开支，又加强了中央对地方吏治的管理。

改革官吏的选拔制度，是隋文帝整顿吏治的直接举措之

① 《隋书》卷 46《杨尚希传》。

一。北周宇文泰曾罢去了选官以门资的弊端，强调以才用人，但却没有废去诸州中正，也没有形成一套完整的选举制度。开皇三年，隋文帝下诏停止了州郡中正的选举品第之权，称其为“乡官”，使其变成了“至是不知时事”的闲职。到了开皇十五年（595年），索性彻底革去了这种“乡官”，这样就把世家大族作为政治垄断工具的九品中正制彻底废除了。开皇七年（587年），“制诸州岁贡三人”。[①] 荐举贡士的标准是文章华美，然后参加考试授官。开皇十八年（598年），“诏京官五品以上、总管、刺史，以志行修谨，清平干济二科举人”。[②] 即按照先德后才的标准推荐参加考试。到了仁寿三年（603年）又下诏，要求州、县搜寻贤才，“皆取明知今古，通识治乱，究政教之本，达礼乐之源。不限多少，不得不举”。[③]不限荐举人数，比以前又进了一步。此外，隋文帝还在州县皆设置了官学，州、县学的生徒可以参加朝廷举行的考试，根据成绩录用授职。这些举措的实施为隋炀帝时正式建立科举制度创造了必要的条件。

隋文帝改革用人制度，一个重要的目的就是要改变地方官吏的结构，把更多的优秀人才充实进去，从而达到改革吏治的目的。“时高祖初有天下，励精思政，妙简良能，出为牧宰”。[④] 如梁毗，在开皇初任治书侍御史，正直无私，“名为称职”。于是文帝派他任大兴令，负责京师的治理，不久又将他提升为雍州赞治，[⑤] 负责整个长安地区的治理。可见文帝是把优秀人才从朝官中选拔出来，用以加强长安吏治的整顿。再如

① 《隋书》卷1《高祖纪上》。
② ③ 《隋书》卷2《高祖纪下》。
④ 《隋书》卷73《柳俭传》。
⑤ 《隋书》卷62《梁毗传》。

高构，任雍州司马，“以明断见称”，遂转任吏部侍郎，“号为称职”。尽管高构在吏部表现不俗，文帝还是让他又回到雍州司马任上。后来高构因事被贬为盩厔令，“甚有治名”。文帝以人才难得，又将其提升到雍州司马职位上。[①] 这些事例充分说明隋文帝对长安地区吏治的重视。

自汉魏以来，州郡县长官有权自辟僚佐，北周苏绰虽指出过这种制度的弊病，只是要求用人不仅仅只看刀笔熟练与否，还要兼顾其德行，并没有提出废去这种制度。这种制度的弊病是被辟用者心中只知座主，不知有国家，只对长官负责，不对国家负责，且容易产生结党营私，形成集团势力的问题。此外，被征用者往往多为本地豪强或地头蛇，他们和官府势力结合在一起后，横行乡里，鱼肉百姓，极不利于地方吏治的革新。开皇三年，文帝下令废除自辟制。规定地方长官不得自辟僚佐，九品以上的州郡僚佐一律归中央吏部任免。史称：“五服之内，政决王朝；一命免拜，必归吏部。”[②] 此举对强化中央集权有很大的作用。对于长安地区行政长官的高级僚佐往往由文帝亲自选定，尤其在诸皇子任雍州牧时更是如此，不少朝官都被文帝派到雍州任高级僚佐，辅佐皇子治理京师。

改定刑律也是文帝整顿吏治的一个举措。早在开皇元年（581 年），文帝就命高颎负责改定新律，废除了前代的鞭刑及枭首、轘裂之法，死刑有二，即斩、绞；杖刑有五，自 50 至 100；笞刑五，自 10 至 50；徒刑有五，一年至三年；流刑有三，自 1 000 里到 2 000 里。其他一些酷刑也被废除，如周、秦以来灭绝人道的宫刑，这是历史进步的表现。十六国北朝以来，各少数民族统治中国北部，由于其所处的社会阶段较为落

① 《隋书》卷 66《高构传》。

② 《通典》卷 17《选举典五》。

后，所以在决刑定罪时，“罕依律文，相承谓之变法从事。”在讯问囚犯时，也往往施用种种酷刑，常用“车辐驺杖，夹指压踝，又立之烧犁耳上，或使以臂贯烧车釭”。[①] 隋文帝下令尽废这些苛惨之法。并规定民有冤，县不为理者，可以上诉州直至御前。还规定地方官府判处的死刑，在行刑之前，必须报经中央批准，才可执行。这些措施的施行，在一定程度上对地方官吏有制约作用，防止滥刑害民，有利于地方吏治的革新。

对地方各级官吏的考课监督，是隋文帝整顿吏治的又一举措。隋文帝对这一问题十分重视，为了加强监督，他首先恢复了汉、魏以来的御史台，作为监察百官的专门机构。御史台置监察御史12人，掌分察百僚，巡按州、县，纠视刑狱，代表朝廷直接监察地方吏治。其次，制定了严格的考核制度，由吏部之考功司专门负责对官吏的考课。开皇三年规定，地方官九品以上，每年年终由吏部考核一次。地方长官及主要僚佐每年年终要将考绩上报中央，称之为“上考课”，即汇报一年中的工作业绩。每年一次的考课称小考，每三年一次大考。有时隋文帝甚至亲自主持考课，以督促地方吏治的改进。除了定期考核外，文帝还经常派使出巡各地，包括长安地区，随时考察地方吏治的好坏，巡察州县长吏之能否。使者要如实向皇帝汇报巡察情况。

为了使地方官吏能认真执法，履行好职责，文帝还采取了奖励精干清廉，严惩渎职枉法的措施，即通过严肃赏罚制度来达到改善地方吏治的目的。如岐州（治今陕西凤翔）刺史梁彦光“甚有慧政”，“合境大化，奏课连最，为天下第一”。隋文帝大悦，下诏表彰，并赐粟500斛，物300段，钱5万，御伞

---

① 《隋书》卷25《刑法志》。

一柄，要求全国官吏以他为榜样，“慕高山而仰止，闻清风而自励”。[①] 房恭懿清廉爱民，开皇初年，被吏部尚书苏威推荐为新丰令，“政为三辅之最，上闻而嘉之”。赐给房恭懿物400段，房恭懿遂将这些赏赐分送给本县穷困人家。不久，文帝又赐米300石，房恭懿又用于赈济穷人。当时规定每月朔望日雍州诸县令皆要朝见皇帝，文帝每次见到房恭懿，“必呼至榻前，访以化下之术”。[②] 文帝当着诸州朝集使的面，称赞房恭懿，以为劝励之首。

隋文帝对贪官污吏十分痛恨，惩罚甚严。经常派亲信侦察京师官员，甚至秘密派人给官吏送贿赂，凡敢于接受者，不论地位多高，受贿多少，一律处死，毫不宽贷。文帝此举并不是无可非议，但他意在澄清吏治，矫枉过正亦无不可。不过文帝在严惩贪污官吏时，还是能按法律办事，并能听取正确意见，不一意孤行。如雍州别驾元肇对文帝说：“有一州吏，受人馈钱三百文，依律合杖一百。然臣下车之始，与其为约。此吏故违，请加徒一年。”元肇的做法颇合文帝心意，但黄门侍郎刘行本不赞成这样做，他批驳说：“律令之行，并发明诏，与民约束。今（元）肇乃敢重其教命，轻忽宪章。欲申己言之必行，忘朝廷之大信，亏法取威，非人臣之礼。”文帝听后，认为刘行本能维护法律尊严，赐绢百匹以示嘉奖。[③] 隋文帝对官吏的惩罚虽然过于严酷，在开国之初，它对革除弊政，树立良好的吏风是有积极意义的。

隋文帝为整肃吏治，重视以身作则。他生活十分节俭，开

① 《隋书》卷73《梁彦光传》。
② 《北史》卷55《房谟传附房恭懿传》。
③ 《隋书》卷62《刘行本传》。

国之初，即诏令天下：“犬马、器玩、口味不得献上。”[①] 他平时非宴会宾客所食不过一肉而已，“六宫咸服浣濯之衣，乘舆供御有故敝者，随令补用，皆不改作”。[②] 隋文帝治国勤政，每日听朝至午也不知疲倦。他外出时，路逢上表者，总要亲自听问。“或潜遣行人采听风俗，吏治得失，人间疾苦无不留意”。[③] 隋文帝的这些做法对督课官吏遵纪守法，尽职尽责，有表率作用和威慑作用。

为了巩固隋朝统治，必须发展社会经济，所以他在即位初年首先废除先朝苛敛。北周末年，政府置入市门税，每人一钱；官府还置酒坊收利，盐池、盐井也禁百姓采用。早在隋文帝为北周丞相时，就下令免除入市门税。开皇三年，又下诏罢去酒坊，开放盐池、盐井，任凭百姓开采。在国家正税方面，他于开皇三年下诏减户调绢一匹为二丈，原来是一匹长四丈。又把 18 岁为成丁的规定改为 21 岁为成丁，这样百姓课役的年龄就延迟了三年。他还把每年服力役一个月的规定改为 20 天。开皇十年，他又规定百姓年龄 50 岁以上，免服力役，可以交绢或布来代役。文帝这些举措减少了百姓应交户绢的二分之一，力役的三分之一，并缩短了服役期限，使广大农民的赋役负担有所减轻，有利于社会生产的发展，同时也在一定程度上缓和了阶级矛盾，为地方吏治的顺利推行创造了有利条件。

由于隋文帝这一系列措施的施行，所以在他执政期间，长安地区的吏治大为好转，贪赃枉法，豪强横行的现象大大减少，社会秩序也比较稳定，生产发展很快，国家的财政收入不

① 《隋书》卷 1《高祖纪》。
② 《隋书》卷 24《食货志》。
③ 《隋书》卷 2《高祖纪》。

但没有因为他的减税而减少，反而增长很快，“府藏皆满，无所容，积于廊庑”。[①] 同时在长安地区还涌现了一批良吏，如房恭懿、高构、梁毗、刘行本、长孙炽等。梁毗任大兴令时，谏议大夫长孙炽摄长安令。两人同处一城之中，梁毗为政严而直，长孙炽为政宽而平，“为政不同，部内各化”，[②] 有异曲同工之妙。刘行本早年任太子左庶子，后以本官领大兴令。左庶子为太子辅佐之官，地位较高，却又兼领大兴县令，从这里也可以反映出隋文帝对长安吏治的重视态度。刘行本任大兴令期间，“权贵惮其方直，无敢至门者，由是请托路绝，法令清简，吏民怀之”。[③]

隋文帝虽然在吏治整顿方面取得了不小的成就，但是也有一定的局限性，概括地讲，主要表现在以下这些方面：其一，他生性猜忌，由于他是以阴谋篡夺而获得帝位的，深恐别人也会照此行事。所以他性格忌刻而苛酷，他口口声声要以才授官，却对真正才高功大者，反倒处处提防，甚至屡兴杀戳，制造了不少冤案。其二，他虽制定了法律，但有时却率意毁法，所谓“喜怒不恒，不复依准科律”。[④] 甚至上司可以对下属“听于律外斟酌决杖”。竟然出现了“以残酷为干能，以守法为懦弱”的怪现象。[⑤] 对官吏如此，对百姓更是残酷无情，出现了盗一钱以上者死，三人共窃一瓜而被处决的现象。其三，喜欢阿谀奉承，不善辨别谗言。他虽然提倡官吏廉洁奉公，体恤下民，但由于他具有以上明显的缺点，有时却不辨忠奸良善，

① 《资治通鉴》卷 177。
② 《隋书》卷 51《长孙览传附长孙炽传》。
③ 《隋书》卷 62《刘行本传》。
④ 《隋书》卷 25《刑法志》。
⑤ 《资治通鉴》卷 178。

误用奸邪，残害百姓。由于以上这些原因，在一定程度上影响了隋代长安吏治的发展。尽管隋文帝在经济与财政上成就不凡，但在政治上的成就并不十分引人注目，甚至有人认为“隋其亡乱之兆，起自高祖，成于炀帝，所来久矣”。①

三、炀帝时期吏风的剧变

1. 大业前期的吏治政策

隋炀帝即位初期，针对文帝时期吏治上存在的问题，也采取了一些措施。首先，炀帝对监察制度进行了改革。在御史台之外，增置了谒者、司隶二台，前者掌出使慰抚，后者掌巡察。在御史台减殿内御史员额，将监察御史由原来的12人增至16人。谒者台虽主要掌出使劳问，但既然是持节外出，如遇地方冤滥之事，也可以受理，所谓“受冤枉而申奏之”。也就是说谒者台也负有一定的监察职责。司隶台为专门的外出巡察机构，置别驾2人，一人专门负责巡察长安，一人专察洛阳；置刺史14人，分察全国各郡县，其下有郡从事40人，“副刺史巡察”。别驾、刺史巡察时，以六条问事，即一察官吏理政如何；二察是否贪残害政；三察豪强欺凌百姓；四察水旱灾情，不如实上报，强征赋役；五察部内盗贼，不能捕逐而隐瞒不报；六察德行孝悌，茂才异行，隐而不贡者。规定每年二月外出巡察，十月回京申奏。② 炀帝的这次改革有利于对地方吏治的监察。文帝时御史台监察御史仅12人，力量不足，故不时临时派使外出巡察。炀帝专门设置司隶台，负责监督地方吏治，使这种监察制度化，其他二台主要职责虽不同，也都负有一定的监察职责，这样就便于中央对地方吏治常年监督，促

① 《隋书》卷2《高祖纪》。

② 以上见《隋书》卷28《百官志下》。

使地方官吏尽心尽责。尤其是在长安设置了专职监察吏治的官员，对保证长安吏风的清明有积极作用。

鉴于隋文帝晚年刑法加重的情况，炀帝即位后重新修定刑律，这就是大业三年（607年）完成的《大业律》。新律共500条，“其五刑之内，降从轻典者，二百余条。其枷杖决罚讯囚之制，并轻于旧。”隋炀帝还废除了“十恶”之条。以前犯此罪者，连坐后嗣，炀帝为此下诏革除旧法，不再连坐。据载新律施行后，“是时百姓久厌严刻，喜于刑宽”。①

在选拔官员方面，炀帝也做了一些改革。除了创置进士科之外，他还规定官员进秩不再按照考数多少确定，只要是德行政绩突出者就可以予以擢升。这种办法有利于破格选用人才，打破了论资排辈的弊端。文帝时允许武夫参选，并多授以文职官。大业八年（612年），炀帝下诏：“顷自班朝治人，乃由勋叙，拔之行阵，起自勇夫，蠹政害人，实由于此。”规定从此以后，凡是勋官者，一律不得授予文官职事。② 因战功勋绩而得官的武夫，大都强悍不驯，对于治理国家，教化百姓，发展生产等事比较生疏，由他们任文官职事或地方长吏，不利于吏治的整顿和施行，所以炀帝的这次改革对改变地方官吏的人员构成，促进吏治的改革有一定的好处。不过隋炀帝以上举措，只是一些局部性的政策调整，而且也不能始终如一地坚持下来，因此对吏治的影响也十分有限。

2．隋末吏风的剧变

自从隋炀帝发动进攻高丽的战争以来，隋朝的统治政策逐渐发生变化。旧史说：“后帝乃外征四夷，内穷嗜欲，兵革岁

---

① 《隋书》卷25《刑法志》。

② 以上见《通典》卷14《选举典二》。

动，赋敛滋繁”。[1] 繁重的兵役、徭役、赋税，压迫得人民喘不过气来，在实在无法容忍的情况下，于是便爆发了波澜壮阔的农民大起义。面对这种局面，炀帝不知检讨以往的政策，反而采取更为严厉的镇压措施。“帝乃更立严刑，敕天下窃盗已上，罪无轻重，不待闻奏，皆斩。”后来又规定为盗者籍没其家，甚至诛杀九族，轘裂枭首，磔而射之等久已废除的野蛮残酷的刑法都恢复了。[2] 从而进一步激化了社会矛盾，使隋王朝最终崩溃了。

其实长安一带的吏治早在大业五年（609 年）就已遭到破坏，社会矛盾的激化要早于关东地区。炀帝于这年西击吐谷浑，又听从裴矩的建议，西幸武威（治今甘肃武威）大会西域诸国君长，百官相随，大军从行。“自西京诸县及西北诸郡，皆转输塞外，每岁钜亿万计；经途险远及遇寇钞，人畜死亡不达者，郡县皆征破其家。由是百姓失业，西方先困矣。”[3] 在长安一带百姓遭受破产打击的同时，吏治也每况愈下。炀帝任裴蕴为京兆赞治，此人为政严刻，“发擿纤豪，吏民慑惮。”裴蕴又欲加强自己的权势，指使虞世南奏罢司隶刺史，另外增加御史百余人，“于是引致奸黠，共为朋党，郡县有不附者，阴中之”。这些人还利用职权，聚敛资财，“侵扰百姓”，致使吏治大坏，政事日非，而炀帝竟毫无觉察。[4]

大业九年（613 年），炀帝赴辽东，亲征高丽，命刑部尚书卫玄兼任京兆内史，骨仪为京兆郡丞，辅佐代王杨侑留守京师。从此以后炀帝便再无返回过长安，杨侑年幼，长安政事主要由卫玄、骨仪主持。卫玄、骨仪二人不和，卫玄有所举动，

①② 《隋书》卷 25《刑法志》。

③ 《资治通鉴》卷 181。

④ 《隋书》卷 67《裴蕴传》。

辄为骨仪所阻，卫玄虽不满于骨仪，一时也无可奈何。[①] 两位主官如此作为，长安的吏治可想而知了。大业末年，关中人民起义蜂起，攻掠城邑，诛戮不能禁，而郡县官吏"又各专威福，生杀任情矣"。[②] 大业十一年（615 年），由于关中社会愈来愈混乱，"百姓饥馑"，诏令命卫玄安抚百姓，"而（卫）玄竟不能救恤"。由于中央无力控制郡县官吏，"官方坏乱，货贿公行"。[③] 长安一带吏治已荡然无存了。当李渊在太原起兵后，进军关中时，郡县豪杰、群盗及起义军纷纷归附，使李渊大军很快攻下长安。人心的向背如此鲜明，与关中吏治大坏，百姓怨嗟有着直接的关系。

第二节　唐朝中期以前的吏治

一、整顿吏治的措施

1. 行政区划与职官设置

唐朝在长安地区的行政区划前后亦有变化，高祖李渊建唐后，遂改京兆郡为雍州，唐玄宗开元元年（713 年）又改为京兆府。其所领县的数量变化也颇大，如武德元年（618 年），领 18 县，六年，领 21 县；贞观八年（634 年），领 17 县；天宝元年（742 年），领 23 县；大历五年（770 年），领 24 县；天祐三年（906 年），领 14 县。[④] 现将天宝元年的领县罗列如

① 《隋书》卷 39《骨仪传》。

② 《隋书》卷 25《刑法志》。

③ 《隋书》卷 63《卫玄传》。

④ 张荣芳《唐代京兆尹研究》第 16—21 页，台湾学生书局，1987 年版。

下：万年、长安、蓝田、华原（治今陕西耀县）、同官（治今陕西铜川西北）、新丰（治今陕西临潼东北）、三原（治今陕西三原东北）、富平（治今陕西富平东北）、栎阳（治今陕西高陵东北）、高陵、渭南、泾阳、云阳（治今陕西泾阳北云阳镇）、金城（治今陕西兴平）、鄠（治今陕西户县）、武功（治今陕西武功西北）、醴泉（治今陕西礼泉北）、好畤（治今陕西永寿西南好畤河镇）、咸阳（治今陕西咸阳西北）、美原（治今陕西富平东北美原镇）、奉天（治今陕西乾县）、奉先（治今陕西蒲城）、宜寿（治今陕西周至）。其中长安、万年二县县治在长安城内，分治长安西部与东部。

长安地区行政区划变化最大时，是在武则天统治时期。武则天为了取代唐朝统治，在光宅元年（684年）改洛阳为神都，天授元年（690年）改国号为周，次年七月，“徙关内雍、同等七州户数十万以实洛阳。分京兆置鼎、稷、鸿、宜四州”。[①] 显然武则天是以洛阳为大周的京师，尽管没有明确宣布取消长安的京师地位，但长安的政治地位下降却是十分明显的。这时的雍州仅辖七县，即万年、长安、乾封、蓝田、鄠、咸阳等县。武则天晚年，意欲死后还政于李氏，遂于大足元年（701年）驾幸长安，并改元长安，同时又将原设四州撤去，尽复雍州旧制，标志着长安又恢复了原有的政治中心地位。

唐代的县分上、中、下三等，以户口多寡为划分的依据，京兆府所领县为赤畿县，均为上县。唐朝初年以万年、长安为赤县，其余均为畿县。中唐以后因部分畿县境内分布有帝陵，奉陵力役负担较重，于是县等也要有所区别，这样就出现了次赤县的等级。次赤县大体上有云阳、三原、昭应（今陕西临潼）、富平、奉天、醴泉、奉先、咸阳等。县的等级不同，县

---

① 《旧唐书》卷6《则天后纪》。

内职官编制、品秩也有所不同，但均受京兆府节制。

唐初，雍州长官仍称牧，通常以亲王充任，一般不理政，所以以别驾领州事。雍州于开元元年改为京兆府，仍置牧为长官，但天宝以后不再见到有人充任京兆牧的记载，大概阙而不置。雍州别驾至贞观二十三年（649 年）改为长史，开元元年改京兆府时，便将长史改称京兆尹（从三品），为京兆府的实际长官，总领府事。

京兆尹之下置少尹二员，从四品下。唐高祖武德元年（618 年），雍州置治中一员，贞观二十三年改称司马，大足元年加置一员，分为左右司马，开元元年遂改为京兆少尹，并成为定制。少尹为尹之副贰，辅佐尹治府事，如京兆尹缺，少尹可代理其职事。

京兆府的其他职官是：司录参军事二员，正七品上，掌勾稽失，省抄目，即纠举诸曹，监察政务得失，整肃吏治，相当于“南台（御史台）之有大夫、中丞也”。[①] 所以司录参军事又称纠曹。

功曹参军事二员，正七品下，掌官吏考课、选举、祭祀、佛道、学校及表疏、书启等事。在京兆府诸曹中功曹职事较为重要。

仓曹参军事二员，正七品下，掌仓贮、租赋、财货、市肆等事。实际上仓曹是一个掌管财货出纳的部门。

户曹参军事二员，正七品下，掌户口、籍账、婚姻、田宅、杂徭等事。户曹的职事十分繁剧，故有时又置田曹参军事以分掌田宅工作。

兵曹参军事二员，正七品下，掌武官选举、兵甲器杖、门户管钥、烽候传驿等事。即掌管本府军事行政、后勤工作。

---

① 《全唐文》卷 740《汴州纠曹厅壁记》。

法曹参军事二员，正七品下，掌鞠狱定刑、督捕盗贼，即负责本府的司法和治安工作。

士曹参军事二员，正七品下，掌津梁、舟车、官舍与百工等事。

此外，京兆府还置有参军事六人，正八品下，无具体职掌，有事则出使。经学博士一员，从八品上，助教二员，二者均为府学教官，教授儒家经典。唐德宗时，改经学博士为文学。医学博士一员，从九品上，助教一员，掌教授本府医学生，巡诊疗病，为官府医疗官吏。长安城中有东西市，各置市令一员，掌市场交易，禁止非违之事。除以上职官外，还有执刀15人，典狱11人，问事12人，白直24人，录事4人等吏员，除录事为流内官外，其余的性质介于胥吏与杂任之间，分别负责办理各类具体事务，虽是吏职但也都有机会辗转升入流内官。

长安、万年二县县令，正五品上，京兆府其他诸县县令皆正六品上。其余官员品秩也不相同，县丞，前者为从七品上，后者为正八品下，佐县令以治县事；主簿，前者为从八品上，后者为正九品上，掌勾检稽失，纠正非违；县尉，前者置六人，从八品下，后者置二人，正九品下，掌分判诸曹，催征课税，追捕盗贼。所谓诸曹是指司功佐、司仓佐、司户佐、司兵佐、司法佐、司士佐等，这些都是对应京兆府六曹而设置的，职掌也相同，皆为吏职。除此之外的吏职还有博士、助教、典狱、问事、白直等，人数不等。这些吏职除长安、万年二县外，其他诸县不一定全置，如司兵佐。至于博士、助教，则或置或废。吏员的数量也不一致，长安、万年两县多一些，其他诸县额数要稍少一些。

县以下有乡里组织。通常民户每一百家为一里，有里正一人。五里为一乡，有耆老一人。贞观九年（635年），曾在每乡置乡长一人，不久罢废。

2. 整顿长安吏治的措施

唐代的京兆府及诸县长吏待遇皆同于京官，尤其是京兆尹地位十分尊贵，所谓“都辇之下，居百郡之首；尹正之重，俾四方承流”。① 其地位不亚于台省长官。元稹的《授卢士玫权知京兆尹制》说：“朕日出而御便殿，召丞相已下计事，而大京兆得在其中，非常吏也。”② 大京兆即指京兆尹，可见其有参与国家大政之权。又由于京兆尹负责治理京畿地区，对全国的地方官吏有表率作用，所谓“四方之则，求于京兆”。故国家对京兆尹的选授十分重视，“或匪其才，莫膺兹任”。③

从唐高祖武德时起，任雍州牧者均为宗室亲王。如武德时有秦王李世民，贞观时有赵王李元景、越王李泰，高宗时有陈王李忠、许王李素节、潞王李贤、英王李哲，武则天时有相王李旦，睿宗时有让皇帝李宪，玄宗时有荣王李琬等。雍州改为京兆府后，“开元时诸王为牧”，天宝以后不见有京兆牧的记载，大概阙而不置。亲王任雍州牧通常不理政务，但并不等于无权过问本州事务。如唐太宗在武德时任雍州牧，曾安排了亲信萧瑀、高士廉到雍州任职。④ 说明其有权干预州政。唐朝的这种做法是沿袭隋制，而隋朝则是沿袭了北周之制。京兆牧不置后，京兆尹的地位便显得突出了，唐代对其人选十分慎重，或以朝廷重臣充任，或以地方长吏中的佼佼者充任。这方面的例子很多，如贞元二年（786 年）正月，“以礼部侍郎鲍防为京兆尹”。⑤ 韩皋“迁中书舍人、御史中丞、尚书右丞、兵部

① 《全唐文》卷 693《加刘栖楚御史大夫制》。

② 《文苑英华》卷 406。

③ 《文苑英华》卷 406《授萧璿京兆尹制》。

④ 见《旧唐书》卷 63《萧瑀传》，卷 65《高士廉传》。

⑤ 《旧唐书》卷 12《德宗纪上》。

侍郎，皆称职，改京兆尹”。① 韩朝宗“迁蒲州刺史，所履之官政皆尤异，黜陟使奏课第一，征为京兆尹”。② 京兆尹虽为长安的地方长官，却又参与讨论国家大政，兼有京官性质，为了便于参议朝政，所以又常兼任朝官职务。唐前期京兆尹兼朝官尚无固定模式，台省、九寺甚至金吾卫之官，均可兼任。安史之乱后多兼御史台官员，或为大夫，或为中丞。这样做一是为了打击豪强，维护京畿治安；二是其治内王公大臣，豪门贵戚甚多，京兆尹兼领宪官便于纠举王公百官，从而达到清肃邦畿，治理京师的目的。如崔元略、严郢、柳公绰、刘栖楚、孔戢等，莫不兼御史大夫或御史中丞。京兆尹如果工作有误，但性质又不十分严重，皇帝在处理此类事时，往往采取免去兼职以示薄罚的办法。如严郢任京兆尹兼御史中丞，“严明持法令，疾恶抚穷，敢诛杀”。③ 宰相杨炎不满，遂指使人劾奏，免去了兼职御史中丞。敬宗时崔元略任京兆尹兼御史大夫，误用诏条，放免畿内税钱 17 000 贯，遭到侍御史萧彻的弹劾。敬宗命刑部郎中赵元亮、大理正元从质、侍御史温造负责查处，“鞫其事不谬”，遂下诏削去兼御史大夫。④ 京兆尹的兼职有时不止一个，如德宗时李实任京兆尹，兼司农卿、工部尚书。⑤京兆尹兼职的多少及兼职大小，和皇帝的信任程度及本人的资历、能力有密切的关系。一般来说，京兆尹兼职多则权力大，有利于对京师地区的治理。当然如果任非其人，则危害相应也大。

---

① 《旧唐书》卷 129《韩滉传附韩皋传》。
② 《全唐文》卷 327《韩公（朝宗）墓志铭》。
③ 《册府元龟》卷 683《牧守部·遗爱三》。
④ 《册府元龟》卷 669《牧守部·谴攘》。
⑤ 《旧唐书》卷 135《李实传》。

京兆府所属诸县的令丞簿尉及府僚，也皆选精强者充任，尤其是长安、万年两县，直接关系到长安城及附近地区社会稳定与否，更是十分重视，往往直接从郎官中选精明强干者充任县令。仅从《文苑英华》卷407所收的制书来看，任长安县令者有户部郎中赵升卿、兵部郎中杨鲁士、左司员外郎赵均、仓部员外郎徐演、鼎州长史郑仙客等；任万年县令的有：工部员外郎韦覃、刑部郎中郑岩、比部郎中唐庆、兵部员外郎孔戢、楚州刺史秦守一等。从以上所述看，除郑仙客、秦守一两人外，其余莫不是尚书省郎官。对长安、万年之外的畿县长吏的选任也同样慎重，均选贤才以任其职。如开元四年（716年），有人上言："今岁选叙大滥，县令非才。"于是玄宗将新选县令召到宣政殿，亲试理民策。结果鄄城（治今山东鄄城北）令获第一，擢为醴泉县令。其中45人落选。[①] 唐玄宗对县令的选授非常重视，认为县令是最基层的亲民之官，任用恰当与否，关系到吏治的成败，所以亲自过问此事。开元二十四年（736年）二月，玄宗大宴新任县令于朝堂，并将亲撰的《令长新诫》一篇赐予他们，[②] 加以勉励。此文主要内容是告诫县令要爱惜民力，赋役均平，抚恤孤贫，关心生产，不许侵渔百姓。[③] 除了对府县长吏选授重视外，对下面的属官也同样注意选拔优秀人才充任。如裴琰青年时任同州（治今陕西大荔）司户参军，由于才干突出，"由此名动一时。数日，闻于京邑，

① 《资治通鉴》卷211。

② 《资治通鉴》卷214。

③ 《令长新诫》被后世刻成碑石，据杨殿珣《石刻题跋索引》第531页，商务印书馆1957年版载，国内有五地发现此碑。陕师大图书馆藏有乾州发现的碑拓片。

除雍州判司”。[1] 判司是对诸曹参军事的统称。裴琰从同州判司调为雍州判司，职事未变，但雍州判司品秩高于同州，对他来说也算是提升，且雍州为京畿要地，朝廷此举意在改变雍州的官吏构成，加强吏治建设。贞观中，尹伊任坊州（治今陕西黄陵东南）司户参军。尚药局通过尚书省发省符要坊州供送杜若，此事交由尹伊办理，尹伊遂判之曰：“坊州本无杜若，天下共知。省符匆有此科，应由谢朓诗误。华省曹郎如此判，岂不畏二十八宿向下笑人!”[2] 尹伊敢于对尚书省提出批评，“由是知名”，唐太宗认为他明于执法，人才难得，遂将其调任雍州司法参军，掌管刑狱。

除了注意对京畿府县官员的选授外，唐朝还制定了一些规定，限制权要贵戚子弟到京兆地区任官，以防止他们阿容苟政，危害吏治。武则天长安三年（703 年），“太后欲以张易之弟岐州刺史张昌期为雍州长史”，征求宰相们的意见，魏元忠认为张昌期不是适当人选，他在岐州时，“不闲吏事”，“户口逃亡且尽。雍州帝京，事任繁剧，不若季昶强干习事”。[3] 最后武则天还是放弃了初衷，以薛季昶任此官。唐代宗广德二年（764 年）规定：“中书、门下两省五品以上，尚书省四品以上，御史（台）五品以上，诸同正员三品以下，诸王、驸马中要期上亲及女婿、外甥不得任京兆府判司、畿令、赤县丞簿尉。”[4] 唐穆宗长庆二年（822 年），再次重申了这条规定。[5] 反映了唐朝对京畿地区吏治的重视，以及防止朝中贵要与京兆

---

① 《大唐新语》卷 8《聪敏》。
② 《大唐新语》卷 9《从善》。
③ 《资治通鉴》卷 207。
④ 《旧唐书》卷 115《魏少游传》。
⑤ 《唐会要》卷 67《京兆尹》。

府官吏互相勾结，结成势力。

加强对贪官污吏的惩罚，也是唐朝整顿长安吏治的一条重要措施。唐太宗“深恶官吏贪浊，有枉法受财者，必无赦免”。加之雍州的长吏均是精心挑选出来的，所以这一阶层官员贪赃者大大减少，但京畿的流外胥吏犯赃者却不少，由是太宗专门规定：“在京流外有犯赃者，皆遣执奏，随其所犯，置以重法。”本来流外官犯法自有其长官处治，其地位卑下不当上奏皇帝。太宗如此要求，意在防止上下回护，加强打击力度。经过一番整顿后，“由是官吏多自清谨制驭。王公妃主之家，大姓豪猾之伍，皆畏威屏迹，无敢侵欺细人”。[①] 安史之乱后，中央集权削弱，藩镇林立，他们对地方吏治干预颇多，尤其是河朔诸镇，但唐廷对长安的吏治仍然抓得较紧，京兆尹如有越轨行为，则严惩不贷，如窦易直“鞫狱得实赃不实”，贬金州刺史；[②] 崔郢“决杀府吏”，贬濮王傅；[③] 韩皋隐灾不报，贬抚州司马同正员；[④] 贞元十七年（601 年），“好畤县风雹伤麦，上命品官覆视，不实，诏罚京兆尹顾少连已下”。[⑤]

加强考课也是当时整顿长安吏治的一项措施。按照唐朝的考课令，宰相、三品以上京官及藩帅等的考课，由皇帝亲自主持或另派人审校，称之内考、内校。京兆尹为三品官，且具京官性质，所以亦属内考之列。京兆府其他官吏及所属诸县长吏的考课由京兆尹负责，所谓“清肃邦畿，考核官吏”。[⑥] 每年

---

① 以上见《贞观政要》卷 1《论政体》。
② 《旧唐书》卷 167《窦易直传》。
③ 《册府元龟》卷 153《帝王·明罚二》。
④ 《旧唐书》卷 129《韩滉传附韩皋传》。
⑤ 《旧唐书》卷 154《许孟容传》。
⑥ 《唐六典》卷 30《京兆、河南等牧》。

由应考者本人自录其当年功过行能，交由本部门长官，汇总后报京兆尹，由京兆尹议定优劣，八月底前结束考课工作，于十月二十五日前上报尚书省。① 尚书省吏部考功司负责对上报的考簿分别整理登录，作出初步审核，分别评出其考等级。然后还要经过考使的复核，再予以公布。实际上吏部所确定的考课等级是在京兆尹评定的等级基础上确定的，一般来说变动不大，因此京兆尹对下属官员的考核就显得十分重要。史书在记载此类事时，往往直接说京兆尹对某人考课，使其升迁。如蓝田尉李程，“县有滞狱十年，程单言辄判。京兆状最，迁监察御史”。② 三原令王播，“政理修明，恃势豪门，未尝贷法。岁终考课，为畿邑之最。”③ 经京兆尹李实推荐，得到提拔。可见考课制对促进吏治还是具有较大的积极意义。

唐代对地方官的考课除了要看司法刑狱方面的成就外，最主要的是以人口和垦地的增减为考课标准。在人口方面规定以本地现有户口为基数，每增加十分之一，长官进考一等；反之，每减少十分之一，则降一等。增加户口实际是希望增加劳动力，即“课丁”，课丁多则国家赋役就相应增多。所以规定每增加一丁同于一户，如果增口不增丁，每增五口同一丁，以此相折。在劝课农田方面，规定以现有耕田面积（永业田和口分田）为准，每增加十分之二（指另开垦荒田），进考一等；如减损耕地，每减少十分之一，降一等。“若数处有功，并应进考者，并听累加。”④ 这些规定明确简便易行，对于考核地方官吏政绩有十分重要的作用，不仅可以促进吏风的改变，有

① 仁井田升《唐令拾遗·考课令第十四》。
② 《新唐书》卷131《李程传》。
③ 《旧唐书》卷164《王播传》。
④ 《通典》卷15《选举典三》。

利于吏治的整顿，而且可以对发展社会生产起到一定的促进作用。

加强监督是整顿和改善吏治状况的不可缺少的措施，对于地方官吏尤为必要。对于京兆府的官吏来说，监督主要来自两方面，即上级对下级的监督和御史台的监察。按照唐朝的规定，京兆尹的一个重要职责就是："每岁一巡属县，观风俗，问百姓，录囚徒，恤鳏寡，阅丁口，务知百姓之疾苦。内有笃学异能闻于乡闾者，举而进之；有不孝悌悖礼乱常，不率法令者，纠而绳之。其吏在官公廉政己，清直守节者必察之，其贪秽谄谀，求民徇私者，亦谨而察之。"[①] 可见京兆尹负有对境内属县官吏的监督纠举之责，上面所提到"观风俗，问百姓，录囚徒……"等工作内容，实际上也是对诸县官员的监督检查，因为这些工作本身也是县内官吏职责所在，京兆尹检查这些方面实际上就是对他们检查督促，促使其做好这些工作。如窦参"少以门荫，累官至万年尉"。有一同僚因亲属有病，请窦参夜间代为值班，结果在这期间有狱囚逃走。"京兆尹按直簿，将奏"，窦参主动站出来承担了责任，于是被贬为江夏尉。[②] 除了京兆尹的监督外，御史台也负有监察京兆诸县的责任，经常派御史巡察京畿诸县，一旦发现有不法之事，即上奏弹劾。如睿宗时，雍令（指长安或万年令）刘少徵与权贵岑义为姻亲，恃其势力，贪赃枉法，无所顾忌，被御史辛替否按治。岑义出面请辛替否宽贷其罪。辛替否对同僚说："少徵恃势贪暴，吾忝宪司，奈何惧势宽纵罪人，以侮王法。"刘少徵最终被处以死刑。[③]

---

① 《唐六典》卷30《京兆、河南等牧》。

② 《旧唐书》卷136《窦参传》。

③ 《大唐新语》卷4《持法》。

京兆尹的监督主要由御史台执行，此外皇帝根据自己的观察或诸司的反映，也对京兆尹进行监督。这方面的例子很多，如崔日知为京兆尹，“坐赃为御史所劾，左迁歙县丞”。[①] 郑复在文宗开成时任京兆尹，因“复摄祭在郊外，信宿不辞台丞”，被御史中丞高元裕劾奏，受到了处罚。[②] 郑复虽然是因公留宿在外，按唐朝惯例京兆尹离岗不归，应事先告知御史台，郑复不告，按“故事”应受处罚。可见御史台监督之严。京兆尹因故受到皇帝行政处分和刑事惩罚的颇多。如薛珏德宗时任京兆尹，“司农供三宫畜茹三十年，不足，请市京兆。是时，韦彤为万年令，珏使彤禁鬻卖，民苦之。德宗怒，夺珏、彤俸”。[③] 宪宗时，长安令郑易擅于永平坊开渠，京兆尹杨凭不奏闻，被罚一月俸料。元和初，“京兆尹阿纵罪人，诏夺京兆尹三月之俸”。[④] 监察制度的完善对整顿吏治发挥了极重要的作用，可以促使长安吏风得到较彻底地改变。唐代长安吏治状况比较好，与以上各种整顿措施有直接的关系。唐后期长安吏治颓坏，除了社会条件的变化外，一个很重要的原因，就是考课与监督机制的破坏，使吏治处于失控的状态。历史证明，单纯靠官吏的自律，吏风是决不会好转的，只能是每况愈下，终至于不可收拾。

二、繁剧的职事

1. 打击奸豪，维持治安

长安为京师重地，社会秩序的稳定最为重要，所谓“辇毂

① 《旧唐书》卷99《崔日用传附崔日知传》。
② 《册府元龟》卷699《牧守部·谴摧》。
③ 《新唐书》卷143《薛珏传》。
④ 《韩昌黎集》卷7《唐正议大夫尚书左丞孔公墓志铭》。

之下，法在肃清，奸盗窃发，理难容舍”。[①] 而维持长安社会治安的职责则在京兆尹身上。京兆尹针对京畿地区的社会特点，重点打击豪强、奸盗扰民，破坏治安。王徽任京光尹时，“中外权臣，遣人治第京师。”这些人仗势欺凌平民，强占民宅地之事时有发生，“百姓告诉相继”，长安城中人心不稳。王“徽不避权豪，平之以法。由是残民安业，而权幸侧目，恶其强。”[②] “苏良嗣为雍州长史，时京城人相食，盗贼纵横。良嗣为政严肃，盗发三日内无不擒获，远近称为神明”。[③] 由于长安社会情况复杂，豪强势大，凡是治理京师政绩优异的京兆尹，无不以严厉打击为手段，只有这样才能使奸豪畏惧，有所收敛。如“李晖检校雍州长史，纠发奸豪，无所容贷，甚为吏人畏服”。[④] 这种打击只能使豪强、权门、奸盗一时收敛，并不能彻底解决影响长安治安的社会问题，以至于有人主张对长安地区行使重法严刑。如文宗大和中，韦长任京兆尹，当时文宗下诏天下诸州府凡犯轻罪者，除情节严重者外，一般过失犯罪和寻常公事违法，不得鞭背，可以从轻发落。韦长却认为“京师浩穰，奸豪所聚，终日惩罚，牴犯犹多，小有宽容，即难禁戢。若恭守敕旨，则无以肃清；若临事用刑，则违诏命，伏望许依前据轻重处置。”[⑤] 即要求仍按以前的法律敕条施用，得到了文宗的批准。这种现象说明长安社会的确有不同于其他州府的特别之处。

其次，京兆尹还负有保护在京官员安全的职责。如“天宝

① 《全唐文》卷71文宗《委京兆捕贼诏》。

② 《旧唐书》卷178《王徽传》。

③ 《册府元龟》卷695《牧守部·屏盗》。

④ 《册府元龟》卷689《牧守部·威严》。

⑤ 《册府元龟》卷696《牧守部·抑豪强》。

三载五月，京兆尹萧炅奏，请于要道筑甬道，载沙筑之，至于朝堂。从之。”九月，“炅又奏广之”。[①] 萧炅此举的目的就是为了保证百官上朝时的安全。文宗开成三年（838 年）正月，宰相李石上朝时遇到刺客，险遭不测。京兆尹崔珙坐捕盗不获，罚一季俸。同时受到惩处的还有长安、万年两县捕盗官乌行矩、韦文卿，均被停官。[②] 这是长安官吏维护社会治安不力而受到处罚的事例。还有京兆尹因治安问题上表自劾的事发生。韦元甫《为京兆尹捉贼不获谢恩表》说，京兆尹之兄在兴平县境内遇盗被杀，京兆尹自感没有尽到维护社会治安的责任，上表说：“臣辱司京尹，职在肃清，不能屏息奸回，乃今害及骨肉，既负旷官之责，仍积私门之恨。”[③] 要求皇帝给自己以处罚。为了消除治安隐患，唐朝一度还规定长安周围 300 里内不得弋猎采捕，不准民间私藏兵器，并将民间兵器尽数收归武库。

2．发展生产，均定赋税

社会的稳定与否，主要取决于百姓是否安居乐业，而要使百姓安居乐业，则必须发展社会生产，在中国古代主要是发展农业生产。所以劝课农桑，疏渠修堰，均定赋役，则成为地方官员的又一重要职责，长安的官员亦不例外，每年的考课也主要看这些方面，故上自京兆尹，下至诸县令均十分重视发展生产。如代宗大历十二年（777 年），京兆尹黎幹开决郑、白二水支渠及稻田碾硙，复秦汉水道，以灌溉农田。德宗贞元六十三年（797 年），诏京兆尹修堰昆明池。贞元四年（788 年），京兆尹郑叔则奏修三白渠堰。文宗大和元年（827 年），诏京

① 《唐会要》卷 86《道路》。

② 《册府元龟》卷 153《帝王部·明罚二》。

③ 《文苑英华》卷 590。

兆尹修白渠，任百姓引渠水溉田。开成二年（837 年）六月，京畿大旱，京兆尹崔珙奏请把引入内苑的浐水水量减少十分之九，以保证农民引水溉田。

在天旱无雨之时，京兆尹还负有祈雨的责任。如代宗时久旱，京兆尹黎幹在朱雀门街造龙，召长安城中巫师拜舞求雨，黎幹求雨心切，竟与巫师一同起舞。月余不雨，黎幹又请求祷于文宣王（孔丘）。代宗命毁去土龙，罢祈雨，“减膳节用，以听天命。及是大霈，百官入贺”。[1] 韩皋任京兆尹时，“时久旱祈雨，县官读祝文”。[2] 文宗时，孔戣任京兆尹，“时累月亢旱，深轸圣情。戣自祷雨于曲池，是夕大雨。文宗甚悦，诏兼御史大夫”。[3] 这一切都说明发展农业生产的是京兆尹的重要职责，所以其才会对水利灌溉事业如此重视。此外，皇帝也对水利颇为重视，责成京兆府去兴办一些相关事业。如文宗于大和二年（828 年），“内出水车样，令京兆府造水车，散给缘郑、白渠百姓，以溉水田”。[4]

对于劝课农桑不力，影响到农业生产的官员，则要受到惩罚。德宗贞元十四年（798 年）春夏旱，谷价上涨，民多流亡，“京兆尹韩皋以政事不理黜官”。[5] 李齐运任京兆尹，京畿大旱，加之蝗灾，李齐运措置无术，被免官由韩回代替其职。[6]

土地兼并使大批农民失去田地，即使官田也在所难免，被

① 《唐语林》卷 3《方正》。
② 《唐语林》卷 3《雅量》。
③ 《旧唐书》卷 154《孔巢父传附孔戣传》。
④ 《唐会要》卷 89《疏凿利人》。
⑤ 《旧唐书》卷 183《吴凑传》。
⑥ 《旧唐书》卷 135《李齐运传》。

以种种理由侵占，致使租佃这些耕地的农民流离失所。如京城诸司在京畿地区的职田，“访问本地多被所由侵隐，抑令贫户，佃食蒿荒，百姓流亡，半在于此。宜委京兆府勘会均配，务使公平”。[①] 这是皇帝指令京兆府解决无地农民的问题。此外，京兆府还解决过京畿地区农民无牛的问题。自安史之乱的破坏后,关中不少百姓生活贫乏,缺乏生产工具,尤其是耕牛。贞元二年(786年),唐德宗下令诸道观察使各选择一批耕井进贡,委京兆府根据每户农民耕地的多少予以分配。占地在50亩以下的户不给耕井,经给事中袁高进谏后,这类人户每三两户共给牛一头。[②] 这么做的目的都是为了安辑人户,维护社会稳定。

此外，赋税徭役负担是否均平，百姓能否承受得起，也是影响社会稳定的一个因素。长安地区百姓的赋税和徭役负担往往重于全国其他地区，这是由于京师所在，“供应颇多”，营建甚繁，劳役、兵役频频所造成的必然后果。比如代宗时，天下诸州府每亩征青苗钱15文，而京畿地区“遂倍其数”。[③] 由于京畿地区豪强权贵云集，他们广占土地却又不愿多交赋税，总是想法把负担转嫁给普通百姓，因此赋役负担不均的现象比较严重，致使社会矛盾激化，下民不安。于是均定赋役便又成京兆府的一项重要工作。顾少连任京兆尹，“先是，京畿租赋薄厚不一，少连以法均一。”[④] “翟光邺权知京兆，以宽静为治，前政有烦苛之事，一切停罢，百姓便之。”[⑤] 所谓烦苛之事，主要也是指赋役过重的问题。皇帝减免京畿赋税的诏令，都要

① 《全唐文》卷650《长庆元年册尊号敕》。
② 《旧唐书》卷153《袁高传》。
③ 《唐大诏令集》卷111《减征京畿丁役等制》。
④ 《新唐书》卷162《顾少连传》。
⑤ 《册府元龟》卷680《牧守部·静理》。

靠京兆府去落实。如大历三年（768 年）六月，代宗下诏将京兆府应征夏麦 7 万石中的 5 万石放免不征，下余 2 万石“至晚田熟后取杂色斛斗续纳”。要求京兆尹崔昭派少尹李椅、于颀亲自到各县巡视，“必躬亲宣示朝章，令知朕意”。[①] 庄稼丰收，谷贱伤农，京兆府常于此时收籴粮食；稼禾欠收，粮价涌贵，京兆府也要组织粜粮，以平抑粮价，以免百姓流散。有时因边境战争急需调粮，京兆府还要负责调运或组织和籴，以供军需。

3．执掌刑法，教化百姓

在司法方面，审判权、部分立法权皆归京兆尹，诸县令长亦有司法审判权。法曹参军本来掌管刑法，但是一些大案或者重要人物交办的案子往往由京兆尹亲自审理。如唐高宗时，李义琰任雍州长史，“鄠多讼，日至长史府”。[②] 玄宗时，张说家有一教书先生与张说最宠爱的侍婢私通，“会擒得奸状，以闻于说。说怒甚，将穷狱于京兆尹”。[③] 由于京兆尹也握有审判权，往往能够左右案情审理。宪宗时，“博陵崔易简杀从父兄，鞫状具。京兆尹左右之，翻其情”，[④] 即是一例。按照唐朝制度，凡死刑大案由中书、门下两省官员共议，甚至要经皇帝审批。文宗大和六年（832 年），兴平一县民上官兴醉后杀人，官府捕获其父拘押，上官兴为救父遂自首。京兆尹杜悰、御史中丞宇文鼎，认为上官兴救父自首，其孝可奖，请免死。文宗命两省官参议此案，“皆言杀人者死，古今共守，兴不可免”。文宗却认为杜悰等所议有理，下诏免死，决杖八十，配

① 《文苑英华》卷 434《减征京畿夏麦制》。

② 《新唐书》卷 128《苏珦传》。

③ 李濬《松窗杂录》。

④ 《新唐书》卷 163《孔揆传》。

流灵州（治今宁夏灵武西南）。[1] 京兆府处于京师所在地，常常承担朝廷交办的系囚决死工作。如穆宗时，将方士柳泌、僧大通，“付京兆府决重杖一顿处死”。[2] 一些朝廷官员犯罪，皇帝有时也令京兆府负责审判，这类记载极多。说明京兆府除了拥有本地司法权外，同时也兼有中央政府的部分司法权。

京兆府还拥有制定本地法规的权力，这种事例史书记载较多。即使对国家法律京兆尹往往可根据本地的社会情况，奏请后予以修改。唐宪宗元和初年，京畿地区窃盗颇多，屡禁不止。元和四年（809 年），京兆府奏：“当府界内捉获强盗，不论有赃无赃，及窃盗赃满三匹以上者，并准敕集众决杀，不满匹者量事科决。补充所由，犯盗人虽有官及属军等，一切并依此例处分”。[3] 和以前的法律相比，无疑是加重了。

掌教化，敦风俗，是地方官员应尽的职责之一。唐朝规定京兆尹的职责中，就“有不孝悌悖礼乱常，……纠而绳之”，“若孝子、顺孙、义夫、节妇，志行闻于乡闾者，亦随时奏申，表其门闾，若精诚感通，则加优赏”等内容。[4] 所以京兆府官员对此类事十分关注，试举二例。“窦伯女、仲女，京兆奉天人。永泰中，遇贼行剽，二女自匿山谷，贼迹而得之，将逼以私。”二女不愿受辱，遂自投悬崖而死。京兆尹第五琦表奏其烈行，“诏旌门闾，免其家徭役，官为庀葬”。[5] 诸县令长亦有此种职责，如唐德宗贞元中，冯伉任醴泉令，“因百姓多昏猾，为著《谕家》十四篇，大指明忠孝仁义，劝学务农，每乡给一

① 《唐会要》卷 39《议刑轻重》。
② 《旧唐书》卷 135《皇甫镈传》。
③ 《册府元龟》卷 612《刑法部·定律令四》。
④ 《唐六典》卷 30《京兆、河南等牧》。
⑤ 《新唐书》卷 205《列女传》。

卷，俾其传习”。[1] 此外，赈济孤贫、鳏寡，抚恤百姓，尤其是水旱蝗灾或兵祸之后，救济百姓，更是京兆府官员义不容辞的职责。史书对此类记载颇多，也记载有不少没有很好履行这种职责而受到惩处的事例。在对官员的考课标准中，亦有“礼义兴行，肃清所部，为政教之最”[2] 的规定。均可说明教化百姓，赈恤孤贫是京兆府官吏的重要职责。

4．其他职能

京兆府“事繁务切”，和天下其他州府相比，其事务最为繁剧，有时甚至使官吏们穷于应付。主要是因为地处天子脚下，皇帝及宫廷指派的事务性工作重且繁，加之中央诸司也时时交办一些工作，遂使京兆府忙不胜忙，弄得不好还有丢官获罪的可能。大体归纳一下，京兆府在正常职能之外的这些事务，主要有如下几类：

其一，营建缮葺。主要是指长安城内的市政建设和宫室、庙宇以及京畿范围内陵墓。如黄巢起义军撤出长安后，诸道官军纵兵抢掠，放火焚剽，“宫室居市闾里，十焚六七”。诏令京兆尹王徽修葺，“反复安堵”。[3] 城池的营建、修补也是京兆府的职责。德宗时诏命京兆尹严郢征发畿内诸县丁夫修筑奉天城。[4] 桥梁的修建也归京兆府管，“其坊市内有桥，不问大小，各仰本街曲当界共修，仍令京兆府各差本界官，及当坊市所由勾当”。[5] 可见京兆府界内桥梁都是由其统筹安排，统一管理并组织修建。长安城的绿化种树也是由京兆府管理的。如贞元

① 《册府元龟》卷703《令长部·教化》。
② 《旧唐书》卷43《职官志二》。
③ 《旧唐书》卷19下《僖宗纪》。
④ 《旧唐书》卷98《裴耀卿传附裴佶传》。
⑤ 《唐会要》卷86《桥梁》。

十二年（796年），长安街树需要补种，所司打算种植榆树，而京兆尹吴凑却奏易槐树。大和九年（835年），令“诸街添补树，并委左右街使栽种，价折领于京兆府”。[1]

唐朝帝陵的修建虽由将作监等部门负责，但所需人力丁夫却是由京兆府负责调发，甚至部分物资也由京兆府调配。此外，一些功臣的坟墓或庙宇也由京兆府负责营建，如郭子仪死后陪葬肃宗建陵，配享于代宗庙。乾符六年（879年）十月，京兆府奏郭子仪庙“因霖雨倒塌”，诏出内库钱3000贯，雇丁匠修建。[2]

其二，护陵、护丧。京兆府所属云阳、三原、奉天、昭应、醴泉、奉先、咸阳等县内，皆有唐朝历代皇帝陵分布。虽然宗正寺有诸陵台为管理机构，各置有陵令、丞等官，负责洒扫、祭祀、管理等工作，但保护陵区安全却是京兆府的责任。如宣宗大中五年（851年）十二月，“盗斫景陵神门戟。京兆尹韦博罚两月俸，贬宗正卿李文举睦州刺史，陵令吴阅岳州司马，奉先令裴让隋州司马”。[3] 李文举、吴阅被贬是因其为管理者，韦博与裴让则是因为事情发生在其境内，他们均负有社会治安不良与护陵不力的责任。按照唐朝制度诸帝陵所在县都要抽取一定量的农户以供陵寝之役，对一些帝陵较多的县造成很大的负担。如“奉先一县，独奉八陵，供办支持，实为繁并”。[4]所以唐政府常命京兆府对这类县减免一些赋税徭役，以便使百姓负担不致过重。唐后期政府财政收支失调，入不敷出，所以往往在减少有陵县的赋役的同时，却又让相邻诸县补充均摊，这些工作都要京兆尹去协调办理。

---

① 《唐会要》86《街巷》。

② 《唐会要》卷40《功臣》。

③ ④ 《册府元龟》卷30《帝王部·奉先三》。

所谓护丧是指京兆尹为皇帝、宗室和功臣承办丧事，或监护丧事，以示礼敬。如“卢士玫为京兆少尹。穆宗长庆初，奉宪宗园寝，刑简事集，时论其有才，擢拜大尹”。[①] 京兆尹参与最多的还是宗室和大臣的葬事。如开元十二年（724 年），申王㧑薨，陪葬桥陵，以礼部尚书苏颋为丧葬使，京兆尹李休光为副使。[②] 上元元年（760 年），兴王佋薨，命京兆尹刘晏为监护使。[③] 公主葬仪亦有以京兆尹为监护者，如开元中，高安公主薨，玄宗命京兆尹摄鸿胪护丧事。[④] 再如和政公主、卫国公主的丧事，也都由京兆尹监护。至于驸马、外戚、功臣等，只要葬在京畿地区内，往往都由京兆尹或少尹监护丧事。如常山公主驸马薛谈，玄宗后父王仁皎，勋臣李光弼、李晟、马燧、浑瑊等，莫不如此。

其三，监管驿馆之务。唐朝规定驿馆各置有专知官，掌管本驿事务，同时又规定驿务由所在地的行政长官监管，所谓“畿内有京兆尹，外道有观察使、刺史迭相监临。”御史台又派御史充馆驿使，“专察过阙”。[⑤] 中唐以后时以宦官充馆驿使，专横跋扈，恃势欺人。对于分布在畿内的驿馆来说，其所需人力、物力均要京兆府供给，所以京兆尹亦时时过问驿务。如长庆元年（821 年），柳公绰任京兆尹，当时正对河北幽州镇用兵，将士往来于道路，驿馆供给任务繁重。而此时中使往来也很频繁，往往是衣朱紫者从骑数十，衣黄绿者不下十数，驿马不足，“乃掠夺民马，怨嗟惊扰，行李殆绝”。柳公绰上表要求

① 《册府元龟》卷 671《牧守部·选任》。
② 《册府元龟》卷 296《宗室部·追封》。
③ 《旧唐书》卷 116《恭懿太子佋传》。
④ 《新唐书》卷 83《高安公主传》。
⑤ 《全唐文》卷 714《请罢内官复充馆驿使疏》。

限制中使随行人数，以免扰民。[①]

其四，供食。京兆府供食在唐朝是有定制的，上巳、重阳等节日以及谒陵、行香、皇帝生日等活动中，都由京兆府负责供食陈设。如武宗会昌二年（842年）五月敕："庆阳节百官率醵外，别赐钱三百万文，以素食合宴，仍委京兆府量事陈设。"[②] 公主出降亦由京兆府供账，开成元年（836年）十二月，京兆尹归融上奏说："甫近上巳，准故事曲江赐宴。今缘两公主出降，府司供账事殷，望请改日。"[③] 可知此事亦京兆府负责。诸卫、率、王府行香，期集时亦由京兆府供食。安史之乱后，藩镇势力大增，节度使入朝或受命，均由京兆府负责供账。德宗兴元元年(784年)，名将李晟因收复京师之功，得到德宗奖赏。德宗"御丹凤楼，大赦天下。赐李晟永崇里第，女乐八人。甲午，命宰臣诸将送晟入新赐第，教坊乐，京兆府供账食馔，鼓吹导从"。[④] 另据记载："旧制，节度使受命，戎服诣兵部谒，后寝废。(郑)注请复之，而王璠、郭行余皆踵为常。是日，度支、京兆等供账。"[⑤] 可知此后遂成为定制。度支参与此事，实即出钱拨款，真正承办者仍是京兆府。

其五，其他事务。京兆府还承担许多临时性的皇帝交办的事务。如选美，肃宗为太子时，由于宫廷内的矛盾斗争，使他惶恐不可终日，玄宗为了安抚他，"乃诏（高）力士令京兆尹，亟选人间女子颀长洁白五人，将以赐太子"，[⑥] 即是一例。

① 《新唐书》卷163《柳公绰传》。
② 《唐会要》卷29《节日》。
③ 《旧唐书》卷149《归崇敬传附归融传》。
④ 《旧唐书》卷12《德宗纪上》。
⑤ 《新唐书》卷179《郑注传》。
⑥ 《唐语林》卷1《德行》。

唐朝中期以来，对宗室、功臣之后颇留意访求，此类事务也多由京兆府承担。如宪宗元和四年（809 年）三月，“上览贞观故事，喜魏徵谏诤匪躬，诏令京兆尹访其子孙及故居。”① 文宗开成四年（839 年）六月，越王李贞玄孙李玄真请求访求父、祖坟墓，归于大茔合祔。李贞在武则天时起兵反对武氏统治，失败自杀，草草埋葬，故李玄真此时提出找墓重新改葬。于是文宗诏令京兆府、宗正寺负责找寻，并由京兆府负责依礼改葬。②

魏　徵

此外，京兆府还承担许多特殊工作，如每年腊日都要让诸县捕逐狐兔，“以充进献”。③ 奉皇帝之命捣毁一些失势臣僚的宅第，如元载、马璘、刘中翼等。奉皇帝之命供军，“王翃为京兆尹，属发泾原兵讨李希烈，军次浐水。翃备顿肉败粮粝，众怒，借以为名而叛，翃奔奉天。”④ 天宝元年（742 年），命“京兆尹韩朝宗又分渭水入自金光门，置潭于西市之两衙，以

① 《唐会要》卷 45《功臣》。

② 《旧唐书》卷 193《列女传》，《唐会要》卷 5《杂王》。

③ 《册府元龟》卷 160《帝王部·革弊二》。

④ 《册府元龟》卷 698《牧守部·失政》。

贮材木”，[1] 以为营建之用。凡此种种，均为临时性差遣，并未纳入正常的地方行政职责之内，这都是由于京兆府所处的特殊的地理位置所致，不得不执行皇帝或中央政府所交付的种种任务。京兆府及其所属诸县由于这些原因，其事务性工作也比普通州县繁剧得多。

三、影响吏风的主要因素

1. 吏治状况的嬗变

长安吏治在唐高祖武德时期由于制度草创，国内割据势力还未完全削平，高祖无暇整顿，但由于在入关中初为了争取民心，废除了隋炀帝时的一些暴政，所以关中社会尚比较稳定，吏治状况也还强差人意。

唐太宗

长安吏治和吏风的明显转变是在唐太宗贞观时期。太宗以隋亡为鉴戒，他总结说：“民之所以为盗者，由赋繁役重，官吏贪求，饥寒切身，故不暇顾廉耻耳。朕当去奢省费，轻徭薄赋，选用廉吏，使民衣食有余，则自不为盗。”[2] 太宗这样说也这样做，时时注意减轻百姓负担，赈济孤贫，从不轻用民力。贞观五年(631 年)，皇太子应举行加冠典礼，有人奏称二月举行最为大

① 《旧唐书》卷 9《玄宗纪下》。

② 《资治通鉴》卷 192。

吉，太宗却认为二月正是春耕季节，农时不可失，遂改在十月举行。太宗善于纳谏，凡有利于民生国计者，莫不采纳，所以长安地区的官吏往往也敢犯颜直谏。如贞观十四年（640 年），唐太宗想外出打猎，栎阳（今陕西高陵东北）丞刘仁轨劝谏说："今秋大稔，民收获者什才一二，使之供承猎事，治道葺桥，动费一二万功，实妨农事。"① 太宗欣然接受刘仁轨的意见，遂不出猎。太宗不仅身体力行，加之他能选用廉吏，严惩贪官，所以贞观时期的长安吏治状况最佳，吏风也十分清廉。

唐高宗、武则天时期，承贞观之治之余绪，长安吏治仍比较好。尽管武则天一度大搞酷吏政治，但主要在洛阳地区进行，针对者也主要是宗室、权贵等反对武则天统治的人，对长安 地区的吏治并无大的影响。唐代长安吏治的显著变化是在唐中宗统治时期。武则天的大周政权垮台后，中宗李旦重新登上皇帝宝位，当时许多人对他寄予很大的期望，但李旦却是一个昏庸的皇帝，他在位期间皇后韦氏、安乐公主等卖官鬻爵，以墨敕授官，由于长安地处京畿，所以对其吏治影响颇大。史载："神龙之际，政令多门，京尉由墨敕入台者，不可胜数。"以至于有人担心影响到京畿诸县正常政事的办理。② 当时任雍州长史的是窦怀贞，此人懦弱圆滑，施政时瞻前顾后，惟恐得罪权贵。当时安乐公主、外戚韦氏、太平公主等在京畿侵占百姓田业、碾硙，窦怀贞非但不敢过问，反而阻止其他官吏过问，致使吏风大坏，百姓流离失所。睿宗即位后，崔日用、张说等相继主持长安地方行政，情况虽有好转，但由于太平公主及同党把持朝政，与太子李隆基斗争激烈，唐政府无暇顾及吏治，故长安吏治并未得到彻底整顿。

① 《资治通鉴》卷 195。

② 《大唐新语》卷 13《谐谑》。

长安吏治与吏风又一次转变是玄宗统治前期。开元初期唐玄宗励精图治，选贤任能，大力整顿吏治，尤为注意对诸县令长的选拔，使一大批贤才得到任用。开元时期任京兆尹者，也大都是当时的精英人才，如张说、宋璟、崔日用、张玮、萧璿、源乾曜、孟温、裴耀卿等，这些人中不少后来都升任宰相，是一批较有才干的良吏。当然也有庸人充任过此职，如李晋。不过必定是极少数，且任职时间极短，不良影响也极为有限。开元末期尤其是天宝时期，长安的吏风又趋败坏，这与玄宗不图进取，日益消沉有直接关系。以前他十分注重地方官吏的选授，往往亲自过问，惟恐用人不当，危害吏治。开元二十九年（741年），玄宗颁布一道诏令，“内外官有伯叔兄弟子侄堪任刺史、县令，所司亲自保荐”。[①] 这与唐朝制度及玄宗以前的作为完全背道而驰，破坏了选贤任能的原则。此例一开，地方长吏多为贵戚、权臣子弟把持，欲再想吏治清明只能是缘木求鱼了。天宝时期杨国忠、鲜于仲通等人先后兼任京兆尹，吏治更是每况愈下。虽然这一时期也有李岘等充任过京兆尹，也颇得长安百姓拥戴，但都遭到排挤，贬往外地。如李岘为京兆尹，“杨国忠恶其不附己”，将其贬为长沙太守。“时京师米麦踊贵，百姓谣言曰：‘欲得米粟贱，无过追李岘。’其为政得人心如此。”[②] 杨国忠等引用私人，把持京兆府之政，又贪污纳贿，骄纵跋扈，不仅使朝政日非，也使京兆吏风大坏，贪赃枉法，草菅人命，豪强横行，杨国忠一人就“积缣至三千万匹”。[③] 天宝末期虽然社会危机日益严重，吏治败坏，但由于这一时期社会尚比较安宁，百姓无流散之虑，这样就在一定程

① 《旧唐书》卷9《玄宗纪下》。

② 《册府元龟》卷681《牧守部·谣颂》。

③ 《资治通鉴》卷216。

度上掩盖了长安吏风的剧变。

肃、代时期正处于安史之乱之时，社会残破，田地荒芜，加之藩镇叛乱，吐蕃内侵，长安一带“师兴不息十年矣”，百姓饱受战乱之苦，独孤及上疏指出：“长安城中，白昼椎剽，吏不敢诘。官乱职废，将堕卒暴，百揆隳刺，如沸粥纷麻。民不敢诉于有司，有司不敢闻陛下，茹毒饮痛，穷而无告。”① 这段话正是当时吏治状况的真实写照。唐德宗即位后，在其统治初期尚能选贤任能，整顿吏治，想有一番作为。建中四年（783 年）爆发“泾原兵变”，德宗被迫逃离长安，其间又发生了李怀光叛乱，唐朝的统治几乎崩溃。幸赖李晟等将死战，平定叛乱，兴元元年（784 年）七月，德宗才得以返回长安。德宗当初逃离长安时，只有宦官百余人护卫皇帝，太子、百官多不及从行，加之朱泚称帝，李怀光叛乱，使德宗误认为家奴可靠，并猜忌朝臣、大将。于是德宗重用宦官，把禁军兵权交由宦官控制，并亲自过问庶政，任命官吏，致使奸人弄权，京兆官吏多任非其人，吏治状况每况愈下。针对德宗直接干预京兆府政务的弊端，柳浑上表指出：“甸服之政，固宜慎重，然则此屑屑者，特京兆尹之职耳。陛下当择臣辈以辅圣德，臣当选京兆以承大化，京兆当求令长以亲细事，夫然后宜。”② 然却无济于事，并不能改变德宗的行为。此外，德宗还认为以前之所以发生动乱，乃是朝廷缺乏钱粮之故，所以他回到长安后，十分重视聚敛财富，重用聚敛之臣，让各地官吏进贡羡余之物，从而导致赋税苛重，加重了百姓负担。京兆尹中善于聚财，盘剥百姓者，则视为能臣，如王拱、薛珏、李实辈；正直敢谏，体恤民情者，如吴凑、李充等，则受到排斥贬逐。连旧

① 《新唐书》卷 162《独孤及传》。

② 柳宗元《柳河东集》卷 8《柳公行状》。

史臣都批评德宗说："内信奸邪，外斥良善，几致危亡，宜哉。"[1] 德宗时期还大兴宫市，致使小人因缘为奸，祸乱坊市。德宗还直接干预京兆府的司法工作，规定京兆府县凡在长安城内追召罪人鞫问者，必须先奏闻。[2] 这样就直接影响了对罪犯追捕和审讯，不利于长安社会治安与稳定。虽然在贞元时期德宗也多次提出要整顿吏治，诛杀和贬逐过数个渎职官吏，然这一时期的长安吏治却始终无大的起色，百姓困苦，坊市不宁，朝廷内部的矛盾斗争此起彼伏。

宪宗即位以来，大力整顿吏治，裁汰冗官，重视地方官员的选授，没收京畿地区佛寺占有的土地，对皇亲贵族的碾硙收税,在一定程度上减轻了京畿地区百姓的负担。针对京畿地区社会混乱的局面，他任用"以刚严素著"[3] 的李鄘为京兆尹，打击豪强奸徒，严禁皇亲国戚欺凌骚扰百姓，诸王、公主、驸马私养的鹰鹞禽兽，不得侵害百姓庄稼。经过整顿，京兆府的吏治大为好转，德宗贞元末年败坏的吏风得到扭转。

穆宗、敬宗时期统治腐败，政治混乱，京兆府官吏贪残昏暴，只知贪污和聚敛财富，根本不管百姓死活。如蓝田令刘信，宝历二年（826 年）查出贪污 90 万钱，却没有得到严惩 。奉先令于翚仅从负责宪宗景陵石作一项工程中就贪污 13000 贯。京兆府户曹参军韦政牧，克扣修造景陵人员伙食费 8700 贯，全部落入个人腰包。左街副使张元昌家的痰盂竟用黄金制作，其拥有财富不知有多少。

文宗、武宗、宣宗时期，吏风有所好转，这几个皇帝均能去奢从俭，励精图治，任用一些有才干的人充任京兆府县官

① 《旧唐书》卷 128《颜真卿传论》。

② 《册府元龟》卷 674《牧守部·公正》。

③ 《旧唐书》卷 157《李鄘传》。

员。不过文宗后来在甘露之变中谋诛宦官失败，几乎被废，受制于家奴，遂自暴自弃，醉生梦死。武宗号称神武英达，颇有作为，但却崇信道教，迷信长生之术，因食丹药，英年暴死。其中最有作为的是宣宗，人称小太宗。他即位之初，减膳撤乐，放出宫女500人，又放五坊鹰犬。他还下令疏理京师系囚，加强对地方官吏的选择和考核，严格约束皇室贵戚。唐朝旧制，京兆尹奇日入府办事，偶日在私第。崔郢任京兆尹时，因为有囚徒越狱，而京兆尹不知，宣宗遂命造京兆尹廨宅，“京兆尹不得离府”。并将崔郢贬逐，另命翰林学士韦澳为京兆尹，以改变京兆府管理松懈的局面。①宣宗母舅郑光为河中节度使，才浅识短，宣宗遂留其在京师，赐予金帛庄田，不复任为治民之官。郑光在鄠县和云阳县有庄园各一所，恃势多年不交租税。韦澳依法拘押了郑光，宣宗问韦澳：“卿何以处之?”韦澳曰：“欲置于法。”宣宗请求韦澳不要严惩郑光，韦澳曰：“陛下自内庭用臣为京兆，欲以清畿之积弊，若郑光庄吏积年为蠹，得宽重辟，是陛下之法独行贫户，臣未敢奉诏。”后来郑光被迫交清了欠税数百斛，韦澳将他重杖一顿，以示惩戒。宣宗也为自己干扰韦澳执法而“殊以为愧”。②宣宗在位十三年，国家粗安，吏治良好，革除了不少弊政。如京畿地区的富户豪民多入禁军军籍，以逃避国家色役，府县把这些负担都转移到普通百姓头上。如果府县官吏有所追索，则禁军纷纷反对，朝廷姑息，遂不了了之。宣宗针对此弊，于大中五年(851年）下令：“诸军使不得强迫百姓入军。”③史载：“宣宗性明察沉断，用法无私，从谏如流”，“恭谨节俭，惠爱民物，

① 《唐语林》卷1《政事》。

② 《资治通鉴》卷249。

③ 《旧唐书》卷18下《宣宗纪》。

故大中之政，讫于唐亡，人思泳之。”① 但是，宣宗崇信佛教，即位以后又将武宗曾沉重打击的佛教恢复起来，四处兴建佛寺、兰若，浪费社会财富，却是不足称道的。

唐代长安吏治的废坏始于懿宗咸通时期，此人生活奢侈，贪残昏庸，喜好声色。他每月都要举办大型宴会十余次，动辄出游，扈从者十余万，所费无算。其女同昌公主出嫁，“赐钱五百万贯”，又赐“金麦”、“银米”数斛。史称“自两汉至皇唐公主出降之盛，未之有也”②。同昌公主死后，又大办丧事，花费巨万，仅给运夫吃的烧饼就需 41 匹骆驼驮载，可见动用人力之多。懿宗还迷信佛教，曾一次“饭僧万人”。咸通十四年（873 年），迎法门寺佛骨，动用的人力、物力、财力，不计其数。朝廷本来就存在巨大的财政赤字，懿宗又如此浪费，进一步加剧了财政危机。财力不足便大力盘剥百姓，搞得天怒人怨。翰林学士刘允章上书指出，百姓有八苦而无一乐，这八苦是：一是“官吏苛刻”，二是“私债征夺”，三是“赋税繁多”，四是“所由乞敛”，五是“替逃人差科”，六是“冤不得理，屈不得申”，七是“冻无衣，饥无食”，八是“病不得医，死不得葬”。刘允章还对“长吏残暴”，“赂贿公行”，“用钱买官”等丑恶现象提出了批评。③ 刘允章的上书内容很大程度上反映的都是京师一带的社会状况，从这里可以看出长安的吏治已经颓坏到何种程度。

懿宗以后的僖宗更是荒唐到无以复加的程度，声色犬马，击毬斗鹅，挥金如土，无所不用其极。政事则交由宦官田令孜掌管，致使朝政日非，吏治败坏，藩镇之间战争不绝，终于激

① 《资治通鉴》卷 249。

② 《杜阳杂编》卷下《同昌公主》。

③ 《全唐文》卷 804《直谏书》。

起了唐末农民大起义。昭宗虽比僖宗强一些，他也想重振朝纲，由于朝中南衙北司矛盾激化，斗争日趋激烈，民生国计，无人顾及，加之唐代政治积弊太重，颓势已成，难以扭转。虽然这一时期偶而也有少数正直官员主持京兆府，但因大趋势所致，并无多少建树可谈，百姓遭受重税盘剥，官吏欺凌，战火摧残的境况丝毫无改变。昭宗末年，朱全忠拆毁长安，强行迁都，唐代的长安吏治也就随着这场浩劫覆灭无遗了，其重建则是另一历史时期的任务了。

2．京畿社会势力的影响

京兆府处于天子脚下，府县官吏又多是精心选拔出来的，又有政府诸司的指导及御史台的随时监察，其吏治本应是天下诸府州之楷模，百官之表率。然通观有唐一代近三百年之长安吏治，却呈现出时好时坏，始终在一个比较艰难的社会环境中维持，并不能达到天子和百姓所期望的那种良好状态。造成这种情况的原因非常复杂，当时人也进行过不少探究。沈亚之的《盩厔县丞厅壁记》云："今又徙瓯越卒留戍邑中，神策亦屯兵角居，俱称护甸。而三蜀移民，游乎其间，市闾杂业者多于县人十九，趋农桑业者十五，又有太子家田及竹囿，皆募其佣艺之。由是富民豪农，颇输名买横，缓急以自蔽匿，民冒名欺偷浮诈相樛。虽贤宰处之，而丞与曹或不类，亦不能尽枉直之情也。"[①] 这里虽说的是盩厔一县的情况，却是京兆全府的社会缩影。据沈亚之看来，社会势力复杂是影响吏治推行的主要因素，这种看法虽不全面，却也有一定的道理。

实际上唐代长安一带的社会势力比浓亚之所说要复杂得多，而影响吏治最大的因素还不是这些"富民豪农"，禁军移民。影响最大的大体有如下几种社会势力：首先是宗室贵戚。

① 《文苑英华》卷805。

京畿地区诸王、公主、驸马、外戚云集，他们广占良田、民宅，豢养恶奴，影占户口，欺凌百姓，为恶甚大。如安乐公主、太平公主、邠王李守礼、升平公主、驸马都尉郭暧等，均是如此。史载：太平公主“田园遍地近甸膏腴，而市易造作器物，吴蜀岭南供送，相属于路”。此外，“军国大政，事必参决”，[①] 权势极大。安乐公主也是广占土地，吏不敢问。不仅她们侵占民田业，依附她们的恶势力也仗公主之权势，“逼夺百姓店肆，州县不能理”。[②] 即使有些正直官员站出来与其抗争，结果反受排挤打击。如雍州司田参军陆大同，反对安乐公主侵占民田，结果被贬任河东令。御史薛谦光、慕容珣弹奏太平公主，“反为太平公主所构，出为岐州刺史”。[③]此外，京畿一带贵族水碾颇多，往往强占水量，使百姓无法灌溉。代宗时升平公主有脂粉硙两轮，其驸马郭暧系郭子仪之子，也有私硙两轮，府县官吏皆不敢撤毁。玄宗时鄎国公主之子薛谂与其党李谈、崔洽、石如山共同在京城杀人。他们“或利其财，或违其志，即白日椎杀，煮而食之”。[④] 这些行径都对京师治安和吏治带来很大的危害，官吏或助纣为虐，或闭目不见，如敢于过问，则将受到不公正的对待。李素任万年令，“公主夺驿田”，京兆尹迫于权势下公文命万年县把这块土地割给公主，李素拒不受命，“改度支郎中”。[⑤] 表面上是升迁，实质上是调开了绊脚石。在这种情况下，京兆府县的官员便很难伸张其职权。

其次，宦官的干预与破坏。唐初，对宦官控制颇严，自中

---

① 《旧唐书》卷183《太平公主传》。

② ③ 《旧唐书》卷101《薛登传》。

④ 《旧唐书》卷9《玄宗纪下》。

⑤ 《韩昌黎集》卷6《河南少尹李公墓志铭》。

宗以来宦官势力逐渐膨胀，尤其是德宗统治时期，宦官掌管禁军制度化，使宦官专权擅政之形势最终形成，成为最具有实力的政治集团。宦官凭借握有的权力，不仅干预朝廷决策，而且也严重影响了长安吏治。

中宗时窦怀贞任雍州长史，对宦官“尤所敬畏，每视事所讼，见无须者，误以接之”。[①] 成为一时笑谈之资。代宗时，大宦官鱼朝恩任命亲信牙将李琮为两街功德使，李琮恃势暴横，“于银台门毁辱京兆尹崔昭”。此事引起了大臣郗纯的愤怒，遂向宰相元 载抗论，“以为国耻，请速论奏，载不从”。[②] 元载不敢过问此事，是畏惧鱼朝恩势大。有些京兆府县官吏见宦官势大，不仅不敢与之抗争，反而投靠宦官肆意欺凌百姓。如万年县捕贼吏贾明观、鱼朝恩心腹爱将刘希暹，“恣行凶忍，毒甚豺虺”，“以屡置大狱，家产巨万”。后来鱼朝恩被杀，刘希暹不逊亦被诛杀，贾明观本应处死，“时宰相元载受赂，遣江南效力”。贾明观临行之时，长安城中百姓万余人聚于城外，“皆怀砖石候之，期投击，以快意”。[③] 可见其平时对百姓的压榨和迫害是多么沉重，否则也不至于引起如此之多的人对他愤恨，必欲将其置于死地。

干扰长安地方官员执法最典型的事例，莫过于敬宗的崔发案。崔发为鄠县令，一日忽听门外有喧闹之声，县吏云五坊下人殴击百姓。崔发大怒，命吏将肇事者捕获，时天色已昏暗，不辨面目，审问良久，方知乃是一中使（宦官）。皇帝闻知此事，大怒，下诏将崔发收押于御史台等待治罪。不久改元大

① 《旧唐书》卷 183《窦德明传附窦怀贞传》。

② 《旧唐书》卷 157《郗士美传》。

③ 参见《旧唐书》卷 115《魏少游传》，卷 122《路嗣恭传》，卷 184《宦官传》。

赦，天子御楼，将系囚置于金鸡竿下准备释放，崔发亦在其列。忽然涌来宦官数十人，持杖乱 击崔发，打破面皮击落牙齿，满头鲜血，并将出来阻止的御史台官吏击伤。崔发死而复苏，伤势沉重，其他囚犯皆被释放，惟独崔发不释。侍御史刘宽、给事中李渤上表认为县令崔发所犯在大赦之前，中官所犯在大赦之后，“中人横暴，一至于此，……若不早正刑书，臣恐四夷之人及藩镇奏事传道语，则慢易之心萌矣”。结果非但没有治宦官之罪，反倒认为李渤与崔发等为朋党，将其赶出朝廷，到外州任职。① 敬宗的这种作为更加助长了宦官的嚣张气焰。

文宗开成三年（838 年）正月五日，宰相李石从私第亲仁里上朝，当时天色未明，突然有贼冲出，欲刺杀李石。贼引弓射之，箭伤李石肌肤，马惊而返，刚到坊门，埋伏于此的另一拨贼人挥刀便砍，由于马快，未中李石，却削断马尾，李石侥幸未死。此事震动朝野，经过调查，“其贼出于禁军”。原来是大宦官神策军中尉仇士良深恶李石，故派人暗杀。“天子深知其故，畏逼而不能理”。命京兆尹崔珙追捕贼人，崔珙自然无法捕获刺客，只好将崔珙罚俸了事。李石见状，自知不能再留在长安，自请罢相外出充任荆南节度使。②

宦官专横每欲人之顺己，如敢仗义执言者，必遭排斥打击。柳公绰穆宗长庆时任京兆尹，上表言宦官充使外出时，扰乱驿政，掠夺民马，“宦官共恶疾之”。先将其调任吏部侍郎，迁御史大夫，但不久就赶出京师，任山南东道节度使。③

① 《旧唐书》卷 171《李渤传》，《全唐文》卷 432 刘宽《谏中官打人表》。

② 《旧唐书》卷 172《李石传》，卷 177《崔珙传》。

③ 《新唐书》卷 163《柳公绰传》，《册府元龟》卷 674《牧守部·公正》。

其三，禁军的干扰与影响。唐朝自安史之乱后，诸卫与六军军力衰弱，惟神策军军力强盛，是唐中央政府直接控制的军事力量。自从宦官掌握神策军兵权后，凭借宦官庇护和怂恿，更加骄横。史载：“禁军恃恩骄横，侵暴百姓，陵忽府县，至诟辱官吏，毁裂案牍。府县官有胜忿而刑之者，朝笞一人，夕贬万里，由是府县虽有公严之官，莫得举其职。市井富民，往往行赂寄名军籍，则府县不能制。”① 神策军的干扰和破坏作用主要表现在：一是横行京畿，欺凌百姓。如奉先人曹芬，“名隶北军，芬素凶暴，因醉其女弟，其父救之不得，遂投井死。”② 神策军吏李昱借长安富户钱数千贯，长期不还。③ 富平人李秀才，“籍在禁军，诬乡人斫父墓柏，射杀之。”④ 对神策军的暴行往往得不到制止和惩处，以上提到的曹芬就因有人求情而免罪，李秀才杀人当死，因宦官庇护而处于轻刑。这样就进一步助长了神策军的气焰。由于皇帝怂恿，宦官庇护，京畿府县官员无法正常工作。如武元衡任华原县令时，“时畿辅有镇军督将恃恩矜功者，多挠吏民，元衡苦之，乃称病去官”。⑤ 二是干扰政府赋税收入和徭役征发。由于入神策军可免赋役，京畿富户纷纷寄名军籍，以逃避赋役，史书所说的神策军影占户口，即指此事。在唐代京兆府的赋役最重，大批富户不承担赋役，造成了京兆官员无法完成赋役的征收和调发，也使普通百姓负担加重。针对这种情况，不少京兆官员都先后提出过一些措施。如元和初年，杨於陵为京兆尹，鉴于“禁军影占编

① 《资治通鉴》卷233。

② 《旧唐书》卷136《窦参传》。

③ 《旧唐书》卷154《许孟容传》。

④ 《旧唐书》卷165《柳公绰传附柳郢传》。

⑤ 《旧唐书》卷158《武元衡传》。

户”，请求每五丁充许两丁入军，“四丁、三丁者，各以条限”。[1] 意在加以限制，但效果并不理想。三是影响了京师治安。京畿地区一些不法之徒或盗贼与神策军吏勾结，窃盗、斗殴，甚至伤人之后，往往避入军营；射生、神策军士犯法，亦以此法躲避惩罚。唐德宗规定禁军将士犯罪，如要到府县辨对者，先须奏闻，然后再移牒本军索人，不得擅自追捕，禁军与民之间的婚姻、财产等纠纷，亦照此办理。按照唐制，京城诸使及府县系囚，每季终派御史巡按，如有冤滥者奏闻。但是由于禁军势大，“御史不敢复入北军（即禁军）按囚，但移文北司，牒取系囚姓名及事，因应故事而已，不问其有无冤滥。”[2] 有人欲陷害监察御史崔薳，便把他引入右神策军，崔薳不知这个旧例，结果被德宗重杖四十，流放崖州。御史台都不能行使监察职责，更何况京兆府呢？但是维护京师治安又是其职责所在，如放任不管，也要受到惩处，所以贞元初郑叔则任京兆尹时，提出了一个解决办法。郑叔则上奏说：京师乃浩穰之地，“奸匿不常，小失隄防，恐难惩肃”。他建议婚姻、田地、财物等纠纷，仍旧按旧制奏报，移牒，“其盗贼斗殴及奸伪等，若待奏报，恐失罪人，请以时追捕，具状申奏”，[3] 得到了德宗的批准。这种做法大概维持不久，以后又恢复了常态。文宗时，张仲方任京兆尹，“是时军人横恣，仲方脂韦，坐不称职，出为华州刺史”。[4] 可见禁军横暴的行为并没有得到整肃。

其四，权臣的干扰与影响。唐代朝廷中权臣、宠臣颇多，他们依仗皇帝的宠信或手中的权力，侵夺民田，恣行吞并，置

---

① 《旧唐书》卷 164《杨於陵传》。

② 《资治通鉴》卷 236。

③ 《册府元龟》卷 696《牧守部·抑豪强》。

④ 《旧唐书》卷 99《张九龄传附张仲方传》。

邸铺贩鬻，与人争利。如高宗时的宰相李义府，为其祖父改葬，营建坟茔，三原令李孝节私征丁夫车牛，“为其载土筑坟，昼夜不息”，给百姓造成很大的负担。于是高陵、栎阳、富平、云阳、华原、同官、泾阳等周围七县，其县令“惧不得已，悉课丁车赴役”。高陵令张敬业胆小怯懦，“不堪其劳，死于作所”。[①] 玄宗时，李林甫为相，“京城邸第，田园水硙，利尽上腴”。[②] 京兆府县官员为其驱使，如同奴仆。也有一些京兆官员因不满权臣作为，敢于起来抗争，但往往都遭到贬逐。如王徽权知京兆尹事，打击权贵，于是他们以其同党薛杞为京兆少尹，知府事，以取代王徽。当时薛杞正在为其父服丧期间，按唐制丁忧不得任职，王徽遂上奏皇帝不令其入府。“权臣愈怒，奏罢徽使务”。不久“宰相以徽怨望，奏贬集州刺史”。[③] 严郢为京兆尹，“宰臣杨炎恶其累己，阴令御史张著廷尉劾郢，诬以他罪，拘于金吾仗”。京师百姓感严郢惠爱之恩，聚于宫门喧呼，力救严郢，德宗知此事，遂释放了严郢，但却削去了其兼任的御史中丞之职。[④]

其五，恶少、寺观的影响。京师恶少是由王公豪戚子弟、无业游民、小偷等构成，他们对京师治安构成了很大的威胁，增加了治理的难度。这批人之所以难治，主要原因是他们往往和禁军有某种联系，或者依附权门豪戚，加之他们人数众多，往往数百人为一团伙，聚散无常，史载：“京师恶少优戏道中，具驺唱呵街，自谓‘卢言京兆’驱放自如。”[⑤] “都市多侠少

① 以上见《旧唐书》卷 82《李义府传》。

② 《旧唐书》卷 106《李林甫传》。

③ 《旧唐书》卷 178《王徽传》。

④ 《册府元龟》卷 683《牧守部·遗爱二》。

⑤ 《新唐书》卷 172《杜兼传附杜中立传》。

年，以黛墨镵肤，夸诡力，剽夺坊间”。[①] 这些人虽然极大地影响了社会治安，但所犯罪行却不是很重，使京兆府很难把这股势力铲除干净。管严了稍有收敛，一旦放松便又故态重演。他们有时也肆行杀掠，但必须是在特殊社会环境下。如文宗时甘露之变发生后，宦官、神策军在京城大肆杀戮朝官，劫掠财货，时“坊市恶少年因之报仇，杀人，剽掠百货，互相攻劫，尘埃蔽天”。[②] 由于恶少强悍好斗，所以有时也被统治者加以利用。如唐初太子李建成募京师恶少两千余人，组成长林兵。[③] 代宗时吐蕃攻入长安，将军王甫“诱长安恶少数百人，集六街鼓于朱雀街大鼓之，吐蕃闻之震惧，乘夜而遁”。[④] 对于这股势力有的京兆尹也采取强硬手段予以杀戮，有时一次竟杀数十百人，恶少畏惧，四散逃遁或潜匿起来，长安社会顿时安稳平静。但不可能杀戮干净，只能起到挫其锋芒，暂时维护社会秩序的作用，所以这股势力终唐之世始终存在。

唐代的佛、道二教发展很快，由于天子的信奉和提倡，使其在长安地区发展尤为迅速，寺观之多，势力之盛，为全国之最。寺观具有较强大的经济与政治势力，从而对朝政以及京师吏治都形成了较大的影响。寺观多拥有“水陆庄田，仓廪碾硙，库藏盈满，莫匪由焉”。[⑤] 所谓“凡京畿之丰田美利，多归于寺观，吏不能制”。[⑥] 之所以吏不能制止寺观广占田地，侵凌贫民，根本原因就在于他们与宫廷、王公、权贵的特殊关

① 《新唐书》卷 197《薛元赏传》。
② 《资治通鉴》卷 245。
③ 《旧唐书》卷 64《隐太子建成传》。
④ 《册府元龟》卷 367《将帅部·机略七》。
⑤ 《唐高僧传》卷 29《慧胄传》。
⑥ 《旧唐书》卷 118《王缙传》。

系，这也是寺观之所以具有政治势力的原因。关于这种现象史书中多有记载，所谓“矫托佛教，诡惑后妃，故得出入禁闱，挠乱时政”。[①]“元和以来，京城诸僧及道士尤多大德之号，偶因势进，则得补署，遂以为头衔”。[②]有的僧人还官至卿监，封国公，“通籍禁中，势移公卿，争权擅威，日相凌夺”。[③]势力如此之大，京兆府如何能奈何他们。

其六，少数民族的影响。少数民族入居长安者颇多，他们已逐渐地形成了一股势力。在安史之乱前，尽管他们人数不少，由于朝廷不加姑息，故京兆府敢于严加管理，稍有违法，即加以惩治，所以危害尚不至于过大。中唐以后，尤其回纥人因其曾出兵帮助唐朝平定过安史叛乱，加之唐朝西北牧监多为吐蕃占据，国家用马依赖向回纥贸易，故对回纥每加姑息，致使其日渐骄横，抢掠、杀人等事不断发生，视京兆府县如无物，甚至故意向当地官员挑衅。如大历七年（772 年）七月，“回纥蕃客夺长安县令邵说所乘马，人吏不能禁”。大历十年（775 年）九月，“回纥白昼杀人于市，吏捕之，拘于万年狱。其首领赤心持兵入县，劫囚而出，斫伤狱吏”。[④]如此胆大妄为，唐政府却一味姑息，不敢稍加约束，这样就极大地破坏了京兆吏治，使当地官吏无法行使正常职能。唐朝晚期，回纥为黠戛斯击破，国力衰弱，在长安虽仍有回纥人居住，由于无所凭藉，遂不再对长安治安构成威胁。

3. 朝廷政治斗争的影响

长安为京师所在，其官员又兼具内外官性质，所以朝廷内

---

① 《旧唐书》卷 91《桓彦范传》。
② 赵璘《因话录》卷 4。
③ 《旧唐书》卷 118《王缙传》。
④ 《旧唐书》卷 11《代宗纪》。

部的政治斗争不可能不对其有影响。如唐初李世民与太子李建成争位，当时他兼任雍州牧，发动玄武门之变时，雍州治中高士廉与其外甥长孙无忌率吏卒，释系囚，授以兵甲，参与了战斗。[①] 唐中宗死后，其皇后韦氏与李隆基发生冲突，李隆基分遣万骑讨捕韦氏亲党，当时长安的地方官员也参与了这场斗争。站在韦氏一方的是雍州长史窦怀贞、长安令韦播，站在李隆基一方的有兵部侍郎、权知雍州长史事崔日用。[②] 崔日用将兵诛杀诸韦于杜曲，发挥了不小的作用。不久，李隆基又与太平公主发生矛盾，这次斗争仍有雍州官员卷入其中，如雍州长史李晋就是太平公主亲党。李隆基诛杀太平公主及其同党后，又再次令崔日用权检校雍州长史，月余，又任宠臣张晧为雍州长史。开元六年（713 年），改雍州为京兆府，张晧便成为首任京兆尹。[③] 可见玄宗李隆基对京兆府的重视。以上这些事例均可说明京兆府官员与朝廷政治斗争密不可分，想要躲避也不可能，这是其所处地位所致。

既然京兆府官员与朝廷政治关系如此密切，因此这种政治斗争便不可能不对其产生影响，尤其是朝中的朋党斗争更是直接影响到长安的吏治状况。早在玄宗统治时期，李林甫与左相李适之争权。当时李适之与京兆尹韩朝宗相善，李林甫遂中伤韩朝宗，将其贬为高平太守，不久又贬为吴兴别驾。[④] 韩朝宗在京兆尹任上，打击权贵豪强，曾将公主家奴仆害民者绳之以法，整肃吏风，以法办事，颇有作为。李林甫党伐异同，使其成为党争的受害者。韩朝宗被贬后，李林甫用同党萧炅为京兆

① 《旧唐书》卷 65《高士廉传》。

② 《资治通鉴》卷 209，《旧唐书》卷 99《崔日用传》。

③ 《资治通鉴》卷 210，《旧唐书》卷 106《张晧传》。

④ 《旧唐书》卷 99《李适之传》。

尹，又用吉温为万年尉。吉温与萧炅本不相睦，吉温任职于京兆后，遂主动与萧炅搞好关系。① 二人同为李林甫之党中人，自然容易蠲弃前嫌，李林甫便利用两人进一步打击李适之，尽去其党羽。

后李林甫又引王鉷为京兆尹。王鉷脚踏两只船，又同时以杨国忠为靠山。王鉷颇有才干，很得玄宗信任，身兼二十余使，“文案堆积，胥吏求押一字，即累日不遂。中使赐遣，不绝于门，虽晋公林甫亦畏避之”。② 王鉷羽翼已成，不仅逼凌李林甫，杨国忠亦颇忌之。于是杨国忠联合陈希烈，合谋对付王鉷。王鉷之弟王銲与邢縡关系甚密，邢縡密谋杀龙武军将军，以其兵作乱，欲杀李林甫、杨国忠、陈希烈。被人告发，玄宗遂命王鉷捕捉邢縡，王鉷以为其弟在邢縡处，先命人召王銲，然后派兵卒围捕邢縡。邢縡率其党数十人持弓刀拒捕，被高力士所率的飞龙兵斩杀。杨国忠、陈希烈极言王鉷参与此事，大逆当诛，玄宗遂免去王鉷一切职务，交法司审讯，由杨国忠兼京兆尹。③ 后杨国忠又推荐曾在贫贱时资助过他的鲜于仲通为京兆尹。鲜于仲通在尚书省门立碑，自撰碑文，颂国忠之才干、德行。鲜于仲通之后继任京兆尹的是李岘，此人忠直敢任事。此前京畿官员每年进奉以万计，李岘上任后，制止了府县的行为，不再向宫廷贡献。“上知其简亮，益以重之。甸服千里，饥不为害”。④ 就是这样一个称职而又爱抚百姓的京兆尹，却遭到了杨国忠的陷害。天宝十三载(754年)，“连雨六十余日，宰臣杨国忠恶其不附己，以雨灾

---

① 《旧唐书》卷186下《吉温传》。

② 《旧唐书》卷105《王鉷传》。

③ 《资治通鉴》卷216。

④ 《全唐文》卷321李华《故相国兵部尚书梁国公李岘传》。

归咎京兆尹，乃出为长沙郡太守。”[①] 继任的京兆尹是李憕，“杨国忠恶之，改光禄卿、东京留守”。[②] 杨国忠连去两位京兆尹后，遂以魏方进为京兆尹，此人为国忠亲信，在马嵬之变时与杨国忠同时被杀。

宦官专权之势形成后，京兆尹的任命去留往往多受其干预。如代宗时魏少游任京兆尹，宦官因其不附己，改任卫尉卿。刘晏任京兆尹，又进而拜相，皆与宦官程元振、鱼朝恩有关。第五琦任京兆尹，兼盐铁转运使、判度支，掌握京兆行政与国家财政大权。“鱼朝恩伏诛，琦坐与款狎，出为处州刺史”。[③] 可见第五琦能当此大任与鱼朝恩有密切关系。京兆尹的去留由宦官的好恶决定，而不管其才干与政绩如何，极不利于京师地区吏治的整顿和治理。

中唐时期开始的牛李党争也对京兆地区的吏治有很大的影响，随着两党人物的交替掌权，京兆府县的官员的去留也相应地发生变化。如元和六年（811 年），李吉甫自淮南节度使任上入朝为相，当时朝中以宦官吐突承璀最为宪宗宠信，“李吉甫再当国，阴欲承璀之助，即召（元）义方为京兆尹”。[④] 李绛与吐突承璀交恶，斗争激烈，同年宪宗用李绛为相，遂将吐突承璀外任为淮南监军使。李吉甫与吐突承璀关系密切，“故绛尤恶之”，[⑤] 于是便把他们的同党元义方从京兆尹任上赶了下去。

穆宗朝时，牛党势盛，李党首领李德裕被赶出京师。柳公

---

① 《旧唐书》卷 112《李峘传附李岘传》。

② 《新唐书》卷 191《李憕传》。

③ 《旧唐书》卷 123《第五琦传》。

④ 《新唐书》卷 201《元万顷传附元义方传》。

⑤ 《旧唐书》卷 164《李绛传》。

绰为京兆尹，以直言被转为吏郎侍郎。韩愈为京兆尹，又因与李绅不和，结果两人皆罢。李绅当时任御史中丞，为牛党李逢吉所恶，李逢吉欲挑挤其出朝，苦无机会，于是以吏部侍部韩愈为京兆尹，兼御史大夫，“放台参，以绅褊直，必与愈争”。果然不出李逢吉所料，李绅与韩愈经常争执不下，“遂至语辞不逊，喧论于朝”。[①] 这样就使两人同时被罢，韩愈转任兵部侍郎，而李绅则被赶出京师任江西观察使。李绅为李党骨干，是李逢吉排挤的对象，而韩愈则被当做工具，做了一次党争的牺牲品。

敬宗朝时，朝政仍由牛党控制，他们以刘栖楚为京兆尹。刘栖楚是牛党“八关十六子”之一，任京兆尹后，大肆打击李党。文宗时两党斗争又趋激烈，当时杨虞卿任京兆尹，他是牛党李宗闵推荐而得任此官的。李训、郑注颇为文宗信任，欲排挤杨虞卿。大和九年（835 年）六月，以“京师讹言郑注为上合金丹，须小儿心肝，密旨捕小儿无算。民间相告与，扃锁小儿甚密，街肆恟恟。上闻之不悦。”御史大夫李固言上奏说：“臣等穷问其由，此语出于京兆尹从人，因此扇于都下。”[②] 文宗大怒，将杨虞卿贬为虔州司马。李宗闵等极言相救，亦遭贬斥。[③] 牛党遭到打击后，李训、郑注遂顺利地以己党罗立言权知京兆尹事。

唐武宗即位后，李德裕大受宠信，拜为宰相。李党得势后，大肆排挤牛党人物，重用李党之人，这一时期任京兆尹者均是李党中人。如薛元赏，“会昌中，德裕当国，复拜京兆尹。……德裕用元赏弟元龟为京兆少尹，知府事。宣宗立，德裕

① 《旧唐书》卷 167《李逢吉传》。
② 《旧唐书》卷 176《杨虞卿传》。
③ 《旧唐书》卷 176《李宗闵传》。

罢，而元龟坐贬崖州司户参军，元赏下除袁王傅”。[①] 再如柳仲郢，原为牛党中人，此人善观风向，摆摇不定。李德裕为相后，奏其为京兆尹，柳仲郢大喜过望，谢曰：“下官不期太尉恩奖及此，仰报厚德，敢不如奇章门馆。”[②] 遂投入李党怀抱。宣宗时李德裕罢相，柳仲郢亦贬到外地任职。

宣宗朝牛党秉政，李党尽遭贬逐，不过此时党争已接近尾声，即使有些斗争，也只是一点余波而已。如孙景商，曾为李德裕排挤。会昌中，孙景商任度支郎中，“时宰相李德裕专国柄，念公不依己，黜为温州刺史”。牛党白敏中拜相后，遂于大中六年（852 年）任孙景商为京兆尹。[③]

士大夫之间的这种朋党斗争，政治危害极大，不仅使一大批人才成了党争的牺牲品，而且也因党争使国家政事遭受危害。京兆府官员卷入党争，则直接影响了京畿地区的吏治，败坏了吏风，使官吏们均以朋党利益为上，而将国计民生置于其后。此外，党争还使一些正直清明、颇为干练的京兆府县官员遭受无谓的打击与排斥，在一定程度上破坏了京畿地区的治理。

4．皇权的干扰与影响

京兆府县处于京畿，皇帝自然免不了干预其政务。从京兆府的职责看，其负责的许多事务都是直接或间接为皇室服务，皇帝过问的机会自然也就多一些。由于这些原因，京畿地区的社会稳定与否以及吏治状况的好坏，很大程度上取决于皇帝是否英明，取决于皇权干预程度的如何。

唐朝自高祖、太宗至高宗、武则天，不纵容宗室贵戚，不

① 《新唐书》卷 197《薛元赏传》。

② 《旧唐书》卷 165《柳公绰传附柳仲郢传》。

③ 蒋伸《唐故天平军节度使……孙府君墓志铭》。

随意干预京畿地方行政，使当地各级官吏能够正常行使职权。且这一时期诸帝本身也没有在京畿地区搞什么弊政，影响国计民生，因而社会比较稳定，生产能得以恢复发展。从这以后的皇帝虽也重视京畿地区的社会稳定和吏治的整顿，但扰民挠政之事也时有发生，有时还比较严重。皇权对京畿社会和吏治的干扰，主要表现在以下几个方面：其一，营建不息，徭役繁重。如睿宗景云二年（711 年），金仙、玉真二公主出家为道士，睿宗为其建造道观。是时正值盛夏酷暑，营作征役不止，百姓苦不堪言。右散骑常侍魏知古上疏谏止，指出：两观占地，“皆百姓之宅，卒然迫逼，令其转移，扶老携幼，投窜无所，发剔椽瓦，呼嗟道路”。① 可见扰民程度之严重。但睿宗也只是口头上嘉其正直敢谏，并未停止营建。就连号称英明睿智的宣宗皇帝，也难免搞此弊政。他在即位的次月，就命长安两街“更各置八寺”。② 大中二年（848 年），又命长安在已有的二十所大寺之外，再建造十所。五年（851 年）正月，下诏令“京畿及郡县士庶，要建寺宇村邑，勿禁”。③ 进士孙樵上疏指出：“陛下自即位以来，诏营废寺，以复群髡，自元年正月洎今年五月，斤斧之声不绝天下而工未以讫。”④ 然宣宗并未认真采纳这些意见，仍然“造寺无节”。唐代的其他皇帝都在京畿地区搞过不少无谓的营建活动，给当地百姓造成了很大的负担。

其二，赋税苛重。唐代在实行租庸调制时，全国税率基本统一，德宗建中元年（780 年）推行两税法，税率就不一致

① 《旧唐书》卷 98《魏知古传》。
② 《资治通鉴》卷 248。
③ 《唐会要》卷 48《议释教下》。
④ 《全唐文》卷 794《复佛寺奏》。

了。此外税户要折物（绢）交纳，各地物价不一，税户负担也不同，四十年间百姓负担加重至三倍。此外，两税之外还有名目繁多的苛捐杂税，关中地区尤为繁重，使百姓困苦不堪。贞元三年（787年），德宗出京到关中某地狩猎，突然想了解一下百姓情况，遂走入农民赵光奇家。他问赵光奇："百姓乐乎?"答曰："不乐。"又问："今岁颇稔，何为不乐?"答曰："诏令不信，前云两税之外悉无他徭，今非税而诛求者殆过于税。后又云和籴，而实强取之，曾不识一钱。始云所籴粟麦纳于道次，今则遣致京西行营，动数百里，车摧马毙，破产不能支。愁苦如此，何乐之有！每有诏书优恤，徒空文耳！"[①] 丰年农民尚且破产，何况凶年乎！宪宗即位之初，在京畿一带推行"和籴"，府县限期督交，官吏鞭打杖责，"号为和籴，其实害民"。[②] 以后诸帝均搞过不少次和籴，扰民甚深，连皇帝都不得不承认"强名和市，都不给钱"。[③] 这些现象的发生，都是皇帝推行政令不当的结果，至于府县官员不能不予以执行，否则便是违抗诏命，所以他们是不能负这个责任，代皇帝受过的。

其三，纵容宗室、公主及权贵豪族，欺凌百姓，客观上起到了扰乱地方治安的作用。如邠王李守礼部曲盗马，府县官员不敢按问。[④] 外戚公主放纵妇仆，扰乱坊市，吏不敢捕。[⑤] 这些还都是贵族部曲、奴仆，至于贵族子弟、亲戚横暴街市，凌辱平民，更是无人敢问。中唐以来，宦官、禁军更加为所欲为，肆无忌惮地破坏京畿治安，而当地官吏迫于皇权不能绳之

① 《资治通鉴》卷233。
② 《新唐书》卷53《食货志三》。
③ 《唐大诏令集》卷86《咸通七年大赦》。
④ 《大唐新语》卷4《政能》。
⑤ 《全唐文》卷327《韩公（朝宗）墓志铭》。

于法。统观唐代的京师治安情况，几乎每一朝都有不畏权豪，敢于打击邪恶势力的京尹或县令出现，而京畿地区仍始终存在着治安不良的问题，除了社会复杂，权豪云集，治理难度本来就很大的因素外，皇权的庇护或纵容也是一个十分重要的原因。一般来说，当皇帝能够理解和支持京畿官员的工作时，长安地区的社会治安就好一些；反之，当皇帝庇护权门甚至不惜以惩处府县官员的办法来袒护这种势力时，京师的治安便陷入混乱状态。史书上所说的权贵豪门欺压人民，“民不敢诉于有司，有司不敢闻于陛下”，[①] 往往都是在后一种情况下出现的现象。京畿官员因公得罪权宠而被皇帝处死或因此丢官者也不鲜见。如肃宗乾元初，华原县令卢枞以公事呵责内侍齐令诜，“令诜衔之，构诬。”肃宗命殿中侍御史张镒按验，张镒认为卢枞应给降官处分。“及下有司，枞当杖死”。张镒上疏力争，肃宗遂将卢枞处以配流，而张镒却被贬为抚州司户，[②] 就是一个典型的事例。

其四，皇室、宫廷不加节制的需求所导致的危害。皇帝为了满足宫廷及皇室中人的种种需求，命京兆府县官员办理或供给，在历朝历代都是通例，非独唐朝如此，并不算是弊政。如果这些需求不加节制，无限膨胀，则不可避免地加重百姓负担，影响京畿官员的正常工作，严重的甚至破坏吏治，败坏吏风。

如太平公主与薛尚成婚，却要借万年县署为婚馆，“门隘不能容翟车，有司毁垣以入，自兴安门设燎相属，道樾为枯”。[③] 这种行径如果不是皇帝指使如何会发生？直接破坏了

① 《新唐书》卷162《独孤及传》。

② 《旧唐书》卷125《张镒传》。

③ 《新唐书》卷83《太平公主传》。

万年县的办公场所，影响了京师地方行政工作的正常进行。玄宗时要高力士命京兆府为太子选美，如果不是高力士体察民间疾苦，转而从掖庭选人，将不知会对京师百姓造成多大的骚扰。设于宫苑之内的雕、鹘、鹰、鹞、狗等五坊，是供皇帝狩猎、游乐之用的机构，唐朝在京畿地区专门划拨了一批人户，称五坊户，[①] 以供奉五坊之需求。但是五坊人员（均为宦官）往往在五坊户之外向广大农户敲诈勒索，百姓畏之如寇盗。德宗贞元时，“此辈暴横尤甚，乃至张网罗于民家门及井，不令出入汲水，曰：‘惊我供奉鸟雀。’又群聚于卖酒食家，肆情饮啖。将去，留蛇一箧，诫之曰：‘吾以此蛇致供奉鸟雀，可善饲之，无使饥渴。’主人赂而谢之，方肯携蛇箧而去”。[②] 由于皇帝的纵容，京兆府县官员虽不满其害民，却也无可奈何。

宪宗在藩时，已知其弊，“及即位”，遂下诏禁止五坊害民，“人情大悦”。[③]这实际上是旧史臣的美化，并非真实情况的反映。宪宗虽数次纠其弊，但“故态未绝”，根本原因还在于皇帝方面。据载，元和中，有五坊小使（宦官）至下邽（今陕西渭南北下邽镇）县，县令裴寰“性严刻，嫉其凶暴，公馆之外，一无曲奉”。小使大怒，“构寰出慢言”。这件事被宪宗知道后，十分恼怒，认为裴寰怠慢小使就是对皇帝的不敬，下令将裴寰下狱，“欲以大不敬论”。宰相武元衡以理开导，极言裴寰无罪，“帝怒不解”。裴度又极力劝止，曰：“按罪诚如圣旨，但以裴寰为令长，犹惜陛下百姓如此，岂可加罪?”宪宗才勉强接受了他的进谏，裴寰侥幸免于一死。[④]裴度说“按罪诚如圣旨”，是违心的话，因为他很清楚裴寰根本就无罪，只是不这样说便不能救出裴寰，而武元衡强调裴寰无罪虽然是正

① ③ 《唐会要》卷78《五坊宫苑使》。

② ④ 《旧唐书》卷170《裴度传》。

确的，但却使皇帝失了面子，故宪宗能接受裴度的意见而不愿接受武元衡的意见。由于皇帝出于这样的心理，所以五坊小使横暴如故，不可能根本解决这一问题。宪宗此次虽无治裴寰之罪，但其不利影响却是显而易见的，使地方官吏更加畏首畏尾，使宦官气焰更加嚣张。文宗时，宦官仇士良任五坊使，“秋按鹰畿内，所至邀吏供饷，暴甚寇盗”。[①] 这个弊政始终没有得到革除。

德宗时出现的宫市也是一种害民弊政。本来宫中所须之物需要在市场采买者，由京兆府县官吏负责办理并供给，大约贞元时才改由宦官直接出宫入市采购，谓之宫市。宦官入市强买物品，不按价值付钱。到了“末年不复行文书，置白望数百人于两市及要闹坊曲，阅人所卖物，但称宫市，则敛手付与，真伪不复可辨，无敢问所从来。其论价之高下，率用直百钱买人直数千物，仍索进奉门户及脚价钱。人将物诣市，至有空手而归者，名为宫市，其实夺之”。[②] 据此来看，宫市的规模后来发展得很大，数百人直接参与，这种掠夺量是很大的，给长安百姓造成的危害不可估量。关于这种弊政引起了许多人的批评，其中也包括京兆府官员，有的京尹甚至还向德宗提出过具体改进措施，但却不被采纳。[③]

总之，唐代皇权对京畿社会的不利影响，主要是表现在对社会治安、农业生产、赋役制度、吏风改良等方面的破坏上。使得京畿地方官吏不能很好地履行职责，维护治安，发展生产，均平赋税，长期下去将使官吏养成因循苟且，阿谀取媚，苛刻剥下的不良习气，极不利于良好吏风的培养，实际上是破

① 《新唐书》卷207《宦者传上》。

② 《旧唐书》卷140《张建封传》。

③ 《册府元龟》卷674《牧守部·公正》。

坏了吏治建设。

四、形形色色的吏风

1. 不畏权贵，抑挫豪强

由于京畿地区特殊的社会环境，宗室贵戚，公主驸马，豪门权贵众多，中唐以来，宦官、禁军势大，横行于畿内。而整肃社会秩序，维护京畿治安又是京兆府县官员的第一要务，故唐代的长安多刚正不屈、勇挫权豪之吏。尽管他们因性格、官职高下的差异而呈现出种种不同的表现，但却在历史上留下了令人敬佩的一页。

唐高宗时，汴州（治今河南开封）人杨德幹为万年令，有一宦官自恃皇帝宠信，“放鹞不避人禾稼”。杨德幹下令捕获，重杖二十，“悉拔去鹞头”。宦官向高宗哭泣并袒背以示，高宗说：“你情知此汉狞，何须犯他百姓?”[①] 竟不问之。

中宗时，李令质任万年令，有一富人因盗窃被县吏捕获，此人与驸马韦擢关系密切，韦擢亲自入县要求释放盗者，李令质不从。韦擢恼怒，遂谮构令质于中宗。中宗大怒，临朝时召见李令质，欲要治其罪，“举朝为之恐惧，”惟令质从容自如，毫无惧色。他对中宗说：“臣必以韦擢与盗非亲非故，故当以货求耳。臣岂不惧擢之势，但申陛下法，死无所恨。”李令质认为韦擢与盗者非亲非故，只是贪求其贿赂才出面营救，坏国家之法，使中宗无话可说，只好释放不问。朝廷众臣都向李令质道贺，均认为“设以获谴，流于岭南，亦为幸也”。[②] 可见韦擢之势大，亦可见中宗平时对贵戚之纵容庇护。

李元纮初仕任泾州司兵参军，由于办事谨慎，忠直不阿，

---

① 《隋唐嘉话》卷中。

② 《大唐新语》卷2《刚正》。

升任为雍州司户参军。当时太平公主与一佛寺争碾硙，官司打到雍州，“公主方承恩用事，百司皆希其旨意”。李元纮独不为所动，据理还佛寺。这时任雍州长史的是窦怀贞，他惧怕太平公主势大，催促令李元纮改判。面对太平公主和顶头上司的压力，李元纮大义凛然，在其判状写上“南山或可改移，此判终无摇动”十二个大字，坚持原判不改。由于李元纮执正不挠，“怀贞不能夺之”。①

唐睿宗时，李朝隐任长安令。有一宦官阎兴贵，官居内寺伯，“诣县请托”，李朝隐正色斥之，“仍系于狱”。睿宗时宦官势力已经开始膨胀，且内寺伯地位不低，较有权势，故李朝隐的行为是有风险的。好在唐睿宗不像其兄中宗那样昏庸，所以非但没有怪罪于李朝隐，反而劳问曰：“卿为京县令如此，朕复何忧。”并下制书表彰，给李朝隐加官一阶，特赐中上考、绢百匹。②

崔皎任长安令时，邠王李守礼部曲数人盗马，由于以前的令长不敢按问，所以其愈加猖狂，多次做案，“府县莫敢言者”。崔皎到任后，遂设法捕擒。群奴见状不妙，潜匿王府不出，崔皎命吏入府追捕，然后全部处以绞刑，悬于长安街树。此举极大地震慑了城内权豪，从此不敢轻犯其威，“境内肃然”。③

宪宗元和四年（809 年），许孟容为京兆尹。有一神策吏李昱借长安富户钱 8000 贯，满三年不偿还。此事告到京兆府后，许孟容遣吏收捕李昱，命其限期还钱，过期当死。“自兴

① 《旧唐书》卷 98《李元纮传》。

② 参见《旧唐书》卷 100《李朝隐传》，《册府元龟》卷 701《令长部·褒异》。

③ 《大唐新语》卷 4《政能》。

元已后，禁军有功，又中贵之尤有渥恩者，方得护军，故军士日益纵横，府县不能制。孟容刚正不惧，以法绳之，一军尽惊，冤诉于上。”宪宗立即派中使宣旨，令将李昱送还本军，许孟容拒不受命，仍扣押不释。宪宗又再次遣使命其放人，许孟容面见宪宗，上奏说：“臣诚知不奉诏当诛，然臣职司辇毂，合为陛下弹抑豪强。钱未尽输，昱不可得。”孟许容义正辞严，宪宗又是睿智之帝，自然知道理在孟容一方，也就只好同意他的做法。“自此，豪右敛迹，威望大震。”①

元和五年十月，王播代替许孟容为京兆尹。“时禁军诸镇布列畿内，军人出入，属鞬佩剑，往往盗发，难以擒奸。”加之王公驸马放鹰犬，狩畋猎，也都持有弓矢兵器，危害到京畿治安。王播上任后，遂奏请宪宗，下诏禁止诸军将卒持兵器出入，“诸王驸马权豪之家，不得于畿内按鹰犬畋猎之具”。王播此举据说效果颇佳，“自是奸盗弭息”。② 其实这是夸大之辞，充其量只是情况有所好转，因为唐朝对神策军颇为倚重，其跋扈之状决不可能被一纸诏书所能纠正，此后的情况仍可证明此点。

元和十一年（816 年），柳公绰初拜京兆尹，赴任时有一神策军小将乘马而过，不加回避，柳公绰大怒，命人于市中当场杖杀。上朝时宪宗正色责问其专杀之状。公绰答曰：“京兆尹天下取则之地，臣初受陛下奖擢，军中偏裨跃马冲过，此乃轻陛下典法，不独试臣。臣知杖无礼之人，不知打神策军将。”宪宗又问：“卿何不奏？”回答说：“臣只合决，不合奏。”宪宗说：“既死，合是何人奏？”柳公绰答曰：“在街中，本街使金

① 《旧唐书》卷 154《许孟容传》。

② 《旧唐书》卷 164《王播传》。

吾将军奏；若在坊内，则左右巡使奏。”① 宪宗也只好不了了之。按照唐制，诸军将士路遇京兆尹应该回避，否则将要受到惩处。神策军跋扈已久，府县官员皆被下视之，故这次是有意冲撞京尹，但法不致死。柳公绰当场决杀，按律应属轻罪重判，只不过由于其意在以重法惩奸，整肃治安，加之禁军横暴，人人痛恨，故柳公绰的行动得到时人的赞扬，也被史家称颂为刚直公正的良吏。

柳公绰不仅严于执法，而且也能奖掖正直官吏。穆宗长庆元年（821 年），他再次出任京兆尹，当时任万年令的是王正雅，能“抑强扶弱，政甚有声”。柳公绰非常赏识王正雅，多次在穆宗前褒扬赞美，穆宗遂赐以绯衣银章，后迁王正雅为户部郎中。②

敬宗宝历中，刘栖楚任京兆尹。敬宗在加其为御史大夫的制书中称赞他说：“刘栖楚，长才挺生，利用能断；徇公忘己，奉上绝私。……黄旒之奸不发，赭裾之盗靡载。勤检驭之方，颇精风化之本。”③ 可见皇帝对其的政绩颇为满意。据史书记载说，刘栖楚在任期间，“峻诛罚，不避权豪”。先是京城恶少及屠沽商贩，多隶籍于禁军，“凌藉衣冠”，欺压百姓，有罪则逃入军中，府县不敢捕。刘栖楚到任后，“一皆穷治”。即使匿名军中，只要查实同样严惩不贷。不出十日，坊市奸偷宿猾者屏迹。④ 百姓拍手称快，权豪畏惧，“时人比之西汉赵广汉”。⑤

文宗时，薛元赏任京兆尹。有一次薛元赏往宰相李石私

① 王谠《唐语林》卷 3《方正》。
② 《册府元龟》卷 701《令长部·褒异》。
③ 《全唐文》卷 693 李虞仲《加刘栖楚御史大夫制》。
④ 《新唐书》卷 175《刘栖楚传》，《唐语林》卷 1《政事上》。
⑤ 《册府元龟》卷 696《牧守部·抑豪强》。

宅，谒见宰相。按照唐朝旧例，百官将至宰相宅，前驱不许呵道，故薛元赏下马入门，李石尚未知晓。这时李石正在厅上与人争论不休，薛元赏问是什么人？李石答曰："军中军将。"薛元赏进言说："相公朝廷大臣，天子所委注，……安有军中一将，而敢如此哉！夫贵贱失序，纲纪之紊，常必由之。苟朝廷如此，犹望相公整顿颓坏，岂有出自相公者。"说完以后即疾速离去，然后对其左右说，无礼的禁军军将出来后可擒来见我。不一会便把这位军将抓来，其部下飞快地报告了神策中尉仇士良，仇士良派人请薛元赏来见，薛元赏不理，下令将军将杖杀。仇士良大怒。薛元赏遂白衣请见仇士良，仇士良说："敢必杖杀军中大将可乎？"薛元赏便把其无礼之状告诉了仇士良，并指出："宰相大臣也，中尉大臣也。彼既可无礼于此，此独不可以无礼于彼乎！国家之法，中尉所宜保守，一旦坏之可惜。某已白衫，惟中尉命。"仇士良见薛元赏"理直"，也无可奈何，"命左右取酒饮之而罢"。① 此事与前述的柳公绰做法相似，都是以打击跋扈的禁军为目的，也同样得到史家的赞扬。

此外，敢于打击权豪的京兆府官员还有一些人。如李鄘，本来已担任过京兆尹，元和初年，"以京师多剽窃"，宪宗遂把已升任尚书左丞的李鄘，再次任命为京兆尹。李鄘遂"摧奸肃物"，打击权豪，"威望甚著"。②

德宗时，严郢为京兆尹，"清严疾恶，练于法令。敢诛杀，盗贼屏息，胥吏莫敢欺"。③

韩朝宗任京兆尹时，外戚、公主家放纵苍头奴仆，欺凌百

---

① 王谠《唐语林》卷 3《方正》。

② 《册府元龟》卷 671《牧守部·选任》。

③ 《册府元龟》卷 689《牧守部·威严》。

姓，坊市恶少及官府黠吏，也为恶甚多。韩朝宗设法弹压打击，街市井然有序。韩朝宗好读《春秋》，施政奏事多辅以《春秋》大义，任用官吏，多取文儒之人，故京师大治。①

2. 发展生产，减轻赋役

作为地方官吏，发展农业生产，兴修水利，均平赋役，减轻百姓负担，是其重要的职责之一，对京兆府县官吏亦是如此。在唐代这方面的事例甚多，仅略举数例。长孙祥，高宗永徽元年（650 年）为雍州长史。当时关中的郑白渠是一条十分重要的水利工程，以往可灌溉农田 4 万余顷。至此时仅能溉田万余顷，原因是王公权贵、富商大贾，竞相在渠上造碾硙，“堰遏费水，渠流梗涩”。加之年久失修，遂使其灌溉效益大大下降。长孙祥上奏高宗请求废去碾硙，疏导渠流，修复颓毁之处，以扩大灌溉面积。高宗遂命长孙祥主持此事，以便在旱灾之年发挥作用。② 凤州（治今陕西凤县）人强循任雍州司士参军，当时华原县无泉，河流极少，人畜缺水，农田干旱，生产落后。强循遂教当地人开渠引水灌溉农田，“一方利之，号强公渠”。③

要发展生产必须要先减轻百姓负担，维护百姓的田地不至于被兼并，在这方面也涌现了一批官员。如陆大同，中宗时任雍州司田参军。当时安乐公主、外戚韦温等侵占百姓田地，百姓无奈，遂诉于雍州，陆大同不畏权贵，依法全部断还给原主。雍州长吏畏惧安乐公主势大，密谋将陆大同派往外地，让其他判司重新审理此案，以推翻原判。正好中宗将要举行南郊大典，长吏乘机令陆大同外出巡视诸县，劝课农桑。这时已至

---

① 《全唐文》卷 327 王维《韩公墓志铭》。

② 《西安府志》卷 22 引《白孔六贴》。

③ 《西安府志》卷 22《职官志》。

十月，秋稼已经收获，陆大同知其谋，遂在牒状上批曰："南郊有事，北陆已寒；丁不在田，人皆入室。此时劝课，切恐烦劳。"长吏更加不悦，于是奏移陆大同为河东令。后陆大同复任雍州司仓参军。"长吏新兴王晋附会太平公主，故多阿党。大同终不从。"长吏劝陆大同投靠权贵，并以升官相诱惑，陆大同说："某无身材，但守公直；素无廊庙之望，唯以雍州判佐为好官。"[①] 拒绝了诱惑，甘受清贫。

开元初年，裴耀卿任长安令，在减轻农民负担方面做了不少工作。"旧有配户和市之法，百姓苦之，耀卿到官，一切令出储蓄之家，预给其直，遂无奸僦弊，公私甚以为便。"[②] 开元二十年（732年），裴耀卿任京兆尹。次年，关中霖雨成灾，京城谷贵。玄宗将幸洛阳，召裴耀卿询问救民之策，裴耀卿提出皇帝东巡，百官、军队扈从，可以减少用粮紧张的状况，只要将太仓及三辅地区其他仓储所贮之粮全部拿出来，分遣重臣赴各地主持赈给，就可使百姓平安度过灾年。[③] 这种措施的提出及实施，对稳定关中社会起到了积极作用。

在京兆府县还有许多官员在均平赋役，减轻农民负担方面做了很大贡献。如常衮提出把京兆地税由原来的上等田每亩一斗，下等每亩六升，统统改为每亩二升。[④] 严郢为京兆尹，"前后请减诸色丁匠各数千百人"。[⑤] 吴凑任京兆尹时，"奏请减省掌闲、彍骑及所供飞龙、内园、芙蓉园并禁军、诸司杂供、事力、资课并繁冗弊事。帝多从之。"德宗文敬太子、义

① 《大唐新语》卷2《刚正》。
② 《册府元龟》卷704《令长部·静治》。
③ 《旧唐书》卷98《裴耀卿传》。
④ 《文苑英华》卷434《减京兆府税制》。
⑤ 《册府元龟》卷677《牧守部·能政》。

章公主先后死亡，“皆帝深所爱，葬送之礼颇极奢侈，征召车牛载土筑坟，妨百姓农务。”吴凑又奏其弊。当时他的亲信与属吏多劝其勿奏，吴凑却认为天子虽甚爱太子、公主，更应优恤百姓，“上傥知侵扰百姓，而长吏不诉，必贻罪责”。[①] 吴凑此次上奏虽未被采纳，却得到时人的赞美。

在县令中也涌现出一批良吏，如梁镇，代宗时任昭应县令。广德二年（764 年）八月，关中大旱，农民惶恐不安，缺粮而饥饿的人户甚多。深受代宗宠信的道士李国桢却奏请在昭应县修建天华上宫露台、大地婆父、三皇、道君、太古天皇、中古伏羲、娲皇等庙堂，各置扫洒户 100 户，又在县东的东义扶谷故湫置龙堂。代宗竟然不顾旱情同意修造。梁镇深知这些工程如开工，将会给百姓带来极大的苦难，遂上表坚决反对。他指出：“一昨蟊贼作孽，水旱为灾，虽王畿皆遍，而臣县最苦。”所谓“蟊贼作孽”，是指刚刚经过安史之乱的破坏。他进一步分析说：“且以残弊之余，当凶荒之岁，丁壮素出家入仕，羸老方飞刍挽粟，令但供亿王室，已不堪命，更奔走鬼道，何以聊生？”[②] 代宗听取这个意见，遂下令取消了这些工程。

李频，宣宗时任武功令。当时县民多隶籍于神策军，拒纳赋税，官吏以其横暴，“不敢绳以法”。李频到任后，有一神策军士尚君庆，欠税六年不交，“睅然出入闾里”。李频密派人与其争讼，尚君庆遂赴县应讼对质，李频乘机将其逮捕入狱，“尽条宿恶，请于尹杀之，督所负无少贷”。此举震动全县，“豪猾大惊，屏息奉法”。懿宗即位后不久，天大旱。武功县境内有一六门堰，毁废近 150 年。李频出库钱雇民修浚，按其故

① 《册府元龟》卷 674《牧守部·公正》。
② 《旧唐书》卷 130《王玙传》。

道放水溉田，“谷以大稔”。懿宗大喜，赐绯衣、银鱼。[①]

3. 肃奸清盗，维护治安

在唐代，京畿地区的社会治安最为重要，当地官员也将这一问题视为其第一要务，所谓“辇毂之下，弹压为先”。而京畿地区由于人员复杂，“万类聚居”，犯罪率恰恰最高，居全国之首。史籍中所说的“京畿之内，……触刑章者，多于天下”，[②] 就是这种情况的真实反映。故历朝历代的京畿官吏中都有一批果于诛杀，善能弹压之人，唐朝也不例外，试举数例。

段成式的《酉阳杂俎》描述说：“上都（长安）街肆恶少，率髡而肤扎，备众物形状。恃诸军，张拳强劫，至有以蛇集酒家，捉羊胛击人者。”京兆尹薛元赏上任之日，令里长潜捕众恶少，共捉到三十余人，全部杖杀，陈尸于市。此举极大地震慑了这些恶少，甚至有些市人体有点青者，“皆炙灭之”，惟恐被视为喜好刺肤的恶少。当时长安大宁坊有一恶徒张干，在其左膊上刺有“生不怕京兆尹”，右膊刺有“死不畏阎罗王”等字样。又有一人名王力奴，花了五千钱，请人在其胸腹刺上了山、亭院、池榭、草木、鸟兽等图案。皆被薛元赏杖杀之。[③]

杨虞卿任京兆尹时，长安市中有数位恶徒，“遍身图刺，体无完肤”。他们力大身强，“能揭巨石”，多次犯罪，“前后合抵死数四”，皆因其逃匿到神策军中而得以免死。有一日他们又一次犯罪，杨虞卿出动 500 人将他们捕获，“闭门杖杀之”。[④]

长安还有一类人，当时称为“闲子”，“皆著叠带冒，持梃

---

① 《新唐书》卷 203《李频传》。

② 《唐会要》卷 40《君上慎恤》。

③ ④ 《酉阳杂俎》前集卷 8《黥》。

剽闾里。”实际都是一些无业游民，由于他们危害社会治安，所以每有京兆尹上任，视事之始，先要杀一些“闲子”中危害最大者，以震慑其余。窦潏任京兆尹时，一次诛杀了数十百人，才使他们感到畏惧，稍稍有所收敛。[1]

由于京畿地区犯罪率高，唐朝诸帝大都重视这个问题，主张加大打击力度。唐德宗事必亲躬，朝廷百司及京兆府县事务常常亲自过问，或者要求庶务必先奏闻，然后才得施行。惟独对京畿的“贼盗奸犯，樗蒲斗殴，诱人妻妾，债人财物及相告者”等类犯罪，可先行追鞫查办，不必事先奏请。[2] 此外，还重视选拔一些精强之人充任京畿官员。如权怀恩，高宗时任尚乘奉御。有一奉乘名毕罗，由于善于调马，“帝颇狎之”。有一次权怀恩奏事时，见毕罗在高宗左右，“言戏无礼”。权怀恩返回后，遂将毕罗抓来处以杖责。高宗得知此事后感叹不已，十分欣赏权怀恩的才干，对侍臣说：“怀恩巧能，不避强御，真良吏也。”当时就将其任命为万年县令。[3]

京兆府县官员要维护京师治安，必然会遇到一些疑案难案，在这些官员中也不乏善能破案的高手，如张松寿就是其中的一位。他任长安县令时，昆明池傍有贼劫杀人，皇帝下敕十日必须破案，如果违限，“所由科罪”。张松寿自然不敢怠慢，亲赴发案处查访踪迹。见一老太婆在树下卖食，遂命从人用马驮其入县署，供以酒食，三日放回原处。张松寿同时命一心腹之人，躲在暗处观察，如有人向老太婆问话，即捉到县中。果然，一会儿来了一人，向老太婆询问其入县情况。将此人抓来

① 《新唐书》卷189《高仁厚传》。
② 《册府元龟》卷674《牧守部·公正》。
③ 《册府元龟》卷701《令长部·选任》。

以后，经过讯问，果是犯罪之人，“赃并获”。“时人以为神明”。①

4. 谨慎无私，清简为务

在唐代的京兆府县官员中，更多的还是那些勤勤恳恳、公正无私的人，他们虽然无显赫的政绩，由于勤俭为政，不搞大的变革，从而也使社会稳定，百姓安乐，与无为而治的古训异曲同工，不谋而合。如赵奉璋，“天宝时为咸宁令，治有良绩，擢太守”。② 裴向，任京兆府户曹参军，“转栎阳、渭南县令，奏课皆第一”。③ 薛珏，贞元中为京兆尹，“以勤身率下，失于纤悉，无文学大体。”④ 京兆府的事务非常繁杂，作为长吏能够勤政为下属之表率，已经很不容易了，责其“无文学大体”是否有些过分苛求了？吴凑，任京兆尹，“孜孜为政，以勤俭清简为务，人心安悦”。⑤ 韦夏卿，任京兆尹时，“为政务通适，不喜改作”。魏少游早年以才干知名，累迁为京兆尹，“居职缘饰成务，不为事首，有规简善任人，果于集事，前后四领京兆，虽无赫赫之名，而龊龊廉谨，有足称者”。⑥ 以上这些官员除了为政清简，勤恳率下的特点外，另一大的特点就是“不喜改作”，用现在的话说，就是保持政策的稳定性。这样做一般是不会有明显的政绩，不会有轰动效应，但却可以不动用或者极少动用民力，不加重百姓负担，使民安业乐业，从而稳步地推动社会和经济的发展。

---

① 张鷟《朝野佥载》卷5。
② 《西安府志》卷22《职官志》。
③ 《册府元龟》卷702《令长部·课最》。
④ 《册府元龟》卷696《牧守部·苛细》。
⑤ 《册府元龟》卷680《牧守部·静理》。
⑥ 以上见《册府元龟》卷680《牧守部·静理》

通常来说，要做到这一点，地方长吏必须无功利之心，如果功利心太强，想出政绩以求恩宠，则不可能做到政务清简。韩皋就是一个这样的人。他在德宗贞元中任京兆尹，经常向皇帝奏请，皇帝也不时向他“访及大政”，据说他的见解对国家政事“多所匡益”。但是韩皋奏事有一个特点，就是只在紫宸殿百官朝见皇帝时当众陈请，“未尝诣便殿”。有一次德宗对韩皋说：“我与卿言于此不尽，可来延英。”延英殿是皇帝召见宰相和重要大臣，讨论国家大事的场所。也有人劝韩皋说：“自乾元已来，群臣启事，皆诣延英得尽。公何独于外庭，对众官陈之，无乃失于慎密乎?”韩皋仍然坚持原来的做法，他认为延英奏事，始于肃宗时，当时因重臣苗晋卿年老，行动不便，“故设延英”。“后来得对者多私自希宠，干求相位，奈何以此为望哉?”① 且不论韩皋的观点是否有理，但他能保持一种平常之心，却是难能可贵的，在一定程度上有助于良好吏风的形成。

这一类官员中也有一些比较生动的事迹，虽不轰轰烈烈，却也发人深省。如源乾曜，玄宗开元中任京兆尹，玄宗东幸洛阳，以其为京师留守。“乾曜政存宽简，不严而理”，属于无为而治类型的官员。宫内有一白鹰，放飞时失去踪影，玄宗命京兆府设法捕捉。不久，在野外寻得此鹰，已挂于丛棘而死，“官吏惧得罪，相顾失色。”惟源乾曜神色自若，徐徐而言：“事有邂逅，死亦常理，主上仁明，当不以此置罪。必其获戾，吾自当之，不须惧也。”遂主动入宫，向皇帝请罪。“上一切不问之，众咸服乾曜临事不惧，而能引过在己也。”源乾曜勇于负责，不委过于下，故深得部属敬仰。他任京兆尹三年，“政

① 王谠《唐语林》卷3《方正》。

令如一”，[①] 吏民乐服，政事清明，京师大治。

在县级官吏中也有一批同样类型的人如渭南县尉张造，为政严而不暴，一切以便民为上。他在德宗贞元时曾做了一件保护生态的好事。当时度支使下令砍伐两京道路旁的槐树造车，符牒下到渭南，张造认为此举不妥，遂批其牒曰：“近奉文牒，令伐官槐，若欲造车，岂无良木？恭惟此树，其来久远。东西列植，南北成行。辉映秦中，光临关外。不惟用资行者，抑亦曾荫学徒。拔本塞源，虽有一时之利，深根固蒂，须存百代之规。……思人爱树，诗有薄言；运斧操斤，情所未忍。”通观这段话，可以看出张造反对随便乱伐，主要是出于此树可以美化环境，有益于行人，因而提出了“思人爱树”的呼吁。这种观点是十分难能可贵的。渭南县将张造所批之牒状上报度支使，同时也上奏于皇帝，终于制止了这次行动。[②]

5．暴虐聚敛，媚上欺下

在唐代的京兆府官员中利用职权残杀无辜者有之，违法曲断者有之，专务聚敛者有之，媚事权贵者有之。这些人均为京畿官员中的渣滓，为人们所不齿，受到了历史的嘲弄与批判。

玄宗时，王铁为京兆尹，与其弟户部郎中王銲召术士任海川至其家，问其前途，看有王者之命否？任海川深知此举为不轨行动，心中畏惧，故潜匿不出，没有前往王宅。王铁害怕他泄露此事，遂下令将他驱逐出长安，走到冯翊郡（治今陕西大荔）时，又命人捕获，诬以他罪而杀之。安定公主之子韦会当时任王府司马，闻知此事，私下议论，被其侍女听到，又说与他人。正好有人与韦会私怨，得知其此事后，遂告诉了王铁。王铁听后遂遣长安县尉贾季邻把韦会收捕入狱，当夜缢

① 《旧唐书》卷98《源乾曜传》。

② 李肇《唐国史补》卷上。

杀，伪称自杀。[1] 这是一起典型的利用职权，残害人命的事例。

唐宪宗时，李铦任京兆尹。其堂兄李立与鄠县人崔易简数次因财产发生争执，崔易简遂指使其奴仆暗杀李立并埋尸灭迹。有人揭发了此事，李铦因“（崔）易简博陵右族，且多姻戚之援”，不敢穷究此案，只是随意处罚了几个官吏了事。此事被宪宗得知后，命御史台复查此案，查明了全部情况，并得知崔易简曾因其奴杀李立有功而酬以钱帛。宪宗因李铦“纵狱”，给他了罚俸一月的惩处。[2] 李铦因崔易简是著名高门士族，势力颇大，就不敢严格执法，置其堂兄之冤于不顾，只考虑自己的官爵利禄，其人品之低下于此可见一斑。

德宗时，郑锋任京兆府仓曹参军，“专掌钱谷”。郑锋善能聚敛，以刻剥百姓为能事，“人皆恣怨”。他曾用府库杂钱和籴百姓粟麦等 30 万石，进奉给皇帝，以图恩宠。不久，郑锋升任兴平县令。贞元十四年（798 年），春夏两季发生大旱，庄稼大都干枯而死，百姓饥饿，多次向京兆尹韩皋陈诉，而韩皋因为以前听信郑锋的误导之言，致使仓库空虚，无法赈济，又不敢据实上奏，“忧迫惶惑”。此事被德宗查实后，遂将韩皋贬官。[3] 韩皋官声本来不错，由于用人不当，误听奸言，造成了严重的后果。

李修历任诸州刺史时，就讨好献媚于宦官，凡宦官或朝中权贵往来于其任所时，均宴乐不绝，迎来送往，极尽谄媚讨好之能事，后果然升任京兆尹。在此任上，“专务聚敛、贡献，以希恩宠”，同府官员中的正直之士多被其诬陷排挤，“时人为

① 《旧唐书》卷 105《王铁传》。

② 《册府元龟》卷 699《牧守部·遣谦》。

③ 《旧唐书》卷 129《韩滉传附韩皋传》。

之侧目”。由于宪宗急于削平叛乱藩镇，需要大批钱财支持，而浙西、宣歙皆为富饶之地，遂把李修与王遂分别任以两地观察使。数年后因病归京，未及朝见皇帝就死去了，“人皆相贺”。①

在京兆府官员中不乏有才干但却媚事宦官权贵，遭时人攻击贬责的人，如崔元略就是其中一个。他在穆宗时曾任过京兆尹，当时宦官崔潭峻有宠，权势极大，崔元略遂“以宗人附之”，以子侄辈自居。遭到御史弹劾，指斥为朋党，结果虽失去京兆尹之职，反倒升迁为户部侍郎。谏官上疏，“指言潭峻方有权宠，元略以诸父事之，故虽弹劾而遂迁显要”。崔元略当然不愿背此恶名，也上疏自我辩护，皇帝下诏抚慰，但终究不能挽回声誉。② 敬宗即位后，崔元略再次出任京兆尹，兼御史大夫，地位进一步提高。不久，因在京畿地区误征皇帝已经下诏蠲免的赋税 17 000 贯钱，遭到御史萧澈的弹劾，“元略有中助”，指宦官从中疏通帮助，只削去了兼任的御史大夫之职。史载：“元略有宰相望，及是事，望益减。”③ 这个历史的教训是十分深刻的，一个人不管才干多大，如果功利心太强，品格不高，也很难获得人们的认可，同时也影响其仕途的发展。

第三节　晚唐五代时期的吏治

一、晚唐吏治的颓坏

关于唐代历史的分期，有种种不同的划分，这里主要根据

① 《册府元龟》卷 697《牧守部·邪佞》。

② 《册府元龟》卷 669《内臣部·朋党》。

③ 《旧唐书》卷 163《崔元略传》。

其吏治状况的变化，将懿宗以来直至唐朝末期，划分为晚唐时期。

唐朝发展到宣宗统治时期，尽管在政治、经济等方面存在不少问题，国势进一步衰弱，但由于宣宗尚能采取一些措施，吏治状况仍有可观之处。及至懿宗即位以来，任非其人，上下相欺，主昏臣暗，使京畿地区的吏治每况愈下，一发不可收拾了。

社会状况是衡量一个地区吏治好坏的客观标准，这些标准包括社会经济、百姓生活、社会治安、吏风以及教化、政治状况的如何等方面。如果这些方面状况良好则吏治好，这些方面差则吏治大坏。唐代自懿宗以来的京畿社会状况又如何呢？首先看看懿宗以来的几位皇帝的统治状况，然后再叙述京畿地区的社会状况。

懿宗即位后，威胁京师安全的西北边境问题基本解除了，归义军节度使张义潮收复凉州（治今甘肃武威），北庭回鹘仆骨俊收复了西州（治今新疆吐鲁番东南）、北庭（治今新疆吉木萨尔北破城子）、轮台、清海（治今新疆玛纳斯西）等地。将吐蕃势力从这些地区驱逐出去，使唐政府沉重的西北边防压力减轻了，有利于缓解政府的财政紧张状况。如果唐懿宗能够利用这种有利的形势，励精图治，唐朝还是大有希望的。可惜的是懿宗非常昏庸，他的生活奢侈无度，又崇信佛教，仅法门寺迎佛骨，浪费的钱财就不知有多少。他性喜游幸，每次外出扈从者十多万人，府县供食，“所费不可胜纪”。[①] 他赏赐勋贵动及千缗以上。懿宗任用的宰相路岩和韦保衡，是有名的奸相，聚敛钱财，赂遗宦官，恃恩弄权，排斥异己。仅路岩的亲吏边咸搜刮的民财，就可赡养全国军队二年，懿宗时期浙东爆

① 《资治通鉴》卷250。

发裘甫起义，南诏两陷安南，又攻略今广西、四川一带，同时还爆发了庞勋为首的桂林戍卒起义，这一切严重地动摇了唐朝的统治基础。

唐僖宗即位时，年仅12岁，政事委于大宦官田令孜，呼令孜为“阿父”。“上与内园小儿狎昵，赏赐乐工、伎儿，所费动以万计，府藏空竭。”① 这个时期爆发了黄巢领导的唐末大起义，横扫南北，虽然最后镇压下去了，但却使唐朝的统治基础基本崩溃。唐朝之所以能维持下去，主要靠江淮、西川两地的财力支撑。江淮地区在农民起义后由高骈、周宝等藩镇占据，战乱不息，又经毕师铎、杨行密等的破坏，已经残破不堪。广陵（今江苏扬州）城中斗米50缗，草根木实皆尽，繁荣的扬州只有遗民数百户。西川本来比较稳定，田令孜（本姓陈）派其兄陈敬瑄为节度使，致使蜀中大乱，昭宗时王建入蜀，与陈敬瑄争夺西川，击败了陈敬瑄，后又兼并了东川。这样唐朝的两支输血管都断绝了。昭宗即位后，唐朝的诏令只在长安周围及同、华一带行施，且时时受关中强镇李茂贞的制约。即使处于这种境地，朝廷内部的矛盾斗争仍然不绝，宦官与朝臣之间的关系形同水火，后宰相崔胤勾结关东强镇朱全忠入关，大杀宦官。朱全忠为了控制朝廷，遂将都城从长安迁至洛阳，并杀害了昭宗，另立新帝。不久，又废去哀帝，建立大梁政权，唐朝终于于公元907年灭亡了。

晚唐时期长安及其周围地区的情况与唐朝的政治一样，也是每况愈下。长安城自僖宗中和三年（883年）至昭宗天祐元年（904年），连续遭到七次战乱的破坏与焚毁，尤其是天祐元年这一次，遭到了彻底的毁坏，不仅宫室被毁，连民居也被拆毁，将木料自渭河漂浮而下，使隋唐时期繁荣宏伟的大都市

① 《资治通鉴》卷252。

毁于一旦，“长安自此遂丘墟矣”。[①]

晚唐时期的京畿地区土地兼并也十分严重，宗室贵族、佛寺道观无不占有大量的土地，宦官与神策军所兼并的土地几乎遍于京兆府二十余县，连统治者自己都承认当时“富者有连阡之田，贫者无立锥之地”。[②] 失去土地的农民只好背井离乡，外出逃亡，早在懿宗即位初期，关中的情况已是“所在群盗，半是逃户”。[③] 农民大批逃亡的另一个原因是赋税苛重，除了官税不断加重外，私家租税更加沉重，相当于官税的十至二十倍。农民无法生活下去，除了逃亡之外，或“破丁作兵”，“避役出家”，或铤而走险，武装反抗剥削和压迫。

自黄巢义军进入关中以来，京畿一带的战争频繁发生，或是中央与藩镇之间，或是藩镇与藩镇之间，不断地发生大规模的战争，如唐中央与王重荣、李克用之间，李昌符、朱玫、王行瑜与李克用之间，唐中央与李茂贞之间，李茂贞与朱全忠之间，大小数十次战争，极大地破坏了关中的社会经济，广大百姓不是死于战火，就是“冻馁而死”，有时甚至发生人相食的惨剧，市场上公然论秤售卖人肉，粮食价格有时涨到斗米数万钱。“霸陵东望人烟绝”，“破落田园但有蒿”，[④] 就是唐末诗人所描绘的京畿衰败景象。动荡的社会使农民“累年废耕耘”，[⑤] 田地大片荒芜，一遇灾年，更是雪上加霜，饿殍遍野，村落颓毁。

在这种社会状况下，唐朝的政治越来越黑暗腐朽，贿赂公

① 《资治通鉴》卷 264。

② 《旧唐书》卷 19 上《懿宗本纪》。

③ 《资治通鉴》卷 250。

④ 《敦煌零拾》卷 1 韦庄《秦妇吟》。

⑤ 《旧唐书》卷 200 下《黄巢传》。

行，卖官鬻爵，自宰相以下各官“皆有定价”，[①] 所以这一时期的京兆府县官员多任非其人。如僖宗乾符二年（875年）七月，飞蝗自东而西，所过食草木叶及五谷皆尽。而京兆尹杨知至却妄奏说：“蝗入京畿，不食稼，皆抱荆棘而死。”昏庸的僖宗居然相信这种鬼话，“宰相皆贺”。[②] 可见当时的吏风已堕落到何种地步。在这种情况下，正直官员则无法立足。如温璋，懿宗咸通中任京兆尹，“持法太深，豪右一皆屏迹”。懿宗女同昌公主死，懿宗大怒，杀医官，其家属下狱者三百余人。温璋上疏谏止，认为用法太残酷，懿宗怒，贬温璋为振州司马。制书颁下后，温璋叹曰：“生不逢时，死何足惜？”当夜自缢而死。[③] 温璋临死前的话，就是对当时社会现状的控诉。僖宗中和中，王徽任京畿安抚制置修奉园陵等使、御史大夫、权知京兆尹事。当时唐军击败了黄巢义军，收复长安不久，京师残破，经过他多次补葺，“仅复安堵”。[④] 王徽执法不避权豪，一切“平之以法。由是残民安业，而权幸侧目恶其强”。[⑤] 由于这些原因，王徽必然免不了要遭受到打击与排挤，果然不久他就被免去所有的使职官，赶出长安赴成都而去。由于朝廷政治腐败，小人得志，正人遭贬，长期以往就使得长安吏风更加败坏。史书上经常出现的赋役苛重，民不聊生，官吏横暴，盗贼日滋的记载，就是吏治败坏的生动反映。

此外，这一时期京畿地区的社会治安问题也很多。由于这一时期战争频繁，社会动荡，长安城中的所谓“闲子”，乘机

① 《玉泉子》。
② 《资治通鉴》卷252。
③ 《旧唐书》卷165《温造传附温璋传》。
④ 《旧唐书》卷196《僖宗纪》。
⑤ 《旧唐书》卷178《王徽传》。

四出抢掠，“吏不能制”。[①] 这种状况不仅普通百姓深受其害，有时连朝廷官员也不能幸免。如李昌符、朱玫之乱，僖宗仓皇逃出长安，时“群臣露次盩厔，为盗剽胁，衣囊略尽”，[②] 陷入窘境。这个时期社会治安混乱，有时却是统治阶级有意造成的。如邠宁节度使朱玫欲朝廷讨伐河东节度使李克用，多次派兵化装潜入长安，“烧积聚，或刺杀近侍”，却嫁祸于李克用，搅得“京师震恐，日有讹言”。[③] 至于战争期间，乱兵烧杀抢掠，更是司空见惯的现象。而后一类现象，京兆府县不是不想制止，而是根本无力制止。总之，晚唐时期长安吏治的败坏，其原因是多方面的，既有客观的也有主观的。吏治败坏的最大受害者，自然是广大人民群众，他们生活在水深火热之中，有时连性命也不能保全。

二、乱世中的良吏

晚唐时期京畿地区社会不稳，吏风日下，但并不是所有的官员均是贪官污吏，其中也有少数官风正派，敢于打击权豪，努力恢复社会生产的官员。为了更全面地反映这一时期长安的吏治状况，这一部分人的事迹就不能埋没。

唐懿宗从法门寺迎佛骨，自凤翔至长安，礼仪之盛况超过了南郊祭祀。“中出一道，夹以连索，不得辄有犯者。车马相接，缔以组绣，缘路迎拜，数十里不绝。”懿宗亲幸安福楼，“以锦綵成桥”，佛骨迎来后懿宗下楼主持礼仪，礼讫，然后迎入宫中，安放于安国寺。“宰相以下，施财不可胜计。百姓竟为浮图，以至失业。”京兆尹薛逢对此举大不以为然，但懿

① 《新唐书》卷189《高仁厚传》。

② 《新唐书》卷163《孔巢父传附孔纬传》。

③ 《资治通鉴》卷256。

宗尚在，他一时也无能为力。次年（即咸通十四年），懿宗崩，薛逢遂将这些新建寺塔毁之无遗。[①] 薛逢此举意在反对佛寺害民，反映了他注重实务，反对虚诳的作风。

萧廪，僖宗乾符中任京兆尹。当时大宦官军容使杨复恭权势极大，专制朝命，人皆畏惧。他收养了大批假子（义子）以为羽翼，或为禁军将帅、节度使、刺史，或为诸道监军使，人数有数百人之多，“天下威势，举归其门”。[②] 杨复恭有一假子在京畿犯罪，萧廪命吏卒追捕，此人骄横异常，竟然将捕吏击伤。萧廪将其抓获后，据罪行判为死刑。当时朝廷内外为此人说情营救者甚多，萧廪一一回绝，终于将此人处以死刑。[③] 萧廪此举极大地震慑了长安权豪，使当时萎靡的吏风为之一振。

黄巢义军攻入长安后，大批百姓纷纷逃往宝鸡（今陕西宝鸡），以躲避战乱。当时高仁厚任京兆尹，他见京师“闲子”混入百姓之中，乘乱抢掠，搞得人心惶恐，于是以军队演练的名义召百姓前往观看。当众“闲子”拥入“聚观嗤侮”之时，反闭坊门，“欲亡不得”，杀数千人。“自是闾里乃安”。[④] 高仁厚一次杀数千人，不免失之残酷。大约是在动乱时期，仅靠杀少数人以示威慑，可能起不到治理效果，所以高仁厚索性将此类人统统杀光，以绝后患。

唐宗室嗣薛王李知柔，是唐睿宗之子、唐玄宗之弟惠宣太子李业的曾孙，昭宗乾宁二年（895 年）任京兆尹。晚唐动乱，郑白渠年久失修，坍毁壅塞，不能灌溉，沿渠百姓田地失收。李知柔到任后，动员人力物力重新整修，“灌浸如约，遂

---

① 王谠《唐语林》卷 3《方正》。

② 《新唐书》卷 208《杨复恭传》。

③ 《册府元龟》卷 689《牧守部·威严》。

④ 《新唐书》卷 189《高仁厚传》。

无旱虞”。百姓感激，遂赴长安欲见皇帝立碑记功，“知柔固让得止”。长安城经战火焚毁，太庙、宫室毁坏，李知柔主持修葺，因功加判度支、充诸道盐铁转运使、同中书门下平章事（宰相）。李知柔身居高位，生活节俭，旧史说他“性俭约，虽位通显，无居第”。① 这是非常难能可贵的。在唐末动荡的政治局势下，吏风日下，贪污公行，李知柔身为贵族，能有如此操守和政绩，的确难能可贵。

根据初步统计，从咸通元年（860 年）至天祐四年（707 年），四十多年共有 29 人充任过京兆尹，诸县令长无法统计，除数人政绩尚有可观外，其他人均无显著政绩可言，不少人还贪赃受贿，残害百姓。昭宗乾宁三年（896 年）至光化三年（900 年），一度以镇国军节度使韩建兼京兆尹。唐朝的京兆尹通常均由文官充任，武人尤其是跋扈藩镇兼任京兆尹仅此一例，然其任此职时间之长却前所未有。韩建是在唐昭宗被凤翔节度使李茂贞逼出长安后，将皇帝劫持到华州（治今陕西华县）。在这里他遣散禁军，大杀宗室诸王、胁迫天子，他兼任的京兆尹就是在这种情况下获得的。光化元年（898 年）昭宗重返长安，韩建仍兼京兆尹，并一度负责修葺过残破的宫室。光化三年他和李茂贞支持宦官刘季述等发动政变，一度废黜过昭宗。由这样的人充任京兆尹，其吏治状况可想而知。韩建据大藩，却又兼任京兆尹，目的在于控制京师，胁迫天子。天复四年（904 年）至天祐三年（906 年），韩建又一次兼任京兆尹。这期间唐朝已将首都从长安迁至洛阳，其吏治状况如何，已无关紧要了，因为唐朝很快就灭亡了。

---

① 《新唐书》卷 81《惠宣太子业传附嗣薛王知柔传》。

三、五代吏治的弛坏

唐室东迁以后，长安一带虽仍称京兆府，但却在这里设置了佑国军，长安实际已不具有政治中心的地位，降为西北地区的一个军事重镇。朱全忠称帝建梁前夕，为了减少西顾之忧，对抗关中的岐、邠二镇，把金（治今陕西安康）、商（治今陕西商州）二州划归佑国军管辖，这样大大增强了其军事实力。后梁建立后，正式废去长安的西京之号，改京兆府为大安府。开平三年（909年），又改佑国军为永平军。后唐庄宗李存勗在同光元年（923年）灭后梁之后，下诏复大安府为京兆府，作为西京。后来又规定京兆府的地位仅次于洛阳而在其他诸府之上。因为后唐以唐朝的继承者自居，所以给长安这样的特殊地位。这些只具象征意义，充其量只能说明长安在西北地区具有政治、军事中心的地位。

后晋建立后，于天福三年（938年）罢西京置晋昌军，长安仍称京兆府。后汉乾祐元年（948年），又改晋昌军为永兴军。后周统治时期在建置上没有变化，仍称永兴军。自后唐以来直到后周，长安一直称京兆府，所不同的只是在晋、汉、周时期不再称西京，成为一个普通的州府。

五代时期的长安城规模大大地缩小了。由于唐室东迁时的彻底破坏，长安只剩下一个大而空的躯壳，韩建任京兆尹期间遂对它进行了较大的改造和缩建。长安既然不再是统治中心，已经沦为一个军事重镇，为了军事防守上的需要，韩建废弃了原宫城、外郭城，将原皇城重新修葺、改造。改造后的长安城称新城。这个新城即五代、宋、金、元诸时代的长安城，其规模只相当于原长安城的6.3%。韩建在对唐长安城缩建时，并没有毁去外郭城的残存建筑。直到宋代时外郭城的许多里坊和某些城门还存在。[①] 从此以后，长安就只以西北重镇的面貌存在于世，永远结束了作为国家首都的地位。

五代时期的长安，是中原王朝统治关中的政治中心，也是经营西北、西南的前哨和大本营，许多重大的军事活动都是以长安为基地和出发点的。如后唐同光三年（925 年），枢密使郭崇韬以长安为基地，统率着以关西兵为基本部队的大军，仅以 70 日的短暂时间就攻灭了前蜀政权。清泰元年（934 年），以西京留守徙镇凤翔的潞王李从珂，倚西京副留守刘遂雍为援，乘闵帝新立，地位未稳之机，发动叛乱，并策动前来镇压的军队反戈，一路顺利，直攻洛阳，夺取了帝位。这种例子还很多，不一一列举。长安地位重要还在于它是中原王朝的统治中心洛阳或开封的西部屏障，长安周围形势险要，守住长安，则中原王朝无西顾之虑，所以失去国都地位的长安，仍在五代时期的国家政治和军事生活中，具有举足轻重的地位。

由于五代时期长安基本上是一个重要的军事重镇，所以五代诸帝对长安的军政长官的任命十分重视，通常都派遣富有才干的亲信大臣充任，大多数都是武官出身，有的还是宗室亲王、皇亲国戚，或元老重臣。这样就使这一历史时期的长安吏治具有某些不同于一般州府的特点。

通观五代时期的长安吏治，由于武人为长吏的较多，加之五代乱世，监察与考课制度废弛，所以长安吏风比较酷烈，贪赃枉法，搜括民财者比比皆是，虽然不乏有良吏出现，但为数极少。

后晋赵在礼在晋出帝统治时期，曾出任晋昌节度使，“所至邸店罗列，积赀巨万”。但未说他是否横征暴敛，史书只记载他在宋州（治今河南商丘南）任官时，残酷剥削，不久罢

① 张礼《游城南记》。

去，“宋人喜而相谓曰：‘眼中拔钉，岂不乐哉！’既而复受诏居职，乃籍管内，口率钱一千，自号‘拔钉钱’。”[①] 从这个记载看，赵在礼在长安时一定少不了搜刮百姓，只是没有像“拔钉钱”那样肆无忌惮，那样离奇罢了。

后汉刘铢“性惨毒好杀”，天福十二年（947年），“授永兴军节度使，从定汴、洛，移镇青州，加同平章事。隐帝即位，加检校太师，兼侍中。”刘铢所到之处，“立法深峻，令行禁止，吏民有过，不问轻重，未尝贷免。每亲事，小有忤旨，即令倒曳而出，至数百步外方止，肤体无完者。”刘铢每次杖人，双杖齐下，称之为“合欢杖”。有时按犯人年龄数的多少，以定杖数，谓之“随年杖”。刘铢征收赋税根本不理国家规定，“擅行赋敛”，秋税每亩征钱3000文，夏税每亩2000钱。“部内畏之，胁肩重迹”。[②] 刘铢所作所为，汉帝不是不知道，却从未加以制止，反而屡升官爵。后汉吏治败坏，与皇帝的纵容有直接关系。

后汉赵赞乾祐时任京兆尹，赵赞因曾为契丹人做过事，外据大镇，怕引起朝廷疑虑，遂留部将赵思绾等数百人在长安，自请赴朝觐。汉朝廷怕赵思绾在长安闹事，下令征其入朝。赵思绾担心入朝后被杀，遂率部众反叛，占据了长安。当时河中节度使李守贞谋图造反，赵思绾遣人连结李守贞，李守贞遂授赵思绾为晋昌军节度使、检校太尉。汉廷闻知此事，急派大军围攻，双方攻防一年有余，由于城池坚固，官军死伤甚众，仍未攻下。长期围困，长安城中粮食用尽，“遂杀人充食”。赵思绾喜用人胆以酒吞服，常面对众人杀人取胆。他对部下说：“吞此至一千，即胆气无敌矣。”长安内无粮草，外无救兵，赵

---

① 《新五代史》卷46《赵在礼传》。

② 《旧五代史》卷107《刘铢传》。

思绾在无计可施的情况下，只好开城投降。由于赵思绾为恶甚大，被捕获斩杀于市。“思绾临刑，市人争投瓦石以击之，军吏不能禁。”说明长安百姓对赵思绾恨之入骨。他还残酷地盘剥当地百姓，死后籍没其家财，得钱二十余万贯。旧史记载说：“始思绾入城，丁口仅十余万，及开城，惟余万人而已，其饿殍之数可知矣。”[①] 长安遭此劫难，元气大伤。

温韬，京兆华原（今陕西耀县）人。“少为盗”，后跟从李茂贞任华原镇将，历任耀州刺史、义胜军节度使，梁末帝时改义胜军为静胜军，仍以温韬为节度使，辖崇州（治今陕西耀县）、裕州（治今陕西富平东北）。温韬在镇七年，凡唐朝诸帝陵在其境内者，“悉发掘之，取其所藏金宝。而昭陵最固，韬从埏道下，见宫室制度闳丽，不异人间。中为正寝，东西厢列石床，床上石函中为铁匣，悉藏前世图书，钟、王笔迹，纸墨如新，韬悉取之，遂传人间，惟乾陵风雨不可发”。[②] 后梁灭亡后，枢密使郭崇韬认为温韬是“劫陵贼”，主张铲除他，但温韬事先厚贿于后唐庄宗的刘皇后，非但未杀，反而赐姓名李绍冲，任忠武节度使。后唐以唐朝继承者自居，竟然能容温韬这样的劫墓大盗，其政治之混乱由此可见一斑。

由于五代诸朝任职于长安者多为武人，他们多不知治理地方之术，即使为人不贪也对地方吏治无所补益。在他们看来整军练兵，乃是第一要务；镇守长安，防止和镇压叛乱，是其首要职责。至于发展经济，赈济贫困，教化百姓等事，则无关紧要，也许根本就不懂。如天祐中，朱全忠命王重师为雍州节度使，镇守长安。他在数年之中，整顿军事，修造战具。开平

① 《旧五代史》卷 109《赵思绾传》。
② 《新五代史》卷 40《温韬传》。

中，他不待朝命，发兵击李茂贞，被朱全忠罢官处死。[①] 王重师对地方政务的最大贡献，就是不施苛暴于民，这在当时已是十分难能可贵了，但却谈不上有何建树。再如刘鄩，开平三年（909年），任永平军节度使、大安尹，“鄩练兵抚众，独当一面”。[②] 情况大体和王重师一样。后唐王思同，明宗时任京兆尹、西京留守。“代蜀之役，为先锋指挥使”。东川董璋之乱，他又奉命进讨。此外再无做过任何有益于吏治的事。王思同好附庸风雅，文士“无贤不肖，必馆接贿遗，岁费数十万”。[③] 喜交文士总比欺凌文人的莽夫好，但像他这样分不清贤愚，浪费公室资财却也憨愚得好笑。其他如索自通、安重霸、李从珂、桑维翰、赵赞、王彦超、李洪义等，大都如此，虽无大恶之行，也无做多少有益于地方的事。

在五代时期，政绩特别突出的长安长吏虽属凤毛麟角，不能说绝对没有，但人数的确稀少。如翟光邺，后晋开运中曾任青州防御使，“时郡民丧亡十之六七，而招怀抚谕，视之如伤，故期月之间，流亡载辑”。他还好收藏书籍，虽是武人，却极重儒者。他在后周广顺元年（951年）权知京兆事，“以宽静为治，前政有烦苛之事，一切停罢，百姓便之”。他不贪钱财，为官多年，“家无余财”，“慎密敦厚，出于天然，喜愠不形于色”。广顺二年十月，病死于长安。临终时告诫亲属，他死后尸体速送洛阳，不要在此停留，恐烦扰军府事。由于翟光邺如此作为，故“京兆吏如丧所亲，或有以浆酒遥奠者”。[④]

翟光邺是这一历史时期最为突出的一个人物。至于其他一

① 《旧五代史》卷19《王重师传》。
② 《旧五代史》卷23《刘鄩传》。
③ 《旧五代史》卷65《王思同传》。
④ 《旧五代史》卷129《翟光邺传》。

些人虽无他这样好的官声，也有一二处值得赞誉的地方。如安重霸，后唐清泰初，任西京留守、京兆尹。“先是，秦、雍之间，令长设酒食，私丐于部民者，俗谓之‘捣蒜’。及重霸之镇长安，亦为之，故秦人目重霸为‘捣蒜老’。”旧史还说：“重霸善悦人，好赂遗，时人目之为俊。”[1] 安重霸所为虽是小惠，但总比不施惠强。再如李周，后唐长兴、清泰中（930—936），“历徐、安、雍、汴四镇，所至无苛政，人皆乐之”。[2] 处于乱世只要长吏不苛暴，便是百姓的最大幸福了。

五代时期长安长吏中还有一种人，善聚钱财，不择手段，但却乐善好施，为政不暴，如张筠便是如此。善与恶，美与丑，竟然在他的身上都有所体现。后唐庄宗时，张筠代替康怀英任永平军节度使、京兆尹，康怀英在长安时，“家财甚厚，筠尽夺之”。他还在长安的唐朝旧宫遗址内，四处掘地，以找寻金宝，发了一笔不小的财。泾阳镇将侯莫威，先前曾伙同温韬挖掘唐朝诸帝陵墓，因而家富于财。张筠遂杀死侯莫威，抄其家产，“遂蓄积巨万”。后唐灭前蜀后，蜀主王衍一家被俘后押送洛阳，途经长安时，张筠奉诏诛杀了王衍，其妓乐宝货本应上交朝廷，张筠却“悉私藏于家”。由于张筠不择手段地侵吞公私钱财，所以他家财富之多，无人能说得清楚。此外，张筠还在长安一带占有大量的土地。张筠死后，其弟张篯在后晋时负责与西北少数民族贸易马匹，因所买马劣，有司劾其贪污马价，张篯曾请求卖长安的田业，以便赔偿。可知其家在长安的土地一定不少。但是张筠却从不向百姓横征暴敛，在其境内除正常的赋税外，“未尝聚敛，遂致百姓不挠，十年小康，秦民怀惠，呼为‘佛子’。”此外，张筠还乐善好施，“每出遇贫

① 《旧五代史》卷61《安重霸传》。

② 《旧五代史》卷91《李周传》。

民于路，则给与口食衣物”。张筠的这种作为实则为小恩小惠，但他不加重百姓负担，不轻用民力，使百姓能够安宁地生活与劳作，却是值得称道的。因此，张筠此人虽算不上廉洁奉公的良吏，却也算不上搜刮民财的污吏，在五代时期像他这样的人已是难能可贵了。后来张筠退职归第，贻养天年，“第宅宏敞，花竹深邃，声乐饮膳，恣其所欲，十年之间，人谓‘地仙’”，甚至旧史臣赞扬他“五福之具美焉”。① 旧史臣之所以不责其以非法手段聚财，也是出于他曾有“惠政”之故。

通观五代时期的长安吏治，各个时期的状况稍有不同。后梁时期关中局势不稳，时有战争发生，但长安一带却始终在中央控制之下。朱全忠虽然为人残暴，但却能推行轻徭薄赋的政策，其赋役在五代诸朝中最轻。这一时期的长安虽无良吏出现，由于是在梁的直接控制下，百姓仍享受着轻税的好处，吏虽不良却不苛。唐晋时期大体与后梁差不多，只是赋税有所增加，其中唐明宗统治时期全国风调雨顺，为五代的“小康”时期。长安一带此时正好由张筠治理，因此情况与全国相同，也是小康状况。长安吏治最差的时期是后汉时期，吏风残暴，战祸之烈也超过以前诸朝，使长安元气大伤，人口锐减。后周统治时期情况有所改变，从周太祖郭威起，推行改革，奖励农桑，整顿吏治，故翟光邺这样的良吏才得以涌现，并得到重用。尤其周世宗柴荣时期，大力整顿吏风，严惩贪官污吏，重视发展生产，均定赋税，所以长安吏治以这一时期最好。以上所论仅就吏治整体而言，也不能排除某一时期有个别良吏或污吏出现。因为中国古代是人治社会，制度与政策的规范虽有相当的作用，但也不能忽视官吏个人素质的影响，有时其作用对吏风的影响还相当大。

① 《旧五代史》卷 90《张筠传》。

第五章

宋金元明清时期的吏治

自宋金以来直至明清，长安作为西北地区的政治、军事中心，一直在全国具有重要的地位。失去统治中心地位的长安，降为普通州府，其吏治自然与作为京师时不同，但由于其所具有的特殊地理位置，以及宋以来历代中央政府的重视，仍然形成了与其他州府不同的吏治特点。由于长安在西北具有重要的军事意义，所以长安地区的赋役负担与其他地区比较，显得比较沉重，所谓“宋元以来附治路省，奔走供亿之劳，日不遑给，又剧望冠于诸县。任者皆得迁擢，俗吏务为苟简，徒迁延岁月，幸无事，以冀美除。故吏与民日远，民与吏日疎”。[①] 虽然这段话说的是咸宁县的吏治情况，实际上也是整个长安吏治状况的一个概括的反映。

第一节　宋金元时期的吏治

一、宋代的吏治与吏风

1. 行政区划与职官设置

宋朝初年沿袭唐制，长安属于关西道，不久改为陕西路。

① 《咸宁县志》卷17《良吏传序》。

到北宋中期王安石变法时，将陕西路一分为二，东为永兴军路，西为秦风路，长安在永兴军路境内。

在宋代长安沿袭唐五代旧制，仍置京兆府，为路的治所所在。京兆府下辖若干县，变化较大，以政和元年（1111 年）的政区为例，京兆府下辖的县是：长安、万年、高陵、栎阳（治今陕西高陵东北）、泾阳、醴泉（治今陕西礼泉东北）、奉天（治今陕西乾县）、武功（治今陕西武功西北）、兴平、咸阳（治今陕西咸阳东北）、临潼、蓝田、终南（治今陕西周至东终南镇）、鄠县（今陕西户县）、乾祐（治今陕西柞水）等 15 县，其中长安、万年治所在长安。

宋初，有永兴军节度使之置，后其官不废，但却不轻易授人，通常以他官加知永兴军的名号，掌管一路军政大权。宋制，路置经略安抚使一人，掌军政之事。永兴军路的经略安抚使，“职在绥御戎夷”。而他路“止于安抚而已”。[①] 差别是十分明显的。转运使一人，“掌经度一路财赋”，“岁行所部，检察储积，稽考帐籍，凡吏民蠹民瘼，采条以上达，及专举刺官吏之事。”即专掌财赋之外还负有一定的监察职责。提点刑狱公事一人，“掌察所部之狱讼而平其曲直，所至审问囚徒，详覆案牍，凡禁系淹延而不决，盗窃逋窜而不获，皆劾以闻，及举刺官吏之事”。[②] 说明其除了专掌刑狱之外，亦有一定的监察职责。

京兆府初不置牧，后虽有牧的设置，却不轻易授人。尹、少尹的地位在牧之下，也不常置，通常以权知府事一人，掌民政及教化、劝课之事，是府一级的实际行政长官。其属官有判官、推官若干人，“日视推鞫，分事以治”，辅佐长官治事。司

① 《宋史》卷 167《职官志七》。

② 以上见《宋史》卷 167《职官志七》。

录参军一人，“折户婚之讼，而通书六曹之案牒”。[①] 其下有功曹、仓曹、户曹、兵曹、法曹、士曹参军各一人，分掌各类具体事务，总称六曹。文学、助教各一至二人，为学官，掌教授生徒。此外，还置通判一人，地位仅次于知府，权力与长官相侔，有事可以专达，实际上是为分知府之权而置。宋代的吏职很多，开封府有 600 人之多，京兆府地位比开封府低，人数要少一些，但也有数百人。宋代职官制度比较复杂，变化也多，以上所述之官并不一定全置，有时也以他官兼领 。

县置县令，掌一县之政，如果境内有戍兵，则兼兵马都监或监押。凡京、朝、幕官掌一县之政者，则称知县事。县丞，初不置，熙宁四年（1071 年），始规定凡军务繁剧县，户 2 万以上者置丞一人。此后废置不常。主簿，掌簿书及出纳官物。如果县令阙，主簿可以兼知县事。尉，位在主簿之下，每县一人，掌阅习弓手，捕捉贼盗，维护治安。凡不置主簿的县，则由尉兼管其事。

2. 吏治状况及其变化

在论述宋代长安吏治之前，有必要先对其社会状况作一概述。宋朝初年，京兆府一带社会比较稳定，百姓也能够安居乐业。宋太宗太平兴国七年（982 年），李继迁率众叛逃到地斤泽（今内蒙古伊金霍洛西南），从此便开始了长期的西北战争。不过这时宋朝对这股势力并不重视，这股势力也没有对宋朝及关中造成多少威胁，京兆府一带仍然保持着社会的平稳。此后的战事便愈来愈激烈，宋仁宗天圣九年（1031 年），李元昊继任党项首领，宝元元年（1038 年）正式称帝，国号大夏，史称西夏。从此以后宋夏之间的战争规模便越来越大，对宋朝形成了一定的威胁。由于战争在西北进行，京兆府地处关中腹

① 《宋史》卷 166《职官志六》。

心，遂成为军事指挥中心和后勤供给基地。其社会经济也变为战时经济，一切为战争服务，不仅如此，其政治、文化、社会等也都打下了深深的战争烙印，具有浓厚的军事色彩。随着国家在西北政治、军事重心的改变，京兆府的吏治也相应围绕着这一重心而转变，其官吏们的工作中心主要是为战争服务。

如为了战争的需要，在关中出现了许多乡兵组织，并且各有军号，如保毅、保捷、义勇、护塞等。这些乡兵战斗力较强，往往超过正规禁军，调动乡兵参与同西夏的战争也时有发生，所谓“陕西恃弓箭手为国籓篱”。[①] 这种乡兵宋初虽然就已存在，但人数较少，官府也不重视。西夏正式建国后，战事激烈，禁军屡败，损失较大，“正兵不足，乃籍陕西之民，三丁选一以为乡弓手”。[②]不仅人数大大增加了，训练也强化了。王安石变法时，对弓箭手也采用正规编制，战斗力进一步增强。乡兵不领军饷，由官府授予田地，耕战自养，所谓“官给良田，以备甲马”。[③]所以乡兵是亦兵亦农性质。京兆府同样也有乡兵组织，其组织、管理、训练都离不了由地方官吏去实施，同时还在地方官吏指挥下，发挥维护地方治安的作用。这是京兆府以及陕西吏治不同于其他地区的一个特点。

关中与京兆府既然是对西夏用兵的后勤基地，军费、粮草的筹集与调运便成为当地官吏的一个十分重要的工作。宋仁宗庆历七年（1047年），三司使张方平说：“陕西用兵以来，内外所增置禁军八百六十余指挥，约四十有余万人。”[④] 其中陕西驻禁军323指挥，占全国禁军的一半。范仲淹估计陕西诸路有禁军三十多万人。说法虽不一，但认为陕西驻禁军之多却是一致的。宋神宗时，企图攻灭西夏，陕西驻军进一步增多。陕

① ②③ 《宋史》卷190《兵志四》。

④ 《乐全集》卷23《论国计出纳事》。

西出产少，而驻军多，经费与粮食的紧张自不待言。为了解决这一问题，只有从外地向陕西调运粮食和筹集军费。钱财运输困难不大，而粮草就不那么容易了。后来北宋政府采取了不少办法，如粮草入中之法，在陕西推行营田之法，赋税支移之法，令陕西截留自四川经关中东运的钱财等。都不能从根本上解决问题，军费与粮草供给紧张始终是困扰西北战事的一大问题，同时也给关中及京兆府百姓造成了极大的苦难。如粮食的紧张状况使得粮价经常上涨，有战事时甚至超过内地的数倍至十倍以上。战争的长期进行，使得关中赋税增长，百姓负担较重。为了运输军需物资，大量地动用人力、畜力，使关中徭役繁重。从仁宗时起，“西鄙用兵，支费不足，遂鼓铁为钱”，[①] 使陕西成为一个特殊的货币区。除四川外，其他地区不用铁钱，致使陕西钱币聚而难散，造成物价飞涨，商业衰败，社会动荡。宋廷为了筹措军费，在陕西不但设监铸钱，而且屡变钱法，加之陕西有大量的盐钞也具有某些货币职能，这些现象的综合影响，就使陕西成为全国物价最高的地区。以上所有这些活动都离不开京兆府官员的参与。这就构成了长安吏治又一个特点。

范仲淹

由于这些原因，宋廷一直对陕西包括京兆府在内的官员选授十分重视，所谓“雍州上腴，见称前史；秦地四塞，实雄诸侯。至于人物车甲之饶，风声谣俗之盛，择守未易，得人为

① 《历代名臣奏议》卷270，李复奏。

难。”[1] 早在景德四年（1007年），宋真宗就说：“河北、陕西，地控边要，尤必得人，须性度平和有执守者。”他亲自选定了太常博士陈纲、李及等人，又命有司将其余拟派往陕西任职的官员具名以奏，由他亲自确定审批。临行前又在长春殿召见了这些官员，“内出御前印纸为历，书其绩效，代还，议功行赏”。即采取奖励措施，以激励官员尽职尽责。同时又规定：“如刑狱枉滥，不能擿举，官吏旷弛不能弹奏，务从畏避者，置以深罪”。[2] 有奖有罚，奖罚分明，可见真宗对陕西吏治之关切。在陕西各地中以京兆府事务最为繁杂，故选授官员务求良才。“切以陕服以西，雍都为剧。帅压五路，兵雄万屯。从来长人，得自选士，……要之杰才”。[3] 反映的就是这种情况。

宋朝对官吏犯罪处罚较轻，一般不轻易杀人，惟对贪赃官吏惩罚颇重。《宋史·太宗本纪》载：“太平兴国元年十月己卯以来诸职官以赃致罪者，虽会赦，不得叙，永为定制。”宋仁宗天圣五年（1027年）诏：“已下约束而犯劫盗及官典受赃，勿复奏，悉论如律。”[4] 宋朝对官吏贪赃处以重刑的法律规定，对纯洁陕西及京兆府的吏治有很大的益处，因为自宋太宗以来即开始了对李继迁的镇压战争，至宋仁宗时战争规模越来越大，当地官吏经手的钱财、粮草何止千万，长期以往如不加强约束，加大惩处力度，后果不堪设想。宋夏之间的战争断断续续百余年，所费钱粮不计其数，虽不能完全杜绝贪污，然相对于其他地区还是比较好的，这不能不说是陕西吏治的一个成就。

① 《宋文鉴》卷121刘敞《知永兴军谢两府启》。
② 《宋史》卷199《刑法志一》。
③ 《宋文鉴》卷122强至《谢永兴军知府王龙图启》，
④ 《宋史》卷201《刑法志三》。

陕西战争频繁，百姓赋役繁重，官吏督课甚急，尽管如此，仍不免有失期延误者。以往凡出现此类情况，官吏责罚甚严，导致社会矛盾激化。李元昊建立西夏政权后，不断侵扰宋边境，宋廷任命夏竦为泰宁军节度使、知永兴军，“听便宜行事”。夏竦针对上述情况，提出“关中民坐累若过误者，许人入粟赎罪，铜一斤为粟五斗，以赡边计”。[①] 此举既可在一定程度缓和社会矛盾，又增加了军资收入，有一定积极意义。关中是对西夏战争的后勤基地，维持关中社会秩序的稳定就显得十分重要。京兆府一带普遍建立乡兵组织，可以起到防止贼盗、稳定社会的作用，但是如果放任地方官吏，刑狱泛滥，百姓冤情不能昭雪，仍不能使社会稳定。所以宋廷除了由中央派官加强对陕西吏治监察外，京兆府也不时遣人巡视境内诸县。如宋神宗时，签书永兴军判官鲜于侁奉命巡视境内，发现万年县令不尽职，“系囚累百”，“府使往治，数日，空其狱，”[②] 便是一例。

尽管宋廷对陕西京兆府吏治十分重视，但这一地区的社会矛盾仍然比较激化，这与陕西地处抗夏战争的前线，战争负担较重，影响到当地经济的恢复与发展有直接关系。司马光知永兴军时说：“及到关中，乃见凡百处置，皆为出征调度”，“关中饥馑，十室九空，为贼盗者纷纷已多。县官仓库之积，所余无几。”[③] 宋神宗元丰末年，又一次征调关中丁夫服劳役，“民惩前日之役多死于冻馁，皆惮行，出钱百缗不能雇一夫，相聚立栅山泽不受调，吏往逼呼，辄殴击”。为了完成征调任务，

① 《宋史》卷283《夏竦传》。

② 《宋史》卷344《鲜于侁传》。

③ 《宋史》卷191《兵志五》。

甚至“械县令以督之，不能集”。[①] 元丰六年（1083年），永兴军一带“盗贼屡发”。[②] 不少地方爆发了小规模的起义，其中以“逃军”、“叛卒”、“军贼”等军人身份者为多。这一切都与宋夏战争有直接关系。

宋代长安吏治的总体情况是：宋初至仁宗以前，承平数十年，百姓安乐，吏治平稳。仁宗以来，宋夏战争激烈，赋税徭役加重，吏风渐酷。庆历时范仲淹推行新政，陕西曾较大规模地整顿吏治，黜庸任贤。他两度主持陕政，采取一些措施，缓和社会矛盾，减轻百姓负担，本人作风廉洁，“非宾客不重肉，妻子衣食，仅能自充”。[③] 所以这一时期的吏风较好，官员亦颇勤政。如范祥、李参等主持陕西财政时，都颇有建树。神宗时王安石主持熙宁变法，在陕西先后任用薛向、沈披、阎充国等一批人，推行新法，获得了较大的成就。但是由于北宋在官制中实行了磨勘法，循资格升迁，致使官风大坏，贪官污吏层出不穷，使新法效力大打折扣。如青苗法，实行多年后，一些地方官府举放青苗钱时把陈霉之米折高价贷出，强令农民以新麦贱价抵偿本息，数月之内获利一倍。至于贪污受贿，敲诈勒索，营私自肥，更是司空见惯的现象。推行市易法，则市易务依仗垄断地位，以权牟利，多收利息。实行均输法，变成了官倒。免役法原是令上户出钱代役，下户则免，官府以钱雇役。而官府则多征免役钱，少给雇值以求羡余，于是人皆不愿受雇，地方官府只好强行摊派，反“不若立法明差之为便”。[④] 这种作风把许多本来的好事也办坏了。于是，许多陕西的官员

① 《宋史》卷467《李宪传》。
② 《续资治通鉴》卷334。
③ 《宋史》卷314《范仲淹传》。
④ 《宋史》卷186《食货志下》。

也起来抵制新法。如熙宁三年（1070 年）九月，任知永兴军事的司马光，任陕西转运副使、知同州的赵瞻，熙宁六年（1073 年）任知华州的吕大防等。由于他们的抵制，反倒是其管辖境内“民力比他路为饶，供亿军需亦无乏绝”。[①] 因而百姓对他们也都持赞扬和尊重的态度。这种经验教训是值得认真总结的。哲宗、徽宗时期，北宋朝中新旧党争更加激烈，影响关中甚烈，不少陕西官员都受到牵连，被指斥为党人。官员升迁不以政绩考课为基准，而是以朋党划线，以定褒贬，致使关中一带吏风日下，贪官污吏进一步增加。

3. 长安吏风种种

由于关中所处的特殊地位，如何理财支援战争，便成为当时官员面临的主要问题。宋仁宗庆历八年（1048 年）至皇祐五年（1053 年），李参任陕西转运使。当时陕西驻有大量的军队，粮食不足，运输困难。李参便在当地推行了“青苗钱”，即令民间自估其当年粮食产量，官府据此算出其所需资金及偿还能力，在青黄不接时先贷给一笔资金，到谷熟后按时价折谷还官。这种贷款便称“青苗钱”。这个办法既可用官府借贷以助生产，又可因贷款生息增加政府收入，并免去采购的麻烦，直接从农民那里获得廉价粮食。此法实行数年后，官仓粮食皆满，驻军的粮食供应也得到解决。[②] 后来王安石变法，其青苗法就是“依陕西青苗钱例”而行，即把李参的经验推广到全国。

范祥改革盐法成就也颇大。盐利收入是西北边防经费的主要来源之一，北宋政府对此十分重视。当时国家规定行销于陕西的是河东解盐，经销方式有两种：一种是禁榷制，即政府垄断了食盐的生产、运输、销售全过程，禁止商人经营。另一种

① 《宋史》卷 340《吕大防传》。
② 《续资治通鉴长编》卷 174。

是所谓入中制，即官产、官收，而由商人运输、销售。这两种办法都有不少弊病，公私皆亏，劳民伤财。面对困境，陕西的官府往往是两种办法交替使用，甚至朝令夕改，搞得军、民、商都怨气冲天。仁宗庆历时，朝中实行庆历新政，范祥时任提举陕西坑冶铸钱使，向朝廷上书提出改革盐法，得到了主持朝政的韩琦的支持。于庆历四年（1044年）二月，命范祥与陕西转运使程勘共同主持改革。由于范、程二人主张不合，改革遂被搁置，直到庆历八年，范祥才得以实施他的改革计划。范祥推行的新法称“钞盐制”，具体内容是：废除以粮草入中商人领取盐引再到盐产地领取食盐经销的办法，停止运送官盐的徭役，改为令商人在沿边州军支付现钱，根据州军远近规定不同价格，然后按价发给盐引，商人凭引领盐自由运销。同时开放食盐市场，军需物资也改由沿边州军以现钱采购雇运。由于西北一带走私西夏青白盐入塞的情况十分严重，西夏盐近而价贱，内地盐远而价贵，走私利大，屡禁不绝。范祥一面严禁走私，一面令商人向边地大量运送内地食盐，官府出售，平抑盐价，而商人凭盐引返回再运。这样，使走私盐利润大大下降，禁止也就容易多了。范祥改革盐法，一波三折，困难重重，由于开放食盐市场，盐价渐渐稳定，国家盐税也逐渐增长，而西北边防军需运费却大大下降，节省了80%，这在宋代历史上是从未有过的现象。

仁宗至和（1054—1056）中，文彦博知永兴军。起居舍人母湜，鄠县人，当时他向皇帝上了一道奏章，认为“陕西铁钱不便于民，乞一切废之”。宋廷没有采纳，但关中之人多知此事，以铁钱交易者，多被拒绝，不肯接受，“长安为之乱，民多闭肆”。面对这场经济风波，文彦博的许多僚属主张政府干预，强令行使铁钱。文彦博认为这样将会使局面更加混乱。他召来丝绢行的商人，“出其家缣帛数百匹，使卖之”，吩咐说只收铁钱，不要铜钱。人们看到最高行政长官如此行动，“于是众晓然知铁钱不废”。[①] 一场风波很快就平息下去了。

维护地方社会秩序，加强治安管理，是地方官员的重要职责之一。夏竦任职于陕西时，令各州县立保伍之法，“至盗贼不敢发，然人苦烦扰”。陕西驻军颇多，夏竦严明军纪，“敢诛杀”，故军卒不敢轻犯军法，骚扰百姓。“尝有龙骑卒戍边，群剽，州郡莫能止”。情况上报到夏竦后，夏竦将犯禁军卒召至长安，审讯后，“诛斩殆尽，军中大震”。[②]

仁宗天圣（1023—1032）中，种世衡知武功县。其“天性严明，政令皆缘人情，本土俗，凡所行先与民约，度其可必行，始布下之，民以为便己也”。他还经常调查民间疾苦，凡不利于民生的弊政，皆设法革去。夏人犯边，自新平（今陕西彬县）以南，“时被屠掠，民汹汹莫能自保，欲避南山险僻中”。种世衡认为夏人之所以敢冒险深入，是由于民未习骑射之故，他精选武功县民子弟强壮者数千人，训练骑射之术，使夏人不敢轻犯武功之境。种世衡到任之前，武功人多不服官吏管理，“吏苦于追集”。种世衡到任后，“但以片纸榜其门曰：‘县追某人，期某时到’。追者即持所榜趋县，毋后期者。”“其威信在人如此，至今犹传之”。[③] 后来，淮阳人钱秉知武功县，“爱民慎罚，民畏如神明，无敢犯令者”。[④]

地方官吏爱惜民力，宽厚为治，同样也能得到百姓的赞扬与拥戴。如马元方，宋太宗淳化三年（992年）中进士，命其知万年县。当时朝廷遣大军进讨李继迁，关中诸州县动员民力

① 《宋朝事实类苑》卷10《名臣事迹》。

② 《宋史》卷283《夏竦传》。

③ ④ （明）《武功县志》卷2《官师志》。

转输军需，千里跋涉，民夫死亡颇多，“独元方所部全十九”。[①] 马元方因此受到县民的爱戴。

孟通，知武功县事。“以仁厚治县，号为得体，民乐其用。”凡修缮城郭、官署、学校，不用催督，不刑一人，民皆按期赴工，“唯恐有不悦也”。[②]

赈济贫乏，救灾救荒，也是地方官吏的重要职责，在这方面长安官吏中亦有可称者。如范雍任知永兴军时，时逢大饥荒，“关中为甚”，范雍开官仓赈恤饥民，颇有成就。[③] 李周任长安尉时，适逢灾年，官府以粥赈济饥民，饥民混乱，拥挤不堪，李周出面划定界线，“老少男女无一乱者”。都巡抚赵瑜追捕南山群盗，“悍急无礼”，颇扰百姓，“独于周不敢肆”，长安百姓也赖以平安。[④]

兴修水利，劝课农桑，是地方官吏的基本职责，宋代长安官吏在这方面成就颇大。早在宋太祖乾德（963—968）中，施继业任节度判官时，就将泾阳县境内的三白渠修复。当时施继业率百姓用梢穰、笆篱、木材等材料，“截河为堰，壅水入渠”。此渠修复后，“缘渠之民，颇获其利”。宋太宗至道元年(995 年)，命著作郎孙冕监三白渠，他在沿渠共修葺斗门 176 处，对渠口六石门，亦称“洪门”，也进行了修葺，同时还加固了堰堤，使三白渠得以发挥更大的灌溉效益。真宗景德三年(1006 年)，命太常博士尚宾主持修葺郑、白渠，“工既毕而水利饶足，民获利数倍”。[⑤] 受益最大的是富平、栎阳、高陵等

---

① 《西安府志》卷 23《职官志》。

② (明)《武功县志》卷 2《官师志》。

③ 《宋史》卷 288《范雍传》。

④ 《长安县志》卷 25《循吏传》。

⑤ 以上见《宋史》卷 94《河渠志四》。

县百姓。王安石变法时，实行农田水利法，进一步推动了京兆府的农田水利建设。如熙宁五年（1072 年），提举陕西常平沈披修复了武功县的古老水利工程六门堰。熙宁六年，赞善大夫蔡朦主持修葺了郑、白渠。熙宁七年，知耀州阎充国募民修浚水堤。同年，都水监丞王孝先建议以朝邑段的黄河水淤安昌等处盐碱地，以改造土地，增加生产。

神宗时，关中大儒赵瞻任陕西转运副使、知同州。当时变法派势力正盛，为了扩充财源，令赵瞻在关中主持发行交子（一种纸币），赵瞻拒不执行。他认为发行纸币必须“本钱足恃”，即要有充足的准备金，反对“多出空券”，[①] 以至于通货膨胀。由于这个原因，赵瞻被贬官充任闲职，但他不畏权势的行动，却免使广大百姓遭受通货膨胀之苦。

二、暴虐的金代吏风

1. 行政区划与职官设置

北宋灭亡后，陕西遂为金国所占有，金朝的行政区划与宋相同，仍为路、府（州）、县三级制。以大定二十九年（1189 年）的区划为例，在长安一带设京兆府路，治所在长安，辖京兆府、乾州（治今陕西乾县）、耀州（治今陕西耀县）、华州（治今陕西华县）、同州（治今陕西大荔）、商州（治今陕西商州）、虢州（治今陕西灵宝）等州府。其中京兆府下辖长安、咸宁、云阳（治今陕西泾阳北云阳镇）、泾阳、高陵、栎阳（今陕西高陵东北）、兴平、咸阳（治今陕西咸阳东北）、临潼、终南（治今陕西周至东终南镇）、鄠（治今陕西户县）、蓝田等 12 县。

早在北宋末年就在陕西各路帅司之上设置了陕西诸路宣抚

---

① 《宋史》卷 341《赵瞻传》。

使，统一管理军政。进入金朝以后，此制更加完善，形成了诸路总管府——宣抚司的一元化管理体制，宣抚使号称代表中央，行尚书省事。宣抚使的治所就设在长安城内。路一级仍设经略使一职，掌军政；按察使，掌监察、镇抚人民等事。京兆府置尹一员，同知一员，少尹一员，均为府一级正副长官；府判一员，“掌纪纲众务，分判吏、户、礼案事，专掌通检推排簿籍”；推官一员，职同府判，“分判兵、刑、工案事”。[①] 府教授一员，掌教授生徒；知法一员，掌律令格式，审断刑名。

县置令一员，丞一员，为一县之正副长官。下有主簿一员，尉一员，主簿辅佐县令治事，职掌同县丞，县尉专掌巡捕盗贼，维持治安。以上均为流内官，此外还置吏职若干，如司吏若干，其中有一人识女真字、汉字；公使若干人。吏职人数以县所辖户口的多寡而定，通常是6—10人不等。

金朝在地方驻兵颇多，根据军事需要和地理位置的重要与否，分驻有多少不定的军队，这些驻兵处称镇、城、堡、寨，其长官称知镇、知城、知堡、知寨，皆从七品。这些虽均为带兵武官，也兼管一些当地民政，并负有捕捉盗贼，维护治安之责。

金朝统治陕西后，大批女真人也涌入这里，以关中人数最多，与此同时，其固有的猛安谋克制度也移入关中。从金世宗大定十九年（1179年）起，掀起了“括地”之风，即以国家权力强行圈占民田，再分配给猛安谋克户。到金章宗明昌六年（1195年），宣布“罢括陕西之地”。[②] 尽管“括地”之风陕西较其他地区短一些，但十六年的时间也使大批农民失去土地，加上陕西连年战争，赋役繁重，百姓已不堪重负了。

---

① 《金史》卷57《百官志三》。

② 《金史》卷47《食货志二》。

2. 残暴的吏风

金代吏治废弛，吏风残暴，为历代所仅见，《金史·酷吏传》云："金法严密，律文虽因前代而增损之，大抵多准重典。熙宗迭兴大狱，海陵翦灭宗室，钩棘傅会，告奸上变者赏以不次。于是，中外风俗一变，咸尚威虐以为事功，而谗贼作矣。流毒远迩，惨矣。"这里虽说的是全国情况，其实也包括关中在内。金法残酷主要是最高统治者倡导的结果，久而久之，"虽士大夫亦为所移"，[①] 使整个吏风为之一变。皇帝喜用残酷深文之人，也是吏风变酷的一个重要因素。"由是以深文傅致为能吏，以惨酷办事为长才"。[②] 在这种情况下，酷吏们得到重用，纷纷大展身手，守法循吏受到压制，使百姓困苦不堪。金朝吏治废坏与监察之制的弛废也有密切关系。在这种风气的影响下，"风纪之臣，失纠皆决。考满，校其受决多寡以为殿最"。[③]监察官员不认真履行本身职责，直接参与决狱，必然使吏治失去监督，从而导致吏风的颓坏。

金代的关中除了实行猛安谋克屯田外，还实行过括地养军，使大量的土地高度集中，无产户大量出现。为了养军筹粮，又在关中大开卖官之道。皇统三年（1143 年），金廷"诏陕西富民纳粟补官"。[④] 这样得来的官，为了捞回成本，必然要尽力搜刮，刻意盘剥百姓。《金史·食货志一》说："金之为政，常有恤民之志，而不能已苛征之令，徒有聚敛之名，而不能致富国之实。"为什么会出现这种状况呢？原因就在于搜刮所得尽入官吏私人腰包。为了增加国家收入，只好再增大剥削

---

① 《金史》卷 129《酷吏传》。

② ③ 《金史》卷 45《刑法志》。

④ （雍正）《陕西通志》卷 82《纪事七》。

量，“一切掊克之政靡不为之”，甚至“加赋数倍，预借数年”。[1] 使百姓无法承受，逼得他们纷纷起来反抗。

如大定十二年（1172 年）九月，“鄜州李方等谋反，伏诛”；十一月，“同州民屈立等谋反，伏诛”；兴定五年（1221 年）十一月，“蒲城县民李文秀等谋反，伏诛”等。[2] 金朝镇压人民反抗极为残暴，不仅杀害了许多反抗的群众，也滥杀大批无辜。以至于连金廷也感到陕西当局“捕贼”过滥，要求加以“厘正”。此外，陕西还存在不少盘剥百姓的弊政。如民户安装水磨、油栿，所占均为私地，官府已经征收了水利钱银，还要再征收这块地的租税，属重复征税行为。[3] 金朝为了弥补财政收入不足和铜钱紧缺，大量发行交钞（纸币），规定“民间流转交钞，当限其数，毋令多于见钱也”。但是在陕西发行的交钞却大大多于现钱，“使民艰于流转”，[4] 影响了经济的正常发展。由于金朝的残暴统治，陕西一带百姓生活贫困，一遇灾荒百姓便流落典雇甚至沦为奴仆。民户大量流失又影响到政府的赋税收入，所以金政府也不时出资赎贱为良。如金熙宗皇统四年（1144 年），诏陕西等地“官以绢赎（奴）为良，丁男三匹，妇人幼小二匹”。[5]由于官府所支付的价钱较低，往往并不能收到很好的效果，以良为贱的现象仍非常严重。残酷的剥削和压迫，百姓无法忍受时便纷纷逃亡，官府便把赋役转加到未逃户身上，这样就引起新的逃亡。金政府不知减轻百姓负担，反而认为逃户多是“旧制太轻”的缘故，于是便加大惩处力度。如金章宗泰和七年（1207 年）规定，课役户全户逃亡

---

①⑤ 《金史》卷 46《食货志一》。

② （雍正）《陕西通志》卷 82《纪事七》。

③ 《金史》卷 47《食货志二》。

④ 《金史》卷 48《食货志三》。

者徒二年，“赏告者钱五万。先逃者以百日内自首，免罪”。[①] 尽管采取了这种措施，然陕西境内的逃户有增无减。由于百姓贫困，无力承担赋税，金政府于世宗大定十二年（1172年）十月规定，州县官员不努力催督租税，“以致逋悬者，可止其俸，使之征足，然后给之”。[②] 这样不分情况一律停俸的做法，必然使贫困或受灾地区的官员大受其害，不利于吏治的整顿，反而有加速吏风恶化的不良作用。

从总体上看，金代长安的吏风是残暴的，但并不是没有良吏出现，只是相对于其他王朝人数要少得多。如傅慎微，金初任陕西经略使，权同州节度使事。有一年关中大旱，百姓饿死者十之七八，金廷以傅慎微为京兆、鄜延、环庆三路经济使，负责赈济之事，并授以便宜行事之权。傅慎微“募民入粟”，得粮二十余万石，设养济院以救济饥民，“全活甚众”。不久，改同知京兆尹、权陕西诸路转运使。这期间他先后主持修复了三白、龙首等渠，以灌溉农田，“募民屯种”，并贷给种子与耕牛，“民赖其利”。[③]

王浩，任泾阳令，清明廉洁为关辅之首。当时主司命各州县增加枣果的种植，“督责严急，民甚被扰”，王浩不予理会。主司大怒，将要惩处他，王浩说：“是县所植已满其数，若欲增植，必盗他人所有，取彼置此，未见其利。”“其爱民多此类”。王浩历任数县，所到之处，多有善政，“民丝毫无所犯，秦人为立生祠，岁时思之”。[④]

宗道，金章宗时任西北路招讨使。按照惯例，新帅到任，

① 《金史》卷46《食货志一》。
② 《金史》卷47《食货志二》。
③ 《金史》卷128《傅慎微传》。
④ 《金史》卷128《王浩传》。

西北诸部族皆献马以示祝贺。宗道到任后，诸部献马800匹来贺，宗道坚决不受，由是“诸部悦服，边鄙顺治”。不久，又调任陕西统军使，“以镇静得军民心”，特迁三阶，兼知京兆府事。当年大旱，宗道命长安令“取太白湫水”，亲自步迎于远郊，“及城而雨，是岁大稔”。人们皆以为是精诚所感，“刊石纪之”。①

李献甫，金宣宗兴定五年（1221年）中进士，历咸阳主簿、长安令。长安为行台所在，“供亿甚繁”，李献甫精打细算，妥善安排，“常若有余”，“县民赖之以安”。②

由于金朝良吏不多，所以以上数人的作为更显得难能可贵。统观金朝百余年对关中的统治，其吏治、吏风也不是一成不变，在某些时期吏治状况还是比较好的。金朝占据关中之初，由于战争频繁，赋役繁重，官吏以聚敛为能事，不知恤民，所以吏风残暴，民不聊生。熙宗统治时期曾力图整顿吏治，遣廉察之使巡行四方，由于其统治短暂，整顿效果并不明显。完颜亮即位以来，迭兴大狱，开告密上变之风，奸诈之徒乘机崛起，“咸尚威虐以为事功”，③ 长安吏治亦受这种风气的影响，致使吏治大坏，吏风更加暴虐。

金世宗即位以来，推行“休养生息”的政策，关中社会经济有所恢复，“迄于明昌、承安之间，民物滋殖，循吏迭出焉”。④ 明昌、承安是金章宗的年号，即公元1190年至1200年之间。这个时期继续了金世宗大定年间的发展趋势，全国经济达到了比较良好的状态。关中也和全国一样，社会稳定，农

① 《金史》卷73《宗道传》。
② 《金史》卷110《李献甫传》。
③ 《金史》卷129《酷吏传序》。
④ 《金史》卷128《循吏传序》。

业经济有了一定程度的发展，吏治状况为有金一代的最好时期。但是，到了章宗泰和（1201—1208）年间，宋金之间重新开战，战争虽主要在东南进行，西北亦大受影响，双方整军备战，磨擦不断，关中百姓大受骚扰，“吏治衰矣”。[①]

从金宣宗直至金朝灭亡，长安的吏治愈来愈混乱。《金史·循吏传序》说：“宣宗尚刀笔之习，严考核之法，能吏不乏。”问题是以什么样的标准考核官吏？金宣宗“喜刑罚”，[②] 以官员残酷办事为干才，致使吏风大变，所谓“能吏”也多为暴虐聚敛之臣，世宗、章宗时期的吏治成就恰恰就是在这个时期遭到彻底破坏。至于金哀帝时期，外受蒙古侵逼，无力抵御，只好将都城南迁至开封，根本无暇整顿吏治。地方官吏威刑自恣，拼命搜刮，以饱私囊，旧史所谓“南渡之后，习以成风”，[③]指的就是这种吏风。

三、元代的吏治状况

1．行政区划与职官设置

蒙古国从金朝手中攻占陕西后，于窝阔台五年（1233 年）设置了“镇抚陕西总管京兆等路事”，又称“京兆府（等）路都总管”的官职，掌管关中及陕西军政事务。公元 1240 年，又设置了规措三白渠使，后称六州规措大使，是当时在关中的惟一的文职常设机构。1253 年，蒙哥大汗分封诸王，关中成为忽必烈的封地。这年春忽必烈在京兆设立了从宜府，作为临时行政机构。到了夏季就正式成立了京兆宣抚司的行政机构，设置宣抚使、郎中等官，开始全面推行汉法。次年，又改称为关西道宣抚司。忽必烈中统元年（1260 年），在宣抚司的基础

① 《金史》卷 128《循吏传序》。

② ③ 《金史》卷 129《酷吏传》。

上，又设陕西四川等处行中书省于京兆，这是元代设置的具有行政区划意义的第一批行省。此后这个行省的名称多次改变，直到1312年后才固定称为陕西等处行中书省。其治所也多次发生变化，1280年后才固定于安西路城（京兆府的改名）。此外，在行省之外，元代在陕西还存在着另一套具有蒙古部落特点的权力机构，即安西王府，安西王是忽必烈的第三子忙哥剌的封爵，至元九年（1272年）封，王府就在京兆府城内。安西王府自设立之日起便设有王相，治理封地内的军政，这样安西王相府便成了与行省并立的另一行政机构。由于安西王的特殊地位，其王府在权力上往往凌驾于行省之上。后忙哥剌的长子阿难答袭安西王，阴谋夺取帝位，失败被杀，王位遂空缺。这种省、藩二元体制也就结束了它的历史命运，地方事权尽归行省。为了消除安西王府的影响，皇庆元年（1312年），元政府下令改安西路为奉元路，京兆府城也随之改称为奉元路城。

元代在行省之下设路、府、州、县，陕西行省的治所在奉元城（今西安），这也是奉元路的治所所在。现以至顺元年（1330年）的行政区划为例，将奉元路的所属州县介绍如下：

长安、咸宁、韩城、同官（治今陕西铜川）、白水、澄城、合阳、耀州（治今陕西耀县）、蒲城、同州（治今陕西大荔）、朝邑（治今陕西大荔东南朝邑镇）、富平（治今陕西富平西北）、永寿（今陕西永寿西北）、三原、乾州（治今陕西乾县）、醴泉（治今陕西礼泉东南）、泾阳、高陵、渭南、华州（治今陕西华县）、华阴、武功（治今陕西武功西北）、兴平、咸阳（治今陕西咸阳东北）、临潼、郿县、盩厔（今陕西周至）、鄠县（治今陕西户县）、蓝田、洛南、商州等。

行省置丞相一员，从一品，掌一省之军政；平章二员，从一品；左右丞各一员，正二品；参知政事二员，从二品。以上官员皆为省一级长官，平章以下官员佐丞相掌军政之事。丞相由于权大往往不置，由平章分领一省之务。此外，还置有郎中、员外郎、都事、掾史、蒙古必阇赤、回回令史、通事、知印、宣使等官吏。

路置总管府，元代规定10万户以上者为上路，10万户以下者为下路，奉元路即属上路。置达鲁花赤、总管各一员，正三品，两者均为长官；其下有同知、治中、判官、推官等，均为正官；还有总领六曹、职掌案牍的首领官，即经历、知事、照磨。其吏职多寡不定，随事务繁简以确定其数。

府置达鲁花赤、知府或府尹各一员，均正四品；其下有同知、判官、推官、知事、提控案牍等各一员。吏职无定数。

州置达鲁花赤、州尹或知州各一员，品秩随州的等级而定，如上州达鲁花赤、州尹均从四品。其下有同知、判官、知事、提控案牍各一员。奉元路所辖诸州一般不领县。

县置达鲁花赤、县尹各一员，上县为从六品，中县正七品，下县从七品。以下有丞一员，簿一员，尉一员，典史二员。中县、下县不置丞，其余官数与上县同。[①]

元代县以下的基层行政组织，是社与坊、里之制，以50户为一社，一村50户以上者，只置一社，置社长一员；一村达到百户者，增设社长一员；不及50户者与邻近村落并为一社。置社的目的，主要是为了劝农，并戒饬游荡，防察奸非。每社必须设有义仓，由社长掌管。

社之外的另一社会基层组织，是按农村中的乡、都和城中的隅、坊来编制的，合称为坊（指隅坊）里（指乡都）制。在农村以乡辖都，所辖多少不定，乡设里正，都设主首。不过不是所有的地方都存在以乡统都这样的两个层次。有的只有里正，未置主首，所以这种乡、都之制都可以视为同一层次的基

① 以上均见《元史》卷91《百官志七》。

层行政组织。隅、坊之间的关系与乡、都相似，有的城市隅下有若干坊，有的仅有若干隅或若干坊，甚至还有称乡、都而不称隅、坊的现象。隅、坊设隅正、坊正。元代的坊、里规模有多大？史无记载。根据一些方志记载情况推算，平均每里（都）约有百余户。[①] 里正、坊正、主首的主要职责是催交税粮、科差，督促徭役，维护地方治安，实施封建教化等。坊里制与社制推行之初，分工比较明显，但在实施过程中逐渐合二为一，社长常常变成里正等的助手，也去催督赋税、徭役，这种趋势在元朝后期更加明显。

元代的御史台在地方也设有相应的分支机构，即行御史台，简称行台。元成宗时将云南行台迁至陕西，简称西台。西台辖察院和四道肃政廉访司，监察区域包括陕甘、四川、云南。由于两台机构在奉元城内，关中一带因地理上的缘故，在其视线之内，便于就近监督，这对当地吏治的整顿和吏风的改善是有积极作用的。

2．蒙古统治初期的吏治

经过长达十余年的金蒙陕西争夺战，使关中地区的生产基础遭到严重破坏，民不聊生。以人口而论，金末京兆府有27 8626户，到公元1252年，经过蒙古征服后，只剩下3 3935户，户口损失达88%。到处是白骨露于野，百里无鸡鸣的凄惨景象。土地兼并也很严重，如安西王忙哥剌占有长安“旁近世业”民田30万顷，[②] 使大批农民失去耕地。蒙古贵族占有大量土地主要是为了放牧之用。当时人指出：“今王公大人之

① 见韩儒林主编《元朝史》上册第203—205页，人民出版社1986年。该书推算每里190户，这是指长江下游地区，关中人户较江南稀，大约有百余户左右。

② 袁桷《清容集》卷32《郑制宜行状》。

家，或占民田近于千顷，不耕不稼，谓之草场，专放孳畜。”[1]说明其他蒙古贵族也都大量侵占民田。此外，由于战争破坏，许多水利设施遭毁坏，“渠堰缺坏，土地荒芜”，“虽欲种莳，不获水利，赋税不足，军费乏用”。[2] 加之蒙古贵族此时对农业的重要性认识不足，不仅不知恢复农业生产，反而有意识地大肆破坏，到处烧杀抢掠，使不少农民沦为奴隶或驱口，生产关系逆转。

这一时期蒙古人法律意识淡漠，不知吏治为何物，惟知以残酷手段对付人民，甚至对官吏也是如此。如蒙哥大汗曾在京兆设钩考局，派专人到关中对当地官员进行审查和甄别。钩考局的官员多为酷吏，他们借检查钱粮赋税征输情况为名，捕风捉影，罗织罪状，共收集京兆宣抚司官员142条罪状。牵连者上至宣抚司主官，下至与宣抚司有往来的商人。严刑逼供，“恣为威酷，盛暑械人炽日中，顷刻即死”。[3] 数日之内，打死官吏二十多人。扬言除二三名需要上报朝廷治罪的高级官员外，其余官吏、商人将一律处死。此事后来虽得到纠正，但已经对当地的吏治造成了很大破坏，影响了关中社会生产的恢复。

尽管如此，蒙古统治关中初期，由于一批汉人被派到关中任官，加之陕西成为忽必烈的封地后，他大力推行汉法，这一时期关中的农业生产和吏治还是取得了一定的成就。如田雄，窝阔台五年（1233年）派到京兆，任镇抚陕西总管京兆等路事。“时关中苦于兵革，郡县萧然。雄披荆棘，立官府，开陈祸福，招徕四山堡寨之未降者，获其人，皆慰遣之，由是来附

① 《续文献通考》卷1《田赋考》引赵天麟《太平金镜策》。
② 《元史》卷65《河渠志》。
③ 《元名臣事略》卷11《枢密赵文正公》。

者日众。雄乃比民力田，京兆大治。”[1] 所谓“大治”，有些夸张，但较之此前之恶劣状况，情况已发生了显著变化，吏治开始上了轨道。

公元1240年，梁泰任规措三白渠使，在泾阳县设立了衙门，开始着手修复被战争破坏的关中最大灌溉系统——三白渠。驻陕的蒙古军队将领奉命调拨了大批人力物力，供梁泰修渠之用。经数年的努力，恢复了部分灌渠，使农业生产具备了一定的恢复条件。此外，还有一些汉族士人到关中任职，如李庭、王琛等。他们除了修渠兴农外，还做了一些文治工作，比如整修文庙，重立被战争摧倒的“开成石经”等。

以上这些恢复工作是十分有限的，更多的还是进一步的破坏。因为在蒙古人统治关中的前二十年内，他们还未学会怎样建立正常的封建统治秩序。这一时期关中驻军将领通过其下千户、百户等军官实行野蛮统治，视人民如奴仆、驱口，任意蹂躏荼毒，公行抢劫，杀人夺妻，无恶不作，即使文人儒士也不免受到驱使奴役。这种野蛮落后的奴隶制的统治方式，极大地限制了关中社会经济的正常恢复 。

公元1253年，杨惟中任陕西宣抚使，商挺任郎中，开始推行更积极的汉化政策。当时他们看到关中社会是：“兵火之余，八州十二县，户不满万，皆惊忧无聊。”[2] 仍是一片凋弊景象。杨惟中为了制止蒙古军事将领的恣意妄为，首先将其中最残暴的郭千户，杀人之夫夺人之妻，逮捕处死，刹住了这股歪风 。接着又推出一系列措施：整顿吏治，奖廉惩贪；拔擢人才，制定行政法规，实行俸禄制；奖励农桑，减轻关中常赋的一半，招商开市；设立交钞提举司，发行纸币，充实财政收

① 《元史》卷15《田雄传》。
② 《元史》卷159《商挺传》。

入等。这些措施推行后，效果十分明显，“不及三年，号称大治”。[①]

公元1254年，忽必烈任命廉希宪代杨惟中为宣抚使，姚枢为劝农使，商挺为宣抚副使，进一步在关中推行汉法。

廉希宪，字善甫，是汉化的畏吾儿（维吾尔）人，他自幼学习儒家经籍，19岁入侍忽必烈王府，是忽必烈的亲信。他在陕西任职将近十年，到中统四年（1263年）才离开陕西，对陕西的汉化政治和社会生产的恢复发展，作出了较大的贡献。

廉希宪在关中主要做了这样几件大事，首先他大力支持姚枢任劝农使，“教民耕植”。[②] 扩大屯田规模，制定规范的田赋制度，不许横征暴敛。运送军需物资不许动用民力，采取组织私属，官付报酬的办法进行。即使有时军费紧张不得不“借民钱给军”，[③] 也采用抵充来年赋税的办法予以弥补。对蒙古征服后带来的落后生产关系和经济制度，廉希宪等采取限制、消除的办法，力图遏制其消极影响。如蒙军曾把大批关中人遣往灵州（治今宁夏灵武西南），作为农奴役使于屯田，廉希宪说服忽必烈全部释放回关中为民。蒙古人热衷的“斡脱钱”，是强制性的官办高利贷，是聚敛民财扰民颇深的弊政。廉希宪废止不成，就采取整顿措施，尽力减轻其危害程度。

其次，大兴儒学。除了任用名儒姚枢为劝农使外，他还请求以当时的著名理学家许衡为京兆提学使。廉希宪经常与他们商讨治道和济世安民之术。他还下令各州县都要建立学校，“教育人才，为根本计”。[④] 由是关中士风振奋，读书学习蔚成

① 姚燧《牧庵集》卷15《姚公（枢）神道碑》。

② 《元史》卷158《许衡传》。

③ 《元史》卷4《世祖本纪一》。

④ 《元史》卷126《廉希宪传》。

风气。

再次，在政治上“抑强扶弱”。[①] 所谓“强”，指蒙古军帅、贵族，包括依附于他们的社会恶势力；所谓“弱”，指儒士与百姓。廉希宪下令把俘掠的儒生一律释放，编入儒籍，并重申不许俘掠儒生为奴的禁令。对于蒙古军事贵族俘虏民户为“驱口”的现象，廉希宪十分不满，由于这牵连到蒙古统治者的成规，他一时无力改变。但他却强调不许把“降民”当成俘户，违者千户以下与犯人同罪。并且还取缔了奴隶市场，“禁诸人无贩易生口”。[②]这样就极大地减轻了蒙古贵族所带来的落后制度的危害。总之，由于廉希宪等人的努力，关中在文化、政治、经济等方面都有较大的起色，使关中一带成为当时全国治理得最好的地区之一。

3. 元朝后期的吏治

元朝建立以后，在关中继续兴修水利，继修复三白渠之后，又修复了关中的另一灌溉系统——丰利渠（今泾惠渠），同时还在京兆以西展开大规模屯田。在关中及京兆地区，这一时期还安插了大批南驱放良、归顺等户，这些人户几乎占当地原有居民的一半，使当地的劳动力大大增加。[②] 至元十一年（1274 年），元朝把泾水沿岸的牧地数千顷分给贫民屯种，官给牛、种、田具，岁入粟麦 10 万石、刍稿百万束。后又把盩厔、泾州（治今甘肃泾川）、邠州（治今陕西彬县）、乾州及安西王属县的闲田设官屯种，使荒地利用率大大提高。据《元史·地理志》和《元史·兵志》的记载，奉元路的临潼、泾阳、盩厔、渭南等县，凤翔县、平凉县和镇原州（治今甘肃镇原）等地，共有屯田 6000 顷。由于水利的兴修，荒地、牧场的开垦，

---

① ② 《元史》卷 126《廉希宪传》。

② 王恽《秋涧集》卷 85《论关陕事宜状》。

元世祖时关中之麦“盛于天下”，关、陇、陕、洛则“年谷丰衍，民庶康乐”。[①]

元世祖时期关中发展最快，至成宗、武宗直至文宗时期，关中仍呈现出继续发展趋势。这一时期关中的吏治成就颇为可观，涌现出不少政绩突出的廉能之吏，其中较著名的有如下一些人：

姚燧，元代著名理学家，至元十七年（1280年），任陕西提刑按察司副使。他严于执法，不畏强暴，凡系囚中有冤情者，皆予以平反昭雪，全部释放，甚得百姓的爱戴和赞扬。

畅师文，为元代著名的农书《农桑辑要》的作者之一。至元二十四年（1287年），他任陕西汉中道巡行劝农副使，在陕西推广了《农桑辑要》中总结的农业技术，“置义仓，教民种艺法”，[②] 推动了陕西农业生产的发展。

符禹锡，元初任盩厔尹。在他未到盩厔之前，盩厔的社会状况是：“邑凋敝残，民十无一二，鸡犬不闻，蒿莱相接”，一片残破凄凉景象。他到任后，“求遗民，询故老”，招徕百姓返乡。不到一年时间，在外流亡的县民“或奉戴其亲，或襁负其子，匍匐讴歌而归”。当劳动力充足以后，他又动员百姓开垦土地，发展农业生产，组织农民互助互帮，“民业以安”。在生产恢复和发展的基础上，符禹锡开始整顿邮传，制造铠仗，增加官仓储备。此外，他还主要做了以下几件事：首先是编定户籍，使赋税、徭役平均负担。其次，“省刑罚，薄敛，使词讼简而衣食足”。再次，兴办学校，发展教育，荐引人才。最后，“礼神祇，瘗枯朽，使年谷成而灾沴寝”。他还组织百姓抗

① 王恽《秋涧集》卷86《论泾阳种麦事状》，苏天爵《滋溪文稿》卷17《韩永神道碑》。

② 《元史》卷170《畅师文传》。

旱、灭蝗，为发展盩厔做了大量的工作。由于他政绩突出，元廷提升他到外地任职，“民以上固请攀留，至不能就职”。[①]

赵世延，元成宗大德十年（1306年）任安西路总管。前任积压下来的案子3000余件，赵世延仅用了三个月的时间，“剖决殆尽”。当时关中大饥，行省与行台向元廷报告要求赈济。赵世延认为救灾如救火，主张应先开仓赈济，如果朝廷不允，他表示愿意倾家财以偿。省、台听取了他的意见，结果“所活者众”。[②]

王琚，元武宗大德（1297—1307）间任泾阳尹，“与伯颜帖木儿共疏泾渠”。[③]至大元年（1308年），他任西台监察御史，仍热心于水利事业，上奏请求修复丰利渠。于是在延祐年间（1314—1318）进行了大规模施工，后人称为“王御史新渠”。对关中的农业生产影响甚为深远。[④]

张养浩，元文宗天历二年（1329年）任西台御史中丞。当时关中大旱，饥民遍野，人相食。张养浩在赴任途中，遇饥饿者赈之，遇死者葬之。关中米贵，一斗卖13贯钱，百姓无铜钱，用宝钞买粮，又遭到粮商的刁难。于是百姓纷纷聚于钞库要求兑换铜币，一些豪强奸人乘机兴风作浪，换十与五，“累日不可得，民大困”。张养浩遂大量发行10贯、5贯面额的临时流通券，令粮商事后持券到钞库兑成新钞。这个问题解决后，粮食交易遂得以正常进行。由于关中粮食不足，他请示元朝廷同意后，动员富民纳粟补官，然后再去赈济饥民。旧史记载说张养浩到任四个月，未曾进过家门，每日忙于赈济饥

① 《西安府志》卷23《职官志》引《元符禹锡德政碑》。

② 《元史》卷180《赵世延传》。

③ 《西安府志》卷23《职官志》。

④ 《元史》卷66《河渠志》。

民，“终日无少怠”，终于积劳成疾，卒于公署。“关中之人，哀之如失父母”。[①]

俺都，字成之，元惠宗至正五年（1345年），任蓝田达鲁花赤。在任期间“简刑名，清赋税，兴学校”，[②] 政绩斐然。

王会，字彦嘉，至正（1341—1368）间任富平守御。当地百姓“苦邮亭供亿”，王会改为市易供给，“民得息肩”。他主持疏浚永润、滨河诸渠，“复于近山诸田，教民筑堤，山水不得泛溢，至今赖焉”。[③]

王义，字宜之，至正时任咸宁尹。王义为官清廉，循循善诱，爱民如子，“民怀其德”。有一年县邑舍摧圮，王义重新修建，“不事箠楚”，百姓欣然应役，“逾月落成”，[④] 成为一时之美谈。

元朝的关中尽管有不少良吏涌现，但并不能掩盖其固有社会矛盾的存在，尤其是民族矛盾。元朝是一个多民族的国家，元政府推行的是一套民族分化政策，他们根据不同民族和征服的先后，把全国各民族分成蒙古、色目、汉人、南人四等，在任用官吏、法律地位、科举录取以及其他权利和义务等方面都有种种不平等的规定。这种等级的划分，人为地造成了许多不可调和的社会矛盾。在法律上汉人和南人的生命财产很难得到保障。蒙古人、色目人在与汉人、南人的冲突中，即使犯了罪，也能得到法律的明文保护。如规定“蒙古人与汉人争，殴汉人，汉人勿还报，许诉于有司”，违者严行断罪。[⑤] 蒙古人

① 《元史》卷175《张养浩传》。
② 《西安府志》卷23《职官志》。
③ 《西安府志》卷23《职官志》引《富平志》。
④ 《咸宁县志》卷17《良吏传》。
⑤ 《元典章》卷44《刑部六》。

因争斗及乘醉殴死汉人者，只罚出征，并付给烧埋银，就可了事。[1] 但汉人殴死蒙古人，则要处死刑。蒙古人当官犯了罪，要选择蒙古官吏来处断，自然免不了要官官相护。这种社会现状的存在，当然也就很难谈得上实行真正的吏治。

在政治上对汉人、南人也有许多防范的规定。如无论在中央或地方，“其长则蒙古人为之，汉人、南人贰焉”。[2] 虽然在实际上很难完全做到这一点，但也确实反映了一般的情况。如各级地方机构中，达鲁花赤只有蒙古人、色目人才能担任，并执掌实际权力，汉人、南人严禁充任此职。宫廷宿卫和台省要职都由蒙古人充任，严禁汉人、南人充作宿卫，违者治罪。由于不少蒙古人、色目人不识一字，由他们充任要职尤其是地方政权中的主官，吏治之废弛，吏风之败坏，自然也就难以避免了。

由于这些原因的存在，加之元朝后期政治愈来愈腐败，贪官污吏横征暴敛，民不聊生，关中一带盗贼蜂起，人民反抗斗争十分激烈。元朝后期皇室内部争权夺利的斗争非常激烈，各派之间战争频频，陕西也不免要卷入战争，劳民伤财，死人无数。这也在一定程度上促使了关中社会矛盾的进一步激化。陕西地方长吏忙于参与争夺皇位的战争，调兵遣将，征收赋税，根本无暇于吏治，百姓死活无人顾及。如泰定二年（1325 年）至天历元年（1328 年），四年未下透雨，大饥，“民相食”，陕西诸路有饥民 123.4 万余口，“诸县流民又数十万”，“饥馑荐臻，饿殍枕藉……麦苗槁死，秋田未种，民庶遑遑，流移者众”。[3] 情况如此严重，官吏不去赈济，反而运送军资，支援

① 《元史》卷 105《刑法志四》。

② 《元史》卷 85《百官志一》。

③ 《元史》卷 31《明宗纪》，卷 33《文宗纪》。

陕西军队打内战。关中吏风如此，哪里还谈得上整顿吏治呢？

第二节　明代的吏治

一、明代吏治的特点

1. 行政区划与职官设置

明代划分全国为十三个布政使司，作为一级行政区划，陕西布政使司为其中之一，治所在西安。布政使司之下为府州县两级区划，现以明神宗万历十年（1582年）的区划为准，介绍如下：西安府下辖有韩城、合阳、澄城、白水、同官（治今陕西铜川西北）、邠州（治今陕西彬县）、三水（治今陕西旬邑）、永寿（治今陕西永寿西北）、淳化、耀州（治今陕西耀县）、富平、蒲城、同州（治今陕西大荔）、朝邑（治今陕西大荔东朝邑镇）、乾州（治今陕西乾县）、醴泉、泾阳、三原、高陵、渭南、华州（治今陕西华县）、华阴、潼关卫、武功（治今陕西武功西北）、兴平、咸阳、临潼、盩厔（治今陕西周至）、鄠县（治今陕西户县）、长安、咸宁、蓝田、洛南、商州（治今陕西商州）、镇安、山阳、商南等。其中长安、咸宁两县治所在西安府城内。西安府所属诸州，下不辖县，与诸县一样均作为第三级行政区划。

布政使为一省最高行政长官，置二员，从二品，主要掌管民政与财政；提刑按察使，一员，掌一省刑法和监察大权；都指挥使，一员，掌一省军政。以上三使分权而治，互不统辖，均为省一级长官。明后期各省置有巡抚一职，本来是监临一省之政，逐渐伸长其职权，遂渐渐成为省级实际长官，总督一职原为军事统帅，也负有监察之责，不常置。

西安府设知府一人，正四品，同知、通判无定员，推官一人，掌刑狱推按。在其下还有经历、知事等属员。知府的职责是掌一府之民政，考核属吏，“上下文移”，办理公文的承转。明代西安府所属州，其地位与县同，长官称知州。

县有知县一员，正七品；县丞一员，正八品；主簿一员，正九品。知县掌一县之政，丞、主簿分掌钱粮和巡捕之事。明代的县等划分，与前代不同，不是以户口多寡而是以税粮的多少来划分，共分三等。交粮10万石以下的为上县，6万石以下为中县，3万石以下为下县。知县的品秩因等级不同而有高下之分。

县以下的基层组织是里甲，以110户为一里，设里长10人，选丁粮多者充任，一年一换，10年为一轮。其余百户分为10甲，设甲长一人，掌民政、教化和赋役。又规定每税粮万石为一区，置粮长一人，专门负责田赋的征收。

2．吏治的特点

明代长安吏治与前代不同，具有一些独特的特点，这些特点往往都与朝廷政治、士大夫风气、宦官弄权、抗灾救灾有很大关系。以明代士风而言，当时的士大夫们多以气节自负，敢言直谏，绝不与浊流合污，能洁身自好。在明代凡是讲气节，敢诤谏者都普遍受到人们的推崇和赞赏，尤其是那些不畏强暴，敢于与皇帝相争或者敢于与宦官斗争的官员，虽然遭到打击和惩罚，其声望反因之大大增长了。这种情况颇与东汉“党锢之祸”中遭受打击的士人相似，不仅士大夫们对他们推崇备至，连百姓们也非常敬仰和爱戴。在这种风气影响下，士人们激扬文字，意气奋发，使更多的人都投入这种潮流中去。地方官吏也不能不受影响，这就是明代的陕西官员中拥有不少敢于抗拒强暴，维护百姓利益的主要原因。

明神宗万历时期是有明一代朝廷政治最为黑暗混乱的时期，神宗推行的弊政之一，就是派遣大批矿监税使到各地搜刮财富。所谓矿监，指明神宗派到各地督领矿山开采的宦官；所谓税使，指明神宗派到各地征收商税的宦官。矿监与税使有分别派遣的，更多的是两者互兼。矿监税使倚仗皇帝的宠信和支持，在各地为所欲为，不择手段地搜刮钱财，欺凌官吏和百姓，引起全国各地的反对，有的地方甚至爆发了反抗矿监暴行的大规模民众运动。旧史记载说：矿监"一人专敕行事，惟意所为，凭藉宠灵，擅作威福，以势凌抚按，使不敢一问其出入，以刑劫有司，使不得一加调停"，即"所谓虎而翼者"。[1]矿监税使还往往"借开采以肆饕餮，倚公役以拓私囊"。[2]陕西也不例外，同样派去了矿监，这就是赵钦和梁永。这两人为神宗搜刮的钱财，据统计有黄金 4597.2 两，白银 34.2677 万两。[3]这些统计并不完全，还有大量的金银进了矿监个人腰包。如陕西矿监赵钦"掊克无厌"，白银"积数十万"，返京时除了用牛马驮运外，还有"箱九十六抬，每抬用夫四名，尚颠踣不起"。[4]矿监上交金银每年一次，多者数万两银，少者数千两，赵钦一次运回如此之多的金银，完全是属于他个人私吞的财富。关于这个问题，万历四十四年（1616 年），陕西巡抚龙遇奇上奏说：自矿监税使入陕以来，已经十八年了，"已输过税额一百五十万"。[5]而矿监税使上交皇帝内库的仅银 34 万多两，说明更多的钱财落入他们个人私囊。矿监税使还使广大人民遭受经济上的巨大损失，万历四十三年时，龙遇奇就指

---

① 《明神宗实录》卷 331。
② 《明神宗实录》卷 302。
③ 南炳文等《明史》下册第 759—762 页，上海人民出版社，1981 年版。
④ 《明神宗实录》卷 418。
⑤ 《明神宗实录》卷 548。

出："秦自榷税以来，坐刮民脂一百四十余万，民间皮肉俱尽。"[1] 矿监为了搜刮更多的财富，竟然干起了发掘古墓的勾当，如陕西矿监梁永"尽发历代陵寝，搜摸金玉，旁行劫掠"。[2] 由于矿监税使的活动极大地影响了关中的经济发展，破坏了社会的稳定局面，助长了社会恶势力的嚣张气焰，所以引起了关中不少官员的强烈反对，与矿监税使之间的斗争便成为这一时期关中吏治的又一大特点。

明代长安一带吏治的另一个特点，与抗御自然灾害有直接关系，具体而言，就是抗御地震的危害。明朝中期是关中地震带的活跃时期，仅据《西安府志》卷53《大事志》记载，从明宪宗成化二十二年（1486年）至明神宗万历二十七年（1599年）的113年间，西安、渭南、潼关一带连续发生多次大地震，造成了大量的人员死亡和财产损失。如弘治十四年（1501年）正月初一，"西安府地震，各衙门、仓监等及军民房屋塌卸，共五千四百八十五间，压死居民一百七十名。又长安、东安、昌地等十九处，遍地窍眼涌出，水深浅不等，开裂长约一二丈或四五丈。又蔡家堡、严伯村等处，涌水成河"。

明世宗嘉靖三十四年（1555年）十二月，"陕西地震，西安尤甚，或地裂泉涌，或城房屋陷入地中，或平地突成山阜。河渭泛滥，终南山鸣峰峦或移数里，压死官吏军民数万。"

明穆宗隆庆二年（1568年）三月，"西安地震，泾阳、咸阳、兴平、临潼、高陵，城无完室，人畜死伤甚多。咸宁灞桥柳巷、泾阳回军、永乐各村镇，俱倒塌如平地，压死二百余人"。[3]

---

① 《明神宗实录》卷538。

② 《明史》卷305《宦官传》。

③ 以上均见《西安府志》卷53《大事志》。

从以上描述看，这一时期频繁发生的地震，对关中的破坏是十分严重的。抗震救灾，恢复生产，便成了这一时期关中各地官员的主要任务。围绕着这一任务，出现了不少带领军民抗地震，救灾祸的良吏。如嘉靖三十四年大震时，渭南破坏尤烈，明廷调李希雒任渭南知县，"抵任后吊僵仆，恤孤寡，省刑罚，蠲逋负，拓筑城垣，葺新庙署"。他离任后，"士民建祠以祀"。[①] 震后救灾既是这一时期关中吏治的重要内容，也是吏治的一个重要特点。

明代宦官专权擅政，势力很大，他们不仅在朝廷专擅弄权，也常常把势力向地方扩展，这样就势必影响到地方吏治。关中吏治亦是如此，不断地受到宦官势力的干扰和破坏。如刘瑾，陕西兴平人，他得志后，把持朝政，党伐异同，并借同乡关系笼络朝中陕西籍人士。他非常注意控制陕西，派亲信党羽曹元任陕西巡抚。他还干预陕西政事，致使陕西"商贾困弊，边储日乏"。[②] 由于这些缘故，一些陕西官员对刘瑾十分不满，同他展开了激烈的斗争。陕西巡抚、三边总督杨一清曾被刘瑾诬陷下狱，后虽免于一死，但却被罢了官。正德五年（1510年），杨一清再次复职后，遂联合另一宦官张永，利用安化王朱寘起兵叛乱之事，扳倒刘瑾，使武宗将其处死。再如明熹宗天启（1622—1627）时，宦官魏忠贤专权，全国各地官员纷纷为其建造生祠，以讨好魏忠贤。当时陕西官员也议论建造魏的生祠，决定祠宇建在三原。三原知县刘昌为人正直，"多惠政"，他不愿依附于阉党，拒绝建祠，"力争得免"，[③] 得到人们的赞誉。所以说反对宦官对关中吏治的干扰和破坏，也是这

① 《西安府志》卷25《职官志》。

② 《明史纪事本末》卷43《刘瑾用事》。

③ 《西安府志》卷24《职官志》。

一时期吏治的一个显著特点。

二、长安吏治与吏风

1. 发展生产，均定赋税

明朝初年关中由于长期遭到战争破坏，民生凋敝，生产基础薄弱。中叶以来生产有所发展，但赋役严重不均，百姓负担沉重，加之灾害频生，百姓生活仍比较困苦。因此有明一代关中曾涌现过不少重视发展生产，关心民生的良吏，他们的所作所为在陕西历史上留下了不可磨灭的辉煌一页。

如张得先，明太祖洪武（1368—1398）中任富平知县。“时中原初定，众多艰食”，富平一带粮食也比较缺乏。张得先遂在境内招福、平皋、频阳、永润四乡首建社仓，“以赡贫乏，至今赖焉”。①

阎翯，明太祖洪武末年任长安知县，“时关中贫瘠”，阎翯以休养生息为己任，从不轻用民力，劝课农桑，“惠爱及物，化洽境内”。②

衡岳，洪武末年知西安府。“居官约己惠民，常禄外馈遗一无所取”，是一位十分廉洁的官员。衡岳在西安任职十余年，始终如此，深得百姓爱戴。明成祖永乐十年（1412 年），他入京朝见皇帝，“以言事忤旨，谪戍交趾”。③西安百姓赴京为其请愿，申诉其冤，其得人心如此。

陈镒，明英宗即位之初，命他以右副都御史衔治理关中，直到明代宗景泰三年（1452 年）才离开西安，前后在陕十余年。陈镒施政以宽和著称，一改明初官员雷厉风行而又过分严刻之风习，实行无为而治。由于关中生产基础较差，百姓生活尚比较困苦，所以他几乎每年都要上疏，请求蠲免赋税或

---

①②③ 《西安府志》卷 24《职官志》。

请求开仓赈济。景泰二年（1451年），瓦剌兵犯北京，经于谦推荐陈镒回京巡抚畿内。这年关中大饥，西安军民万余人向皇帝请愿，“愿得陈公活我！”代宗遂又命他回陕复任。由于他注意减轻百姓负担，让百姓休养生息并发展生产，因此他任职期间“仓储充溢，有军卫者足支十年，无者直可支百年”，以至于陈镒为仓粮“陈腐委弃可惜”而大伤脑筋。由于陈镒深得陕民爱戴，这期间朝廷曾两次调他出任他职，均因陕民乞留，而未能成行。史称陈镒“凡三镇陕，先后十余年，陕人戴之若父母。每还朝，必遮道拥车泣。再至，则欢迎数百里不绝。其得军民心，前后抚陕者莫及也”。①

耿九畴，从明代宗景泰三年（1452年）至英宗天顺元年（1457年），在陕西主政。耿九畴以廉洁、严正闻名，他曾两度主持两淮盐政，这是一个肥缺，历来贪污成风。他到任后，痛革积弊，使盐政为之一新。他在陕期间，针对陈镒治陕时在宽和待人之余也放松了对官风吏治的整饬的现状，以严厉的作风整饬了吏风。到任不久，就将“私役操卒”、盘剥军户的陕西都指挥使杨得青革职查办，并乘机整顿了卫所系统中存在的军纪松懈、将卒骄横的风气。耿九畴严于律己，敢于抵制来自朝廷的弊政。有一次皇帝传旨陕西，要求采办羊角来制造宫灯。耿九畴上疏劝阻，终于制止了这项劳民伤财的摊派。②

项忠，是继耿九畴之后的又一位治陕良吏。他天顺初年任陕西按察使，天顺七年（1463年），升任右副都御史、陕西巡抚，成化三年（1467年）调回京师，前后在陕任职十年之久。这期间关中连年灾荒，他大力赈济，并令犯轻罪的富民纳米供赈以自赎，使大批饥民得以不死。

---

① 《明史》卷159《陈镒传》。

② 《明史》卷158《耿九畴传》。

他治陕的最大成就是兴修水利工程。宋代曾修龙首渠为西安供水，这时已淤塞废弃。明初耿炳文曾整修过一次，但不彻底，不久又淤塞。这样就使西安人民只能饮用咸卤的地下水。项忠遂与西安知府余子俊合力重修龙首渠，引浐水入城。由于宋代的渠首位置过高，而浐水河道深切，无法继续进水。项忠延长渠线，将渠首引至今留公村附近，从而解决了这一问题，使浐水顺畅地流入城内。与此同时，他还在今丈八沟附近开渠，从西面引滗水入城，号通济渠。从此，龙首、通济二渠分济西安东西城，彻底解决了西安城的供水问题。直到清末，城内供水系统仍沿用项忠所搞的这些工程。

除以上水利工程外，项忠还主持修复了关中古代最大的灌溉工程郑、白二渠。明初耿炳文也曾对此进行初步整治，项忠在此基础上进行扩建，使灌区面积扩大到 7 万多顷。这个数字虽不能与秦汉时代相比，但却远远超过金元以来的规模，为此灌区人民曾立祠以纪念项忠。

余子俊，天顺五年（1461 年）至成化七年（1471 年）任西安知府。他任此职期间，以精明强干著称，为成化初年全国褒奖的十名知府之首。他整顿吏治，赈济灾民，取得了很大的成就。最为突出的政绩是兴修了不少水利工程，除了和项忠一起主持修建通济渠外，在他后来任陕西巡抚时，还兴修了西安城的排水系统。西安城自从修建了龙首、通济二渠后，解决了供水问题，但却无排水系统，每到雨季水溢成灾，于是他便在城西北开渠泄水，经汉长安城直入渭水。这样就使西安城形成了完整的供排水循环系统，人们为了纪念他，便把这条排水渠称为“余公渠”。此外，余子俊还组织人力在泾阳县境内凿山引水，扩大灌溉面积十余万亩。他还开通南山道路，翻越秦岭直抵汉中，改善了关中到陕南的交通状况，方便行旅及商贾往来。

王节，天顺六年（1462 年）任盩厔知县。他为官清廉，明法慎刑，爱惜民力。他到任的当年，正值关中灾荒歉收，王节制定平粜法，以平抑米价，使“粟不腾贵”，有利于百姓度过荒年。王节为了避免百姓灾年饥馑，从此开始储备粮食。盩厔县仓廪空虚，他到任的第二年便积粟至数千石，“为预备计”。所贮粮虽不算多，但要看到这是灾年之后的积储，数年之后必有大观。为了避免饥馑，王节认为最根本还是要发展生产，他主持凿广济渠25里，引水灌田。“更买田器”，贷官牛以给贫民耕种。王节还十分注重发展教育，曾亲自入学为生徒授课。“孀妇砥志者，给米帛以示奖”。后来又发生灾荒，天旱无雨，邻县百姓入境者众，王“节日夜资给，皆赖全活”。王节的这些作为使其深得百姓爱戴，其死后，“百姓如丧慈母”。①

畅亨，进士出身，充任过监察御史，明孝宗弘治初年，调任泾阳知县。畅亨为官刚正果敢，执法严明，“开渠治水，民尤赖之”。②

咸阳县在明世宗嘉靖时期曾先后出现过二位良知县，其中之一是周钦。他是山西长治人，监生出身，嘉靖中任职于咸阳。他为官“严而不烦”，咸阳境内豪强不少，他们多占土地都却不交或少交赋税，把赋税都转移到普通百姓头上，使广大人民难以负担，生活陷入困苦境地。周钦在咸阳任职五年，这期间他亲自主持重新丈量耕地，均平赋税，使咸阳境内的赋税渐趋合理，“民永赖之”。③马豸，举人出身，嘉靖十年（1531年）由高陵调任咸阳知县。在任期间，他重修了渭河堤岸，使沿岸百姓免遭渭河泛滥之苦，也得到百姓的赞扬。④

崔举，嘉靖三十八年（1559年）任富平知县。富平的里甲之长平日虚报多领，盘剥百姓，花费颇大，造成百姓许多负

① ②③④ 《西安府志》卷24《职官志》。

担。崔举得知这种情况后，毅然决定“革里甲日支费”，减轻百姓负担。此外，他也进行了丈量核算耕地与赋税的工作，以平均赋税负担，“民德之”。但他生性刚直，不为上司所容，被免官后，“囊无一钱”。崔举的清廉作风得到时人的赞扬，有人称其家为“清吏第”。①

薛纶，明穆宗隆庆二年（1568 年）中进士，授长安知县。他到任后不久，朝廷下令丈量土地，均定赋税。薛纶亲历丘亩，“相田高下，亲自注记，吏（不）能上下其手”，使这项工作得以顺利进行。薛纶惟恐狡民投靠豪势之家，隐匿耕地，“夤缘为利”。当时县境内一些豪强人家纷纷贿赂县吏，欲以得其庇护，隐瞒土地，少纳赋税，薛纶遂将为首者数辈投入监狱，严厉惩处，使此辈“无敢复踵故习”。② 保证了均定赋税的公平性，维护了百姓的利益。

边有猷，明神宗万历二年（1574 年）中进士，后任西安知府。当时西安府及其属县上交国家税钱钜万计，“例有耗羡充公费”。明朝征税通常在正常税额之外，向百姓多征一些银钱，谓之“耗羡”，意为火耗和储运损失的补充，这实际是一项很大的弊政，使地方官吏得以中饱私囊，或用来以充本地经费。边有猷到任后，亲自登记收入状况，“悉佐公帑，丝毫无所与”。③ 这样就杜绝了官吏贪污的可能。

何朝宗，万历时中进士，授三原知县。他十分重视发展生产，尤其重视兴修水利工程，他曾主持疏浚了三里渠，“斩木导水，劳于民事”，时人称其“有循吏风”。④

---

① 《西安府志》卷 25《职官志》。

② 《西安府志》卷 24《职官志》。

③ 《西安府志》卷 24 引《封邱志》。

④ 《西安府志》卷 24 引《三原志》。

刘兑，万历八年（1580年）任富平知县，奉命核田均赋。他先令有田人户自报亩数、土地等级，然后亲率吏卒丈量土地，漏报少报者，听其自首，“不之罪”。他把富平境内耕地根据肥沃程度划分五等，“视地酌粮，筹度尽善”。他还兴修水利工程，新修7处，疏通旧工程22处，“灌田数千亩，至今利赖”。①

2．打击奸豪，维护治安

打击豪强，消弥盗贼，扶弱锄强，是地方官吏的重要职责之一。地方治安，社会稳定，不仅关系到百姓能否安居乐业，同时也关系到国家稳定和政权的巩固。历代统治者都对这个问题十分重视，并将其作为考核吏治状况的一个重要标准。明代西安地区也涌现了一批这样的官吏，他们的努力对这一地区的稳定与发展作出了很大的贡献。

高应举，明英宗正统中以监生知富平。他任职以来省刑惜费，明于执法，“多所建置”。他十分重视扶弱锄强，打击豪强，从不假贷，“奸豪望风屏迹”。② 有力地维护了富平的社会治安。

王秀，明武宗正德中中进士，授长安知县。他到任后，“延见父老，问民疾苦，一切以惠养为首务”。王秀还非常注意对下属胥吏的管束，规定不得随意出入县署，惟恐外出对百姓造成危害。由于王秀为官清廉、刚直，“豪右不敢私谒”。王秀之前长安赋税多有逋负，主要是奸豪、地主借故拒纳或少纳。王秀遂制定政令，公布于世，豪强畏惧王秀法严，“遂无敢后者”。王秀任职期间，将久拖不决的滞狱审理一清，做到狱讼无滞，百姓无冤。他还主持修缮了毁坏的官学和县署，“而民

---

① 《西安府志》卷25《职官志》。

② 《西安府志》卷24《职官志》。

忘其劳”。[1]

杨博，嘉靖八年（1529年）中进士，先后任盩厔、长安知县。杨博为政清廉，精明果敢。他在盩厔任职时，境内有剧盗，为害甚大，杨博督士兵直捣其巢穴，铲除了这伙剧盗。在长安任职时，遇灾荒能留心赈济，“存活甚众”。[2]

聂武，明穆宗隆庆元年（1567年）中举人，明神宗万历二年任富平知县。境内有一佛寺和尚藏匿民妇，历年无人过问。聂武到任后，得知此事，“立焚其寺”，救出妇女，“一邑称神君焉”。[3]有力地维护了社会风化，有利于社会的稳定。

张应征，万历二十三年（1595年）中进士，授三原知县。当时县城西有奸徒结伙危害治安，张应征到任后，下令捕获其首领，下狱治罪，其同党解散。张应征在三原任职三年，“案无累牍，农有余积”，取得了较突出的政绩。[4]

刘璞，万历三十三年（1605年）任鄠县知县。是年鄠县大旱，“万众嗷嗷”，刘璞令开仓赈济，但仓廪空乏，无粮可用。于是刘璞带头捐粮500石，提倡士民共同捐输，终于筹集到大批粮食，救活饥民无数。当时关中的回民为反抗明政府的黑暗统治，一度举行过小规模起义，盩厔、鄠县的一些村庄也曾起事响应，刘璞作为封建王朝的地方官吏，必然要采取镇压措施。他首先捕诛为首者十余人，而百姓并未就此被吓倒，仍秘密纠结，联络各村力量。刘璞针对这种现象，制定连环保甲法，每保抽壮丁20人，教师1人，每月抽3天进行训练，有效地扼制了上述秘密串连。刘璞还十分重视对百姓的教化，修复了社学。为了储粮备荒，他增修了社仓，以提高乡民抵御灾

---

① 《长安县志》卷25《循吏传》。

②③ 《西安府志》卷24《职官志》。

④ 《西安府志》卷24引《三原志》。

害的能力。[①]

何起鸣，任盩厔知县时，境内有人偷盗，株连到数十人，何起鸣全部予以释放，听其自新，“独杖杀盗者”。他还“计亩均粮，役无轻重”，减轻了普通百姓的赋役负担；又修集贤书院，“课士之才者教之”，[②] 促进了当地教育事业的发展。李宗延任咸宁知县时，“刑清政举，吏畏民安”，他和何起鸣一样，都十分重视发展教育，“尤厚学校”，[③] 取得了良好的教化成就。

直到明朝末年，西安地区仍有不少良吏出现，他们在当时社会日益混乱的局势下，努力维持社会秩序，救济饥民，平抑物价，在力所能及的情况下，尽量减轻百姓负担，这些都是十分难能可贵的。

如刘有源，明毅宗崇祯十四年（1641 年）任咸宁知县，到任仅月余，时值关中大灾荒，乡村中偷盗者甚多，村民捕获则杀之，并不上告县署。刘有源恐如此下去，渐成大乱，下令禁止随意捕杀，仅抓获为首者一二人，依法惩治，“其风遂息”。当时饥荒严重，官仓无粟，市场罢粜，刘有源多方设法，劝富民输粮，救活饥民无数。[④]

吴从义，崇祯十三年（1640 年）中进士，当时新科进士皆奔走权门，谋图获得一个好的职位。当时明末农民大起义正在轰轰烈烈地进行，新科进士对在农民军活动地区的任职惟恐避之不及，惟吴从义不作营求，遂被派到长安任知县。这时三边总督孙传庭移镇西安，指挥大军十余万围攻义军，而军需供给皆依赖关中诸县，地方官吏疲于奔命，百姓负担沉重。在西

---

① 《西安府志》卷 25《职官志》。

② 《西安府志》卷 24《职官志》。

③ ④ 《咸宁县志》卷 17《良吏传》。

安的秦王府及缙绅占有关中耕地的十分之四，却不承担赋税徭役，“独累小民”。吴从义不畏强暴，“令豪族均输，民获稍苏而兵亦无哗”。

孙传庭围巢义军失败后，“长安益危，从义固守，以死自誓”。吴从义作为一个封建官吏，立场自然不会站在农民军一边，他明知城不可守，却以死相拼，固守城池，是其忠于职守的表现，不能因为他所对抗的是农民起义军，就一味贬低其恪守职责的行为。西安城陷后，吴从义拒绝属吏请其逃走的建议，为农民军所杀。但农民军亦敬佩其忠直，“戒毋犯其署，家人得全”。①

3．发展教育，重视教化

对于地方官员来说，兴办教育，加强对百姓的教化，是历朝历代考核吏治的主要标准之一。尽管如此，由于朝廷在考课时往往最重视对经济指标考核，如耕地面积、赋税徭役、人口数量等的增减与否，对学校、教化等“软指标”往往重视不够，只要耕地增加，赋税增多，往往都能在考课中获得好的等级。因此，在历代地方官吏中，真正在教化与学校教育方面取得成就的人并不多见，即使良吏也是如此，明代的情况亦不例外。以下介绍几位这方面做得较好的官吏，以见其一斑。

王瑾，明宣宗宣德四年（1429年）中举，同年任咸阳知县。他任职期间，“锄强植善”，打击豪强，使县内风俗淳美，社会稳定。王瑾特别重视发展教育，兴办了不少学校，以培养本县子弟。他爱民如子，关心百姓疾苦，故深受百姓敬仰。后王瑾家中遭丧，丁忧归第，当地民众请愿于朝廷，特旨起复，继续任知县。任满后新知县来代替，百姓再次请求留任，特旨加

① 《长安县志》卷25《循吏传》。

阶六品，又得以继续留任。[①] 其得人心如此，令人赞叹不已。

刘淣，明孝宗弘治（1488—1505）间中进士，任泾阳知县。刘淣“性刚正”，他在任职期间，将泾阳境内淫祠及寺观拆毁几尽，以修缮和增建学校。刘淣还在政事之暇，时常入学为生徒讲授，“多所造就”。[②]

何亮，弘治中任咸宁知县。他为官“平易近人，清白自爱”。当时咸宁风俗是婚姻尚财，即大量收取聘礼，致使不少穷人无法娶妻。何亮谕民以礼，力革此风，“士民贫弗娶者，与之娶；贫弗葬者，与之葬”。经过他数年努力，“风俗为变”，收到很好的教化效果。[③]

沈琦，明神宗万历二十三年（1595 年）中进士，补授高陵知县，一月后又调任三原知县。当时三原境内“民黠猾难治”，有人劝沈琦采取暴力以相震慑。沈琦说：“三尺固甚具也，奈何以民命立吾名，惟以德意煦濡之”。沈琦不肯用刑罚手段治民，坚持教化，故“境内得安”，后人称其为“名宦”。[④]

4. 反对矿监的斗争

万历二十四年（1596 年）明神宗下令兴矿后，当年十二月就派赵钦为矿监来到陕西。到万历二十七年二月，又派宦官梁永为税使，到陕西来主持聚敛和搜刮。梁永到陕西后，网罗一批恶棍为爪牙，到处敲诈勒索。初期他们只以商家为勒索对象，到后来范围大大扩展，所谓“矿不必穴，而税不必商。民间丘陇阡陌，皆矿也；官吏农工，皆入税之人也”。[⑤] 这样就使社会的广大阶层几乎都成了他们盘剥的对象。在他们的骚扰

① ④ 《西安府志》卷 24《职官志》。

② 《西安府志》卷 25《职官志》。

③ 《咸宁县志》卷 17《良吏传》。

⑤ 《明史》卷 237《田大益传》。

下，民脂民膏为之枯竭，“三家之村，鸡犬悉尽，五都之市，丝粟皆空”。[1] 梁永等的残酷剥削，使陕西成为当时全国负担最重的地区之一。“天下之税多者数四五万金止矣，而吾陕则十一万金，而其他所自渔猎者不计也。”[2] 矿监税使不仅肆意盘剥，而且在政治上肆意打击地方正直官吏，动辄告御状，纠劾官吏，而神宗则每求必应，所谓“诸税监有所纠劾，朝夕下，辄加重谴，以故诸税监益骄”。[3] 在他们的淫威下，不少地方官吏遭到迫害，有的甚至丧命。如渭南知县“以抑郁而死”，富平知县“以执法而逮”，至于“州县佐贰毙于杖下者，不可胜言也”。[4] 官居西安府同知的宋言，也难免厄运，被梁永“劾其激众倡乱”而遭到逮捕下狱。[5] 由于矿监税使的倒行逆施，陕西人民从贫苦百姓、地主富户到地方官吏的利益都遭到严重损害，社会各阶层的人们忍无可忍，遂开始了一场基础广泛的反税监运动。

早在万历二十八年，陕西就出现了下层人民反对矿监税使的斗争。次年，陕西巡抚、巡按联合上奏，反对梁永强加给陕西不合理的织造任务。情况是这样的：万历二十三年，神宗令陕西织造羊绒袍服74700匹有奇，估价160万余两，规定每年解送入京一次，“以4000（匹）为率”。[6] 到了万历二十九年，梁永令陕西羊绒袍服另织新样，难度大增，但每年解送4000匹的定额却未变。所谓“岁贡羊绒4000匹，奉命改织盘绫。

① 《明史》卷223《王宗沐传》。
② （康熙）《咸宁县志》卷8《艺文》。
③ 《明史》卷305《陈增传附传》。
④ 秦可贞《咸宁满侯生祠记》。
⑤ 《明史纪事本末》卷65《矿税之弊》
⑥ 《明神宗实录》卷282。

又降柘黄暗花二则，每匹长五丈八尺，日织一寸七分，半年得匹，岂能如额?”所以陕西巡抚、巡按联合提出“乞悉改织”。神宗不理。[①] 次年七月，工部尚书姚继可以“已解绒服等物，充斥内库，积久易蛀，不无可惜”，而“陕西累年土瘠民贫”，“民不堪命”，请求将陕西织造之事暂时停止。神宗不肯停止，但却不得不降低定额，改为每年解送3000匹，“以示宽省民力”。[②]

陕西地方官员在直接向皇帝反映无效的情况下，转而依靠朝中大臣向皇帝陈情，要求召回矿监。万历三十二年（1604年)，陕西籍大臣、都御史温纯上疏“言矿税毒虐”，要求撤去陕西税使梁永。神宗依然不理睬。万历三十四年，大学士沈鲤、朱赓进言：“秦人恨梁永甚，宜撤。”结果又一次碰了钉子。[③]

这个期间陕西官民与税使矿监的矛盾已经相当尖锐了。万历三十一年（1603)，陕西巡抚顾其志对梁永十分不满，他见皇帝对梁永处处庇护，一时无法扳倒，遂转而采取不与他合作的态度，并对梁永手下爪牙的猖狂不法行为进行惩治。在他的暗中支持下，陕西的州县官员纷纷与梁永对着干。万历三十四年，神宗下令停止矿监活动，但梁永仍坚持不罢去咸阳、潼关等地的矿监委官，并纵其为恶。当时梁永要咸阳知县宋时隆上交绒毡1500条，宋时隆不但不交，反而在巡抚顾其志的支持下逮捕了梁永的一些爪牙。梁永大怒，诬告宋时隆劫税，招来朝廷缇骑将宋时隆逮捕下狱。陕西官民早就不满梁永，这时纷纷起来声援宋时隆，一时群情激愤，事态迅速扩大，引起了朝廷的震动。

---

① ③ 《明史纪事本末》卷65《矿税之弊》。

② 《明神宗实录》卷374。

其实，最早反对矿监的并不是顾其志、宋时隆，而是临潼知县马民牧。他在万历二十三年任临潼知县，“御百姓如家人父子，有情必尽”。那时神宗还没有派出矿监，但却派有采金使者，仍以宦官充任。采金使者到临潼后，“声势赫奕”，骚扰百姓，马民牧与之抗礼，“不少折开采事宜，百姓恃以不扰”。其后遭诬陷治罪，当地士人、百姓数千人诉其冤情，由于其上司厌其刚直，最终还是将其贬官。①

在陕西地方官中与矿监税使冲突最激烈的应数王正志、满朝荐。王正志，为富平知县。万历二十八年（1600年），梁永、赵钦在陕西肆虐，王正志捕其党李英杖杀之，并上疏弹劾梁、赵二人“虐杀职官，诈害良民，误国欺君”三大罪。赵钦也以王正志杀李英之事相讦奏。明神宗下令逮捕，科道官陈惟春等上疏救援，神宗不理。不久，梁永又对王正志进行攻讦，条列王正志阻挠矿税状。明神宗为此专门下诏，规定除王正志“已有旨扭解”外，地方官“凡抗违欺隐的，即指名参来重治”。这更使宦官的气焰大张。王正志被囚三年，于万历三十一年夏，病死狱中。② 士民深感王正志忠义为民之恩，建祠祭祀。

满朝荐为咸宁知县，任职期间“询利病，扶弱抑强，均赋役，裁羡余，勾摄不扰，讼牒纷沓，一讯立决”。③ 他对矿监税使的行为极为不满，将梁永爪牙一一捕获下狱，“若积棍杨某，一邑之蠹，捕治之。翼虎为虐如王某、吴某及奸僧水南等，皆次第擒捕，下之狱”。梁永为排挤满朝荐，状告他阻挠税使公务，指使吏部调满朝荐到广西布政使司去任职。当他被迫离陕，东出潼关之际，陕西巡抚、巡按连续上奏请留，神宗

---

① 《西安府志》卷24《职官志》。

② 《明史》卷237《王正志传》,《明史纪事本末》卷65《矿税之弊》。

③ 《西安府志》卷24引《咸宁志》。

不得已，只好下诏让他返回咸宁复任。满朝荐却坚持要以驱逐梁永作为他回陕复职的条件。关中一些知县也与满朝荐相呼应，对其所在县的梁永党羽进行惩治和约束。后来，在陕西巡抚、巡按的再三劝解下，满朝荐才答应复任。这一次斗争虽然没有能驱逐梁永出陕，但满朝荐能够在这种情况下复职，无疑是陕西官民占了上风，大灭了梁永一伙的威风，在舆论上和道义上都对他们形成了压力。

复任后的满朝荐则更起劲地继续追查梁永爪牙的不法行为。当时多有“大盗”投靠梁永为爪牙，满朝荐追捕甚急，“大盗”情急，欲假借押送贡物潜出关，逃离陕西。满朝荐派人追捕，梁永为隐藏自己的不法行为不被暴露，遂设计在渭南将大盗杀死以灭口，然后又反诬满朝荐杀人劫贡。[①] 明神宗大怒，下令逮捕满朝荐赴京。但他同时也感到梁永倒行逆施不得人心，遂下令罢去税使，撤回梁永。诏令传到西安后，激起了当地士民的极大愤怒。人们一方面为梁永的撤回而兴奋鼓舞，另一方面又为满朝荐蒙冤下狱而群情激愤。当时西安全城哭声遍巷市，愤怒的人们包围了梁永的衙署，“数万人哀号吁诉，不期而集，声哄城中，为罢市”。[②] 甚至有人欲以利刃刺梁永之腹，“将尽灭其党”。陕西地方当局和满朝荐多方劝解，才避免了一场更大规模的民众运动。满朝荐被押送赴京时，西安城中万人出动相送，甚至有人自带粮钱将他护送至北京城门而返。

长安知县杨鹤出面为民请命，并通过官方渠道营救满朝荐。部分西安士民进京为满朝荐鸣冤。神宗知其深得人心，也不敢轻易杀害，遂将他长期关押狱中。万历四十一年（1613

① 秦可贞《咸宁满侯生祠记》。

② （嘉庆）《咸宁县志》卷 17《良吏传》。

年）秋，大学士叶向高出面奏请，满朝荐才得获释归乡，后官至太仆寺卿。[1]

此外，陕西巡按余懋衡、蓝田知县王邦才等，也都同梁永等宦官做过坚决的斗争。万历三十四年五月，梁永动用大批人力畜力运输盘剥来的据为私有的物品往北京，被余懋衡发现，遂上奏神宗。梁永大恨，命爪牙乐纲贿厨师毒害余懋衡。余懋衡两次中毒，经抢救而不死。于是在次年正月上疏极论梁永之罪，科道官也争先恐后地上疏弹劾，神宗皆不理睬。不久，满朝荐捕获下毒者，梁永惧，率爪牙持武器直闯咸宁县署，欲抢回人证，幸而县中吏卒早有准备，梁永的阴谋才不能得逞。从此以后梁永外出经常率数百名武装以自卫。梁永爪牙王九功等多有私人武装，恐为当地官员追究，遂托言梁永派遣，乘马结阵向东驰去，欲想逃离关中，在华阴被追获。余懋衡遂以“反逆”之罪上奏朝廷，梁永惧，上疏自辩，并反诬陕西官员。梁永等后来被撤回京师，与余懋衡的揭露和斗争有直接关系。万历三十五年七月，余懋衡因丁忧也去职离陕而去。王邦才，任蓝田知县时，深恶梁永跋扈，盘剥民财，与满朝荐等人相呼应，严厉惩治梁永爪牙，揭发梁永的不法行为，引起了梁永对他的仇恨。万历三十五年，在梁永的诬陷下，王邦才被捕入狱。经陕西士民的营救，朝官谏官的论奏，明神宗不得已将王邦才无罪开释。

陕西发生的这场与矿监税使的斗争，与当时全国其他地区发生的反对矿监税使的运动性质颇不相同。由于陕西手工业及城市商品经济并不发达，故这场斗争以陕西的官吏为领导，士民为基础，具有很强的维护地方吏治的色彩；而同时在全国其他地区爆发的斗争，则以市民、工匠为领袖，具有很强的市民

① 《明神宗实录》卷511，《明史》卷246《满朝荐传》。

运动色彩。所以陕西与外地尤其是江南反对的对象虽然相同，但运动的性质却有质的差别，这实际上是陕西的社会经济发展水平落后的表现。

三、明末吏风的败坏

明朝政治的败坏始于明神宗，具体而言应始于万历十五年(1587年)，从此以后政治愈加黑暗，统治日益腐败，吏治败坏，民不聊生。有一种说法：明亡于崇祯，却始于万历，不是没有道理的。万历四十八年（1620年）七月二十一日，明神宗死去，太子朱常洛即位,即明光宗。但是一个月以后,朱常洛又死,由其长子朱由校继位,是为明熹宗。次年,改元天启。

明熹宗即位初期，由于杨涟、左光斗、刘一燝等正直官吏的大力支持，使他顺利登上皇帝宝位，因此对他们十分信任，言无不纳。许多万历时期被排斥出朝廷的正直官员，被陆续召回，并采取了一些有利于社会和经济发展的措施，如整顿吏治，澄清铨政；发内帑以充军费，解决兵饷不足的问题，减轻百姓赋役负担，免除上贡织造物品等。但是这一切措施的施行比较短暂，不久，熹宗就转而宠信宦官魏忠贤以及其乳母客氏，使魏忠贤掌握朝廷大权并形成了一个以他为首的政治集团，被人们称之为阉党。此后，朝廷内部形成了阉党与正直派官员组成的东林党之间的对峙，两党斗争十分激烈，由于皇帝的支持，阉党在斗争中占了上风，并肆无忌惮地打击和排斥正直官员，实行恐怖统治，大捞个人私利，挥霍民脂民膏，使明朝政治出现了少有的黑暗局面。

魏忠贤在全国各地培植个人势力，许多地方官吏都纷纷投靠阉党，助纣为虐，使地方吏治迅速恶化。陕西也不例外，出现了一批魏忠贤的私党。他们为了讨好魏忠贤，为其歌功颂德，纷纷在当地兴建魏忠贤生祠。如天启七年（1627年）七月，陕西巡按庄谦，为其建生祠。八月，陕西巡抚胡廷晏也不甘落后，亲自主持为魏忠贤又建一座生祠。这些生祠极为豪华，史称“各曲意献媚，务穷工作之巧”。祠内之像“以沉香木为之，眼耳口鼻手足宛转一如生人。腹中肺肠皆以金玉珠宝为之。衣服奇丽。髻上穴空其一，以簪四时香花。”[①]“每一祠之费，多者数十万，少者数万，剥民财，侵公帑，伐树木无算。”[②]生祠建成后，建祠者往往在安置魏忠贤像时，举行隆重的仪式，向魏忠贤大表虔诚，其表演皆极尽媚态，令人齿冷。有的甚至行五拜三叩头大礼，乘马前导，“如迎诏仪”，简直不知人间有羞耻事。陕西官吏大搞此类活动，不仅浪费了大量的钱财，更重要的是败坏了吏风，导致了地方政治更加腐朽黑暗。

地方官吏们只关心自己的升迁，全然不顾小民死活。此外，这一时期官吏贪污现象更加严重，贪污的对象也增多了，诸如赈灾银两、工程用款、赃赎钱银等，皆在贪污之列。官吏受贿现象也很普遍，并且数字有不断增大的趋势，动辄数十万两。科举考试本是为国选用人才，然而也成为主持者受贿发财的最好时机。百姓打官司全看有无钱财。地方官吏征收赋税，随意增额，以中饱私囊。

明毅宗朱由检即位后，铲除了魏忠贤集团，大力整顿吏治，但这时的明朝已病入膏肓，杀掉一批贪官，更多的贪官又冒了出来。这一时期在正常赋税之外，又出台了“辽饷”，加重了人民的负担，人民不得不起来武装反抗。为了镇压农民起义，又增加了“剿饷”，为了练兵还出台了“练饷”，三饷加派使百姓无法承受，只好逃亡，而逃户之赋摊到未逃户头上，从而导致新的逃亡。赋税太重逼迫百姓造反，为镇压造反者必须

---

① 《明史经事本末》卷71《魏忠贤乱政》。

② 《明史》卷306《阉党传》。

增加军费，为筹措军费又不得不再加赋税，赋税重而造反者更多。这种恶性循环使陕西更加混乱，社会矛盾空前激化。天启末至崇祯初年，陕西境内自然灾害也十分频繁，庄稼欠收，赋税繁重，百姓们饥饿而死者比比皆是，未死者又逃亡他乡，关中不少县的人口数量因此而急剧下降。

明朝末年陕西的社会状况如此混乱，而地方官吏不知存抚百姓，减轻赋税，反而加大剥削量。比如澄城县“土瘠赋重”，连续的干旱使收获量大减，横征暴敛更使百姓不堪承受，百姓穷困到连草根树皮都已吃尽。天启七年任知县的张斗耀，因为入仕未久，私囊未饱，便不顾澄城的实际情况，硬是想从濒死的饥民口中多挖一些粮食。这年二月十五日张斗耀在公堂上拷掠农民，逼索钱粮，一直干到黄昏还未退堂。这时被逼无奈的四乡农民手持利器，冲进县衙，将抱头逃窜的张斗耀乱刀砍死。[①] 这场自发的民变，揭开了席卷全国的轰轰烈烈的明末农民大起义的序幕。

农民起义在陕西爆发后，规模越来越大，官府在镇压数年之后，见无成效，于是在崇祯四年（1631 年），由陕西三边总督杨鹤出面，奏请崇祯皇帝改用“抚”的方针。于是明廷拨银 10 万两用于陕西赈济。由于灾情甚大，区区 10 万两白银根本不解决问题，加之官府背信弃义，杀害返乡归附的起义者，遂使招抚政策归于失败。于是明廷又任命洪承畴为陕西三边总督，坐镇西安，指挥明军重新对农民军进行围剿。由于官军实力较强，加之洪承畴具有一定的政治、军事才干，所以陕西的各支义军基本被其一一剿灭，残余义军退出陕西，转战外地。此后，义军在李自成率领下，势力复振，与官军作战互有胜负，到崇祯十一年（1638 年）冬，李自成义军再度失败，陕

① 金日升《颂天胪笔》卷 21。

西境内几乎恢复了平静。崇祯十六年，横行中原的李自成击败了陕军孙传庭部，乘胜攻破潼关，很快占据西安。到这年底，李自成军已占有陕西全境。次年正月初一，李自成在西安称帝，国号大顺，并以此为基地，北上攻取北京，推翻了明王朝的腐朽统治。

在这一时期中，陕西的明朝官员主要精力放在镇压农民军，征集赋税，筹集军饷等方面，无暇也无心顾及整顿吏治，致使吏治更加败坏，吏风残暴，陕西的百姓始终生活在水深火热之中。李自成攻占西安后，对农民实行“三年免粮”的政策，得到农民的拥护。但时隔不久，就改变了这个政策，清丈田亩，造册以征税粮。所以关中一带自天启末（1627 年）年以来，百姓的负担始终是超负荷的，社会动荡的局面从未停止过，这种情况为清初陕西恢复社会经济带来了很不利的影响。

第三节　清代的吏治

一、清初的吏治状况

1. 行政区划与职官设置

清代的地方一级行政区划是行省，陕西省的治所仍在西安。省之下为两级行政区划，即府、直隶厅和州为一级，府属的厅、州和县为另一级。清代在省之下有分守、分巡道，为省的派遣机构，并非一级行政区划。

西安府下辖州县变化颇多，现以嘉庆二十五年（1820 年）的情况为准，略述如下：长安、咸宁、同官（治今陕西铜川西北）、耀州（治今陕西耀县）、富平、三原、醴泉（治今陕西礼泉）、泾阳、高陵、渭南（治今陕西渭南东）、兴平、咸阳、临潼、盩厔（治今陕西周至）、鄠县（治今陕西户县）、蓝田、宁陕厅（治今陕西宁陕西北）、孝义厅（治今陕西柞水）等县级区划。

陕西省的最高军政长官称巡抚，全称为“巡抚陕西等处地方、提督军务、节制各镇、兼理粮饷”。巡抚衙门不设国家命官，而只用吏员。巡抚衙门内部并无定制的组织机构，而是根据所要办理之事务进行分工。设有文案处，教育行政归学务文案办理；缮写文案等事归缮析文案；交涉事宜归洋务文案；营务处掌握新旧军政事宜；司法刑名设“刑名席”；财政、盐务设“钱谷席”，这两席还分管官佐升迁及一应典礼等事。清末改革地方官制，巡抚衙门要求设立幕职，分为秘书员和参事员两类，秘书员掌机密文电章奏以及不属于各科之事，并参与一切重要事务；参事员掌各科文牍，分设十科，即：交涉科、民政科、法科、度支科、吏科、学科、礼科、农工商科、邮传科、军政科。各科另设副员若干；又设收发员、缮写员、书记员各数人，承办收发、撰拟及誊写诸事宜。

清朝沿袭明制，在省设布政使、按察使，前者地位仅次于巡抚，掌一省之行政，总管全省钱谷出纳，承宣政令，考核所属府、县，俗称藩台。其衙署称承宣布政使司，下设各种官员，分掌众务；后者地位较布政使略低，掌一省刑法按劾之事以及监察、考课、驿传等事务，所谓“振扬风纪，澄清吏治”。[①] 按察使俗称臬台，其衙署称提刑按察使司，下设各种官职，分掌各类具体事务。

西安府设知府一人，掌一府之政令，具体而言即总领下属州县，凡宣布国家政令，治理百姓，审决讼案，稽察奸宄，考核属吏，征收赋税等一切政务皆为其职掌。在知府之下设同知、通判为副贰，分理府内之政务。知府衙门的内部机构主要

① 《清朝通典》卷34。

有：府堂，由吏、户、礼、兵、刑、工六房组成，是一个为知府服务的综合性办事机构，设典吏若干人具体办理各类事务。经历司，是掌管出纳文移等事的机构，设经历一员、知事一至二员。照磨所，为掌管勘磨卷宗等事的机构，设照磨一员。司狱司，为掌管察理狱囚诸事的机构，设司狱一员。以上各机构均设在知府衙署内，除主管官员外还各置吏员若干。

知府衙门还有所属机构，主要有宣课司，设大使一员，掌税收；税课司，设大使一员，掌杂项税课征收，凡商贾、僧屠、杂市俱有常征；府仓，设大使一员，掌本府仓廪之事；驿站，设驿丞一员，专管驿站事务；医学，设正科一员，为府属之医官；阴阳学，设正术一员，为本府之阴阳官兼辖星学；僧纲司，设都纲一员，副都纲一员，掌管佛教事务；道纪司，设都纪一员，副都纪一员，掌管道士及道教事务。

散厅，长官为通判，散厅地位与县相同。通判之下设经历、知事、照磨、司狱等官吏以及典吏若干人。

属州设知州一员，掌本州之行政，凡刑狱、钱谷、盗贼等无不亲理，秩从五品。知州之下设有州同、州判各一员，为知州之佐贰官。其属官有吏目、巡检、驿丞、闸官、税课司大使等。此外还有医学、阴阳学、僧正司、道正司等机构。

县设知县一员，正七品，掌本县之政令，凡县内刑狱诉讼、田赋税务、缉盗除奸、文教农桑等无不综理。其佐贰官是县丞和主簿，县的属员有典史、巡检、驿丞、闸官等，分管各种具体事务。此外还有医学、阴阳学、僧会司、道会司等下属机构。

清代的基层政权组织是保甲制，也叫牌甲制。规定：不论城乡，每十户立一牌长，十牌立一甲长，十甲立一保长。每户门上挂一印牌，上写户主姓名和丁口数，并登入官册，以便稽查。保甲制的特点是重在“弭盗”，不仅要注意控制定居的人民，而且要特别加强对流动人口的掌握。“出注所往，入注所来，如户有迁移，随时报明，换给户牌”，以便检查“盗贼”、“逃人”。[1] 这一制度的实行，使官府对下层人户的控制大大加强了。

2. 清朝前期的吏治

在清朝前期西安城内的最高政府官员应是陕西总督，从顺治二年（1645 年）至乾隆六十年（1795 年）止，150 年中一直有总督的设置，官名变化颇大，先后称川陕三边、川陕、陕甘、山陕、陕西三边、陕西总督。陕西有总督之置完全是受西北军事形势影响所致，曾一度将陕甘总督移驻兰州，将川陕总督移驻成都。总督主要职责是负责军事，陕西巡抚实际是总管全省的行政长官，但只要总督驻在西安时，则巡抚亦得归其节制。顺治二年四月，清政府任命孟乔芳为陕川总督，治所就在西安。孟乔芳为汉人，曾在明朝任副将，但仕途不利，不久就被革职。清军攻入关中，他于明崇祯三年（1630 年）投靠了皇太极，并随清军返回关外。1644 年，清军入关，孟乔芳随军效力，指挥清军与大顺农民军作战，屡立战功，被任命为陕川总督，在兵荒马乱中收拾西北一方，镇压抗清力量，为清王朝立下了汗马功劳。

孟乔芳机智沉着，善于用兵，他任职不久，清军主力相继离陕，贺珍、孙守法乘机起兵反清，全陕动荡，西安被围，城内人心不稳。孟乔芳果断地整顿了内部，在两年时间内先后破获了清陕西巡按黄昌胤、泾阳县知县张锡蕃、关西道常道立等三起官吏“通贼谋逆”案，以及西安市民的几次内变密谋，杀人无数，终于清除了内患。随即他利用反清力量派系林立，力量分散的弱点，以少胜多，先后击败了各支反清义军，打退了

① 《嘉庆会典》卷 11。

从湖广北伐陕西的大顺农民军刘体纯部，平定了甘肃回民将领米喇印、丁国栋领导的反清大起义，肃清了陕西及西北各地的为数众多的堡寨、散兵乱卒、土豪会党等不安定力量。终于实现了明末以来从未实现的西北地区安定局面。

孟乔芳督陕十年，这期间他除了在军事上有所作为外，在政治上也为陕西的稳定做了不少工作。如在顺治八年（1651年）十月，为了使归降的反清力量稳定，同时能更多地招降反清力量，他请示清廷后在陕西推行“降丁按月给饷”的办法，酌给粮饷，安抚降丁。此外，他还请求清廷蠲免全省钱粮，裁汰冗兵，实行屯田，他把这些事办得井井有条，对减轻百姓负担，安定人心，巩固清朝在陕西的统治起了很大作用。笼络知识分子，对稳定地方、巩固清朝统治十分重要，孟乔芳不仅积极恢复陕西各州县的书院学堂，设立教官，教授四书五经，而且还在顺治二年十月，经清廷批准后在陕西举行了乡试。顺治五年（1648年）闰四月，陕西设辽学，设教官一员，每科中举二名，岁贡二名。这样就把知识分子的注意力引导到科举功名上，对争取士大夫对清政府的支持，稳定人心，巩固地方统治都发挥了十分重要的作用。

清初，关中经过长期战乱，社会经济遭到严重破坏，农民大量死亡和流徙，耕地荒芜，一片荒凉萧条景象。为了改变这种情况，清朝统治者十分重视对农业生产的恢复，采取了一系列措施，陕西的官吏在这个问题上也发挥了很好的作用。

首先，恢复了明代的军队屯田制度，其中西安府境内有屯田五卫。康熙三十四年（1695年），下令改军屯为民屯，西安府共有四个州县的屯田改为民屯。屯田改隶州县后，招民垦种，与普通民田一样也要向国家缴纳赋税，不仅使国家赋税有所增加，同时也促进了农业生产的发展。

清驻防八旗官兵及督抚提标兵都拥有一定数量的牧地，称之为马厂。西安八旗驻防兵的马厂地，规定每旗120顷，共计960顷，主要分布在靠近渭河一带；督抚提标马厂有367顷。乾隆四十年（1775年），西安八旗先后移驻外地，于是留四旗马厂地480顷，其余480顷交地方官府，招民垦种。乾隆四十二年，又将提标马厂地170余顷招民垦种，试收租赋。这些措施，扩大了屯垦的面积。

清政府还采取措施，鼓励民户垦耕。顺治七年（1650年），孟乔芳尚在西安，奏请清廷推行免征招垦的办法，并由官府贷给耕牛、犁具、谷种等。乾隆五年（1740年），清廷以"陕西边陲山多田少，凡山头地角，听民试种，并准永免升科"。[①] 次年，陕西巡抚张楷奏请："无主荒地由官招垦，有主自认无力开垦者，酌定价值招垦，给照为业。如三年不垦地，又不清价，追照存案另招。所垦之地，照各地方土宜，以三四五亩折征一亩不等，限十年起科"。[②] 得到了清廷批准，使陕西耕地面积大大地扩展了，取得了很大的成绩。对于明代藩王的土地，实行更名田，即废除其产权，免其易价，给予原耕种之人，改为民田。分封在西安的秦王，其所有土地由于明末战乱，藩府册籍散失，豪势侵吞，经康熙九年（1670年）陕西地方官员清查，只余数千顷田产，全部转产原耕种民户所有，使他们变为自耕农。

清朝前期的陕西地方官员对兴修水利也作出了很大的贡献。引泾水灌溉农田是关中历代规模最大的水利工程。明代的项忠开凿广惠渠，到清代时改称龙洞渠。清世宗雍正初年，龙洞渠由于年久失修，渠道淤塞，堤堰坍圮，泾阳、醴泉数县水田皆无法灌溉。川陕总督岳钟琪主持修浚了龙洞渠，疏浚了自

① 《东华续录》卷3。

② 《续修陕西省通志稿》卷26《田赋》。

龙洞以下淤塞渠道，花费了陕西藩库银8000两，可灌溉耕地约74000亩。雍正七年（1729年），还专门设立了管理水利的官员，将西安府管粮通判改为水利通判，驻泾阳县王桥镇，管理泾阳、醴泉、三原、高陵、临潼五县农田水利。

乾隆初年，崔纪任陕西巡抚，极为重视发展农业水利建设。他认为“农事以水利为要，陕属地方，平原八百余里，农民率皆待泽于天，遇旱即束手无策”。① 所以他主张凿井灌田，补雨泽之缺。崔纪在关中大兴凿井，成绩显著，西安、凤翔两府共凿井66622眼。因为兴工急切，引起了一些人的反对，清廷将他与湖北巡抚张楷互调，并令张楷调查凿井情况。张楷向朝廷报告说：“民间食其利者三万二千余，遇旱井效乃见，民益私凿井，岁岁增广矣。”② 充分肯定了崔纪凿井灌田的功绩。

崔纪在陕期间除了凿井灌田之外，还督促各州县兴修水利，据他在乾隆二年（1737年）向朝廷的奏报说：“据各州县呈报，应修应开新旧渠共七十道，内请帑兴修者共渠八道，约灌田七十余顷，共需银五千五百余两，民间自行疏浚共渠六十道，约灌田七十余顷。”③

陈宏谋督陕时也十分重视水利建设，“修治渠泉，制水车，教民以戽水之法，凿井二十八万八千八百有奇，旱岁以灌田”。④

毕沅任陕西巡抚时间较长，在他主持下，对龙洞渠进行了彻底疏浚，扩大了灌溉面积。经过长期不断地兴办水利，到乾隆末年，“西安等十府州属旧有渠一千二百五道，灌田六千五

---

① 《清高宗实录》卷45。
② 《清史稿》卷309《崔纪传》。
③ 《续修陕西省通志稿》卷57《水利二》。
④ 《续修陕西省通志稿》卷64《名宦》。

百三十余顷”。[1] 农业水利的兴修，为陕西农业经济的发展奠定了良好的基础。

清政府对赋役制度也进行了调整和改革。顺治元年（1644年），取消明末的“三饷”加派。雍正五年（1727年），陕西巡抚岳钟琪实行摊丁入亩，规定田赋1两均摊丁银1.53钱（遇闰加0.04钱）。这一制度实行后，较之明代相对减轻了农民负担。

毕 沅

这些政策的推行，促进了陕西农业生产的恢复和发展，到了乾隆末年，关中平原已无弃土，尽皆垦耕。此外，由于水利建设的发展，使水田面积扩大，产量提高，关中粮食通常亩产3石至5石。农业经济商品化程度也有了提高。明末清初，陕西大部分州县不种棉，也没有家庭棉纺织业。乾隆时期，西安府的泾阳、三原、咸阳、盩厔、富平、耀州等州县都有种棉的记载，有些县已有农村家庭棉纺织业，棉布已运往市场售卖。如乾隆《咸阳县志》记载说：“妇女多知绩纴”，“商惟花、布、米粟……土著之民自行贩卖”。乾隆《盩厔县志》说：“纺棉绩布，人人能之”，“邑民多衣褐，细民则贸诸会城。”乾隆《富平县志》载：“县市花布农器。”另外，这一时期关中的手工业发展较快，如盩厔的木材业，同官的制瓷业，三原的丝织业，都比较发达。商业贸易也比较活跃，除了本地农民把棉花、布匹、丝绸、粮油、农具、牲畜运往市场交易外，东南两湖的布

① 《清高宗实录》卷1429。

四、茶叶也经西安运往西北诸省。西北诸省的皮毛、药材、水烟等也不断地运到陕西，再输送到全国各地。商业的繁荣同时也促进了西安以及一些州县城市的发展。商贾云集，百货山积，交通繁忙，一派繁荣景象。

清朝前期清廷对地方吏治也进行了整顿，主要是对贪官污吏采取了严厉的惩处，以扭转明末以来的腐败吏风。从顺治二年（1645 年）到乾隆元年（1736 年）中，陕西知县以上官员因贪赃枉法等罪被判处绞、斩监候、革职、降职、罚俸者共达 400 多人，共中总督 4 人，巡抚、将军、都统 13 人，按察使、布政使 6 人，道员、知府 9 人，知县 9 人。如康熙二十七年（1698 年），原陕西按察使索尔逊审理参革知县王延龄等案时，得贿银 160 两，被处以绞刑。康熙三十三年（1694 年），陕西巡抚布喀擅自运输西安府所属州县粮食，赈灾不力，贻误边疆，判处斩监候。有关民生的案件清廷处理得也很严。从康熙二十九年起，陕西连续三年大旱，受灾地区广大，地方官吏借灾营私，侵吞应发给农民的种子。此案被揭露后，于康熙三十九年经九卿会议处理了一批陕西官员。总督、巡抚、知府、知州、知县、布政使、驿传道等 14 人，受到严厉惩处，有的判处斩监候，有的革职。如陕西巡抚党爱被革职，陕甘总督佛伦、西安知府彭腾翙、陕西布政使张霖等均受到降级处分。雍正三年（1725 年），川陕总督年羹尧被查办革职，并在陕西军政界清查“年党”，使一些官员也受到牵连。经过整顿吏治，严惩贪官，使陕西的吏风大有改变。

清初对吏治的整肃，有利于陕西的吏治建设，尤其在西安府涌现了一批治绩突出的良吏。如尚九迁，顺治九年（1652 年）任渭南知县。他在渭南任职三年，重修了毁坏的学校以及尊经、文昌二阁，并“重辑县志”。县城边的沋河无桥，行人不便，尚九迁捐资新修了一座长13丈的桥，得到了百姓的颂扬。[①]

黄家鼎，康熙初年任咸宁知县。“时寇逆未靖，军需孔亟，家鼎干济有方，兵民悉便。”黄家鼎见百姓生活艰辛，因而自奉俭约，“尝兼旬蔬食，不宴会”，深受百姓爱戴。他还十分注意发展文化事业，当时的巡抚贾汉主持重修《陕西通志》，黄家鼎也组织人撰成《咸宁县志》8卷。[②]

陈锡，康熙三十年（1691年）任富平知县。当时关中大饥，富平一带饥民甚多，陈锡刚到任就投入到赈灾工作中去。他首先募捐银钱购粮设厂赈粥，然后又收埋饿死的尸体，做好善后工作。陈锡认为之所以发生灾荒，是由于水利设施废毁，生产基础不良，所以在灾后他又投入到修复水利工程上去。先后修复了县境内的玉带、直城、文昌各渠，“至今利赖”。[③]

杨绎，雍正十三年（1735年）任盩厔知县。他到任以后关心民生，重视发展生产。有一年渭河泛滥，冲毁沿河耕地，造成粮食减产，杨绎调查后蠲免了共计37.8顷土地的赋税，结果被人诬告擅自减免租税，被迫离任而去。[④]

二、道光、咸丰时期的吏治

清朝自嘉庆、道光以来，社会发展停滞不前，政治黑暗，吏治日渐腐败，各级官吏鲜廉寡耻，阿谀奉迎成风。陕西的官场亦是如此，官吏贪赃枉法，搜刮财富之事俯拾即是。如道光二年（1822年），渭南知县徐润审理县民柳全璧打死人命一案时，收受贿银，贪赃枉法。同年，同州知府何元治，借盐商王必成银千两，离任时仍不偿还。道光十三年（1833年），西安

① ③④ 《西安府志》卷26《职官志》。

② （民国）《咸宁县志》卷17《良吏传》。

将军徐琨调任，驻防协领伯奇克图等借机虚报盘费，于草价内挪支银两，馈送马匹。道光三十年（1850年），合阳知县沈寿曾、训导王聘、教谕王步元、典史杨德怀等，贪赃枉法，滥用刑法，致人毙命等。

这一时期鸦片也传入到陕西，根据记载，陕西人吸食鸦片最早在道光十一年（1831年）。[①] 陕西鸦片来源有二：一是陕西商人去沿海城市贩易时，“转贩烟土回籍”；二是外地来陕奸商偷运贩卖，其中以广东商人挟带最多。他们把鸦片运入陕西后，再通过当地商人转手出卖，如蓝田“客民刘万川兑换广东货客马广太鸦片，希图转卖渔利”；泾阳“客民孟武坤收买广东客民何六鸦片转卖”。[②] 鸦片的广泛流传，使吸食者日多，“甚至男妇不分乡愚，亦因此废业”。[③] 鸦片流入导致白银大量外流，银价上涨，钱价下跌，所谓“银贵钱贱”已成为严重的社会问题。如按清制银钱比价，库平纹银1两当制钱1000文；到道光十一年，陕西已涨到1两银兑1300—1400文；道光十七年，涨至1600多文；道光三十年，涨至近2000文。百姓出卖农副产品或手工业品所得为制钱，交纳赋税则必折银。因此，烟毒的泛滥不仅残害人民的身心健康，也增加了百姓的赋税负担。清政府虽然三令五申，禁止鸦片，而烟毒之害仍然如此严重，这与官吏本身吸食鸦片或从鸦片交易中受贿取利，从而对贩运或吸食者采取纵容和包庇的态度分不开。泾阳籍监察御史徐法绩对当时陕西鸦片泛滥痛心疾首，他揭露说：“黑烟争说闹排场，到处开灯劝客尝。不是长官先过瘾，民间敢有许

① 《清宣宗实录》卷189。

② 中国史学会编《鸦片战争》资料丛刊，第1册，第458—459页。

③ 《鸦片战争》第3册，第304页。

多枪?"[1] 反映的就是这种情况。有些正直的官员对烟毒泛滥十分忧虑，力主严加禁止，陕西巡抚富呢扬阿上奏说："严海口之禁，以杜其源；次加兴贩及开馆罪名，以遏其流；再惩吸食之人，以惊其沉迷。"[2] 并在陕西采取了禁断措施，由于沿海禁断不力，鸦片来源不绝，加之地方官吏作梗，故效果并不明显。

鸦片战争之后，陕西的吏治进一步恶化，西安一带尤为严重。咸丰元年（1851 年），陕西按察使多慧，贪婪成性，不择手段地聚敛钱财，他违例借贷，巧取豪夺。咸丰七年（1857 年），在西安爆发了震惊全国的陕西官钱局委员舞弊案。官钱局委员李应诏、李洵侵吞官铸铁钱 7 万余贯，李洵又亏短铁炭本钱 5 万贯。官钱局委员候补知县郭廷椿、管理钱铺事王迎科及陕西布政使司徒照家人黄君任等串通一起，挪用官钱，开私钱铺，营私谋利，亏空银钱巨万。案发后，李应诏、李洵、郭廷椿、王迎科四人被处斩，黄君任等都分别受到惩处。咸丰九年（1859 年），宜君县书吏孟继周擅自勒派，被斥革，又钻营谋私，以其子弟充任县吏，激起乡民公愤。

咸丰时期陕西的赋税杂捐更加沉重，尤其是西安府由于经济相对较发达，百姓负担更为沉重。主要表现在如下几个方面：（一）田赋加重。清代自实行摊丁入亩之制，曾有"永不加赋"之令，但事实却非如此。鸦片输入，银贵钱贱，已使田赋增加 1 倍以上。咸丰初年以来田赋加征名目愈来愈多，共计约有六十余种，都成为田赋的附加税并成为定例。每正赋银 1 两，加上附加名目，实际征收 1 两 5 钱至 1 两 6 钱，田赋实际增加 50%—60%。预借田赋也是一种变相的加赋，如咸丰三

---

① 《徐太常公遗集》。

② 《寿办夷务始末》（道光朝）卷 3。

年十月预征次年田赋，咸丰四年又预征五年田赋，使百姓不堪重负。（二）征收厘金。厘金征收始于咸丰三年夏，当时军饷奇缺，清廷准许各军就地筹饷。厘金分坐厘和行厘，为官府向商贾征收的商税。坐厘是商品交易税，行厘是商品过境税。这项税收完全是清政府为对付太平天国而开征的一项税收，用于军饷开支。陕西开征此税始于咸丰八年（1858 年），巡抚曾望颜仿照外省征收厘金办法，在西安设厘局，向商贾征收厘金。坐厘由各州县官吏征收报解，行厘由地方专设局征收，先在泾阳设卡征厘，以后逐渐推广。每年约收 283 559 两，以后逐渐增多，至宣统元年（1909 年），全年征收 468 894 两。厘金规定按货值的 5%征收，州县官吏征收时往往不按章办事，加倍勒索，实际数额远远超过 5%，严重地阻碍了陕西商业的发展。（三）推行捐输。清廷因财政开支浩大，于咸丰二年（1852 年）令陕西等省劝谕官绅士民捐输。规定个人捐银可取得功名或官职，地方各级政府捐输达一定数额，可在各级科举考试中增加当地名额。陕西巡抚王庆云推行了“捐借并施”的办法，派人四出强行勒借。捐借并施的结果，三年内陕西筹银达 200 多万两，王庆云因此受到朝廷嘉奖。咸丰五年以后，吴振棫、曾望颜、谭廷襄等先后任陕西巡抚，仍推行此种办法，每年都筹得数额巨大的银两，如咸丰九年（1859 年）全年共得捐输银 80 万余两。（四）征收盐课。咸丰四年十一月，陕西巡抚王庆云上奏请求按地丁摊派盐课，经清廷批准，每地丁银 1 两摊征盐课 9 分 9 厘 2 毫，总计应征盐课银 121 298 两。咸丰六年（1856 年），陕西巡抚吴振棫奏称改行先课后盐的办法，即商贩缴纳盐税后，由政府发给凭证，凭票运销食盐。这个办法实行后，陕西每年征银 168 000 两，比按地丁摊派还多。而盐商又将多缴盐税加到盐价上去，最后还是把负担转嫁到广大人民群众头上，增加了负担。（五）滥发货币。咸丰四年，陕西巡抚王庆云奏请成立官钱局，接着又试行官票，分成搭放。规定司库收支，以二成官票搭配铜币收支。又铸造当十铜钱、当千铜钱，大钱的流通，引起物价上涨，增加了人民负担。

道咸时期关中水、旱、蝗、雹、疫等自然灾害频繁发生，加上恶劣的吏风和繁重的赋役剥削，使人民群众生活困苦不堪，社会矛盾激化，人民的反抗斗争不断发生。刀客就是这一时期陕西民间反抗清政府的一种群众称号，他们结成团伙，习拳练刀，打富济贫，抗官拒税，在关中各县尤为活跃。清朝统治者称他们为“刀匪”，采取了严厉的镇压措施，但却一时无法平息下去。

三、林则徐抚陕

道光二十六年（1846 年）春，林则徐从伊犁放归后赏三品顶戴署陕甘总督，在甘肃筹办“番务”。当年四月，陕西巡抚邓廷桢在西安病故，清宣宗遂任命林则徐为陕西巡抚，暂留甘肃，俟“番务办完后再赴新任”。不久，青海“番乱”被镇压，林则徐遂于八月赴西安接任陕西巡抚。

林则徐

林则徐西戍归来，年老体衰，本以为陕西是“最为完善之区”，这样他就可以得以休养。但他抵任后，陕西却发生了非常严重的旱灾，百姓缺食，急需赈济；刀客、饥民和回众反抗清政府的斗争也十分高涨，社会矛盾激化。面对如此严峻的形势，林则徐不得不振作精神，以其干练的才能去解决这些棘手的问题。

林则徐是一个十分有经验的官员，他总结自己过去在灾歉地区做官的经验，又采纳了部分地方官绅“拯饥民，治奸民”的建议，[①] 一方面积极多方筹划，实施赈灾措施，以稳定人心，缓和社会矛盾；另一方面坚决镇压刀客和造反的饥民。他把这种软硬兼施的两手办法称之为“悯贫保富”和“除暴安良”。[②]

林则徐采取了不少措施，积极赈济灾民。他认为灾年百姓“谋食甚艰”，“若将钱粮照常催征”，老百姓自然无法“完纳”，且加重灾情的危害程度，所以他首先奏请清廷减缓陕西钱粮的征收，“以恤民艰”。[③] 为救济灾民，林则徐开仓平粜，把西安、同州、凤翔等地府州仓粮 110 万余石平粜或出借给饥民。为此，他先责令各地官员查实户口，凡允许买平粜粮的贫户，核明大小人口，填给印单，每次准买 5 日粮，买后将单盖戳，作为下次买粮依据，从而杜绝了奸商豪民冒名零买囤积牟利的弊端发生。对于那些贫穷无力买粮的特贫户和老弱病残，则由官府收养，仅西安一地就收养三四千人。除了官府赈济外，林则徐还极力倡导各地绅商出钱出粮，周济附近各村，以“恤贫而保富”。这样做有利于阶级矛盾的缓和。对于民间因饥饿而杀牛充食的现象，林则徐认识到这样干恶果无穷，将会影响到灾后的恢复生产，引起恶性循环。但他没有简单地下令禁止，而是命令各地官府收买耕井，又鼓励富户质押耕牛，这样既保护了耕牛，又使贫苦农民得以度过灾年，为来年恢复生产准备了条件。

对于刀客和造反的饥民，林则徐一面命各地官兵严厉缉

---

① 李元春《桐阁文钞》卷 6。

② 《林则徐集·奏稿》下册，第 931 页，中华书局，1965 年版。

③ 同上，第 960 页。

捕，一面建立保甲，以民统民，防御刀客。他根据地方官吏在镇压刀客中的表现，分别给予奖励或处罚。如渭南知县余炳焘抓捕刀客和造反回民三十余名，林则徐即申奏清廷给予嘉奖，后清廷提升其为知府；对于镇压和打击不力的地方官，则予以严惩，先后将三名知府、知县勒令退休或开缺。在林则徐的严督下，白水、渭南、蒲城、临潼、富平、泾阳、蓝田、大荔等县，共捕获刀客和其他案犯 146 名，均严审惩办。林则徐推行的保甲制是：每十村联为一保，每户出一丁组成乡兵，由当地士绅率领，平时种田，若遇刀客，即鸣钟集合乡兵以驱之。他曾制造和推广新式炸弹，以便有效地镇压反抗力量。在林则徐督促下，虽然抓获不少刀客，但他仍不放心，责令地方官吏继续追捕，“毋稍松劲”。① 对此，清宣宗甚为满意，赞扬林则徐“所办甚好”。②

在林则徐的严厉镇压下，刀客活动一度消沉，力量也受到很大的损失，但是由于清政府的腐朽统治，社会矛盾始终比较激化，要完全消灭刀客是不可能的。在林则徐离陕之后，刀客重新兴起，咸丰时期尤为活跃，其中以蒲城、富平、临潼、渭南四县交界处活动最为频繁，所以咸丰十年（1860 年）七月，清廷割四县之地置下邽县，以镇压刀客和回民。到了清末，刀客已不再以刀为武器，而是备置了长短枪支，甚至革命党人把刀客视作可以联合的反清力量，动员了一部分刀客参加革命斗争。

林则徐为了从根本上解决关中旱灾问题，他筹议兴修关中水利，吸收一部分饥民，以工代赈。同时，又命关中书院以“修关中水利议”为题进行考试，广泛征询意见。不久，因为他升调云贵总督，离开陕西，兴修水利之事也就作罢了。不过

①② 《林则徐集·奏稿》下册，第 957 页，中华书局，1965 年版。

林则徐主张大兴水利，防止旱灾伤农的思想，还是十分难能可贵的。

林则徐在西戍新疆期间患有多种疾病，在陕西巡抚任上，他不但没有得到休养和治疗，反而处心积虑，筹划赈灾，督促各地镇压刀客和造反的饥民、回众，政务繁忙，使其病情加重；旱情不减，更使他“蒿目焦心”。[①] 十一月，他“咳嗽倍剧，音声不开，脾泄愈勤，疝气愈坠”，[②] 十二月底，已感“气促神昏”，难于理事了。于是，在道光二十七年（1847 年）一月二日奏请开缺调治，但清宣宗并没有批准他引退，只是给了三个月病假。林则徐遂于一月二十六日将巡抚印交新任陕西布政使杨以增护理，自己就地养病治疗。林则徐休养两月之后，于三月三十一日回任视事，到五月十四日接到调任云贵总督的命令。他稍事整顿后，于五月二十五日起程赴滇，离开了任职九个月的陕西。就在离任前夕，他还奏准清廷缓征二十三县上年的赋税，以便使灾后尽快恢复生产。

四、光绪、宣统时期的吏治

陕西在同治时期遭受镇压西捻军和回民起义战争的严重破坏，光绪初年又发生了百年以来罕见的旱灾。从光绪二年（1876 年）至四年，连续三年，雨量稀少，赤地千里，旱情遍及全省，尤以渭北旱情最重，“树皮草根啜食几尽，卖妻鬻子莫能相顾”，饥民扶老携幼，百十成群，“纷向渭河南各州县转徙流离”。[③] 西安府境内灾情亦不轻，如醴泉县“饥民死者山积，治城东门外掘两坑埋之，后称万人坑。始犹以席卷之，继

① 杨国桢《林则徐书简》（增订本），第 257 页。

② 《林则徐集·奏稿》下册，第 948 页，中华书局，1965 年版。

③ 《沣西草堂集》卷 6。

一席卷两人，终至无席。城隍庙、保安寺两处，稚儿毙者填井为满”。[1] 渭河以南的诸县也十分严重，如盩厔县，民剥树皮草根殆尽，道馑相望。渭南饥民剥榆树皮屑而食，人多黄瘦死，甚至出现人相食的现象。

在这种情况下，饥民无法存活，纷纷走上了暴力反饥饿的道路。他们或聚众抢劫富户，强取粮食，或攻掠县城，杀戮官吏，或白昼行劫，结伙觅食。为了稳定陕西的统治秩序，陕西当局除了对饥民暴动派兵镇压外，也采取了缓征钱粮，筹办赈济等救灾措施。赈济措施主要包括：设立粥厂，劝谕富户借贷粮食，以工代赈，由官府拨款到外地筹购粮食向灾民散发等。从光绪三年九月至四年六月，全省各地共赈济灾民 314 万多人，共用银 230 万余两，用粮食 110 万余石。客观地看，赈济力度还是比较大的，但由于当地政治腐败，吏风败坏，官吏和地主劣绅借办赈中饱私囊，使得赈济效果大打折扣，远未达到救济目的，使相当多的灾民仍处于饥寒交迫的状态。

这一时期西安吏治败坏的又一表现便是鸦片泛滥，禁烟不力。从咸丰十年（1860 年）陕西对鸦片征收土药税后，鸦片合法化，致使种植罂粟面积不断扩大，如泾阳农村动辄数十亩，有超过数百亩者，甚至不惜以肥美之田种植之。光绪三十二年（1906 年），陕西出产鸦片数量占全国第三位，种植面积约 53.199 万亩，主要集中在关中的渭河南北两岸地区。鸦片产出后，除了本省人吸食外，还大量行销外省。鸦片泛滥的危害，表现在大量种植挤占了粮食种植面积，使盛产粮食的关中平原粮食短缺；鸦片市场的畸形发展，破坏了正常的工商业市场，阻碍了工商业的发展；大量的人吸食鸦片，严重地损害了身心健康，影响了正常生活生产活动。

---

① 《续修醴泉县志稿》卷 14。

清政府为了解决兵饷不足和财政困难，对种植罂粟者征税，对贩运和进口鸦片者，同样征收税，规定进口每百斤抽关税银30两，行销者和其他货物一样征收厘金。随着进口和土产鸦片的日益增多，鸦片税遂成为政府财政收入和军饷的重要来源。清廷一方面感于鸦片泛滥引起的严重社会危机，下令各省禁烟，一方面又继续征收烟税，以保证财政和军饷的收入，这种矛盾的政策，使地方官吏有空可钻，借机勒索，中饱私囊，进一步败坏了吏风。如光绪十一年，陕西巡抚边宝泉下令禁止种植罂粟；次年，继任的陕西巡抚叶伯英也大力严禁鸦片；二十三年，清廷谕令全国禁烟；三十三年，陕西巡抚曹鸿勋又设立了禁烟总局，拟定禁烟章程，专门负责禁烟大事，直到清末，陕西地方当局一直推行此项政策。但是，在同一时期又规定土烟每两加征20文的厘金。光绪三十二年，规定鸦片每百斤征厘60两，并将土烟税分为厘金、行店捐、烟亩捐三种，后又将行店捐分为坐贾、土帖、凭牌照捐三种，千方百计地多征税银，以增加政府收入。既要保持鸦片税收，又要禁烟，征禁兼行，势必不能兼顾，只能使鸦片屡禁不绝，长期泛滥下去。许多州县官吏或阳奉阴违，或寻找借口搪塞，不执行禁烟法令，却借口保证税收，暗中支持种植和贩易鸦片。如宜川知县就公开上报巡抚说："卑职去腊抵任，冬烟已遍田间，……若烟苗一概芟夷，而二麦又难以补种，是剜其肉而无补于疮也。"[①] 很显然是寻找借口反对禁烟。由于各级官吏的残酷盘剥，广大农村人民虽种植了罂粟，却更加贫困不堪，与未种罂粟前形成鲜明对照。"由是乡间穷困称贷之息，数倍于未植罂粟时，乡民穷困之状，百倍于未植罂粟时。"[②] 一旦遭遇荒年，外地

---

① 樊增祥《樊山公牍》卷1。

② 《续修陕西省通志稿》卷211。

粮食运输不及,种植者便只有忍饥挨饿,转死于沟壑了。

光绪二十六年（1900 年）十月，西太后和光绪帝为躲避八国联军，逃到了西安，不仅给当地人民造成了很大的负担，而且还进一步败坏了吏风，留下了很不好的社会与政治影响。陕西当局为了“迎驾”，专门在西安成立了支应局，负责此事。他们将陕甘总督衙门进行了改建，在此过程中强拆民房，大兴土木，广招名匠，仿照北京宫室的样式，雕梁画栋，连砖地面都凿刻了花鸟鱼草，建成了宽大、华丽的拥有数百间房屋的行宫。行宫内的膳房仍按照紫禁城御膳房的结构，分为荤局、素局、菜局、饭局、茶局、酪局、粥局、点心局等近十个局，每局有一名太监负责，设有厨司十几个人。每餐必须由太监呈上菜单百余种，由西太后挑选。两宫每日膳费花费白银二百多两。夏天气候炎热，命令百姓到二百多里外的太白山石洞内取冰运回西安，为西太后降温。西太后要食用牛奶，于是在西安附近专门开辟了一个牧场，由一个正五品官员管理，每月花费白银 12 万两。加之随行到西安的王公大臣的巨额消费，给当地百姓造成的负担之沉重，就可想而知了。

清政府逃亡到西安，把北京官场卖官鬻爵、贪污舞弊的风气也带到了西安。如潼关一名姓施的贪官，想谋取道员的职位，便贿赂慈禧的宠幸太监李莲英，以打通关节。李莲英毫不隐讳地将此事告诉了西太后，太后公然估价说：“今蒙尘在外，价可稍廉，然道员可擢两司，至少须万金。”[①] 西太后公开卖官，随行而来的王公大臣亦不甘落后，极尽行贿受贿，贪污侵吞之能事。总兵陈泽霖侵吞巨额军饷，军机大臣荣禄准备查办，陈泽霖遂向其行贿 4 万两白银、绸缎 4 大箱，荣禄得到好处，就将陈泽霖侵吞的军饷作为“前敌遗失”，予以报销。

① 《满清野史》第九章《蒙尘时之市官》条。

陕西的地方官员见朝廷大员如此作为，也乘机大肆贪污，根本不顾百姓死活。光绪二十六年这一年，正值陕西大旱，庄稼颗粒未收，八百里秦川，田地龟裂，饿殍遍野。而设在西安专办皇差的支应局，设立不到一月，耗银就达29万两之多，繁重的皇差及各种苛捐杂税、徭役，更使百姓频临绝境。陕西巡抚岑春煊说："本省之粮已不敷本省之食，今銮舆西幸长安，臣仆侍从人数已巨，加以诸军扈跸，千乘万骑，皆须取给全秦，饥馑之内忧，更甚于军旅之外患也。"① 由于陕西本地经费紧缺，根本无力赈济饥民，于是大批饥民自动集合起来，到行宫请愿，并包围了军机大臣荣禄之住所。西太后怕事态扩大于己不利，这才下诏筹办赈济。但负责此事的官吏们都趁机贪污，大捞一把，他们任意克扣钱粮，甚至不惜往放散的粥里掺白灰，致使不少饥民中毒身亡。所以西太后和光绪帝这次西幸西安，不仅没有整顿当地吏治，反而导致了吏风的更加败坏。

《辛丑条约》签定后，西太后和光绪帝于次年十月回京。他们准备了3000多辆大车，满载聚敛来的共值70万两的金银和珠宝珍玩、服饰绸缎和土特产。同时令沿途地方官以黄沙铺路，估计每里铺沙所花费银约20两左右。每30里设一行宫，驻跸各县每日早餐必须进呈燕菜一味。西太后一行离开西安的当天晚上驻跸临潼，临潼知县夏良才以27000两差费接驾，总管太监李莲英派人向他索要"宫门费"1200两，夏良木没有付给，李莲英大怒，唆使开道的虎神营兵丁将临潼县为西太后一行接驾的膳食抢吃一空。西宫到达临潼后，晚膳准备不及，李莲英进谗言说临潼知县怠慢两宫，西太后大怒，下令处死夏良才，只是由于光绪帝出面缓颊，夏良才才免于一死，却受到降级处分。此事一经传开，沿途接驾的地方官无不畏惧，皆尽

① 《义和团档案史料》上册，第665页，中华书局，1978年版。

力搜刮民财，办好接驾事宜。天灾后的关中各地经此人祸一闹，百姓们已是九死一生，吏治也愈加腐败，已到了无官不贪，无吏不暴的地步。

辛亥革命前夕的关中，由于地方官吏不进行水利建设，致使水旱灾害连年不断。光绪二十九年（1903年），关中又一次大旱，每石小麦价涨至白银十五六两，关中“赤地千里，饿殍载道”。当时陕西全省人口800余万，饥民竟达300万。灾害不断，连年欠收使陕西社会生产力遭到严重破坏，而官吏腐败，不顾百姓死活，热衷于贪污纳贿。陕西巡抚恩寿，卖官受贿，滥收捐税，省内肥缺美差，往往“居为奇货”，高价售卖，当时报刊说“全省美缺”，被其“一网打尽”。[①] 恩寿每年仅“门包”一项，可得银二万余两。当时《民主报》大声疾呼：“恩寿不死不走，陕民无复望活矣。”陕甘总督升允，卖官受贿，顽梗不化，妄兴党狱，迫害人民。他离职后，一些人集资雕其一木像，并铸其“在任种种劣迹，立于路旁，有如秦桧之铁像，任人唾骂”。[②] 陕西布政使余诚格，利用管财政之权，常以改办“统税”为名，暴涨税厘，从中谋私，大发横财，使有些物品的税额竟与其价格相同。其部下官吏更是以多报少，趁机谋利。人民无不义愤，有人冒险在其西安的藩司衙门门前张贴“驱除民贼”四个大字，以泄其愤。宣统三年（1911年）春，余诚格调离陕西时，城内居民在其经过时，“皆痛骂不绝口”。有位卖卷烟的小贩，还在大街上焚化烟钱，大呼送瘟鬼，送瘟鬼！后来，清政府又任命他为陕西巡抚，他自知民愤极大，竟未赴陕上任。

陕西按察使锡桐，素称“糊涂鬼”，连自己部下官吏的姓

---

① 《民主报》1911年6月29日。

② 《民呼日报》1909年合订本，第444页。

名都记不住，但搜刮勒索，纳贿卖官，却毫不糊涂。他录用部下官吏时，名为考取，实为卖官。他规定录用科长需纳银500两，科员300两，未送贿者一概不录用，竟致于录用者“无一通晓法律之人”。

陕西提学使余坤，反对新学，提倡旧学。他禁止学生看新书和学习新的科学知识，并镇压学生运动，迫害革命党人。他为了对抗新学，在西安创办“存古学堂”，规定以四书五经为教材，每月初一、十五，学堂学生必须到文庙礼拜孔子，以示尊孔。为了与新学堂区别，存古学堂上课不准用黑板、粉笔，而要用白板、黑笔写字，其愚顽守旧竟达到如此可笑的地步。为了争取青年入学，规定入存古学堂者免交宿膳费，每人每月再补贴杂费8两白银，然入学者仍寥寥无几，可见复古守旧是多么地不受欢迎。在清末全国尤其是沿海及南方各省大办新学，鼓励学习西方先进的科学知识的潮流下，陕西学界如此状况，使许多进步人士痛心疾首，无不批评指责。

上层官员如此，那些下层官吏巧取豪夺也毫不逊色，不仅贪污受贿，还挖空心思地乱摊乱派。关中许多县衙日常所需的粮、油、肉、菜等，甚至连县衙所用的抹布，知县内眷的包脚布之类，都要百姓交送。大官大贪，小官小贪，就是当时陕西及西安政界的实际状况。

清政府及陕西官场的腐败，激起了广大人民的不满，关中一带的革命力量得以迅速发展，同盟会陕西分会把哥老会、新军和刀客联合起来，做好了武装起义的准备，并酝酿发动新军起义的具体时间。宣统三年（1911年）十月十日，武昌起义爆发，消息传到西安，使革命力量大受鼓舞。十月二十二日，革命党人在西安发动武装起义，迅速攻占了城内各衙门，二十四日攻占全城，光复了西安。不久，全省各地纷纷起义，终于彻底结束了清朝在陕西的统治。

第六章

长安吏治的特点

长安吏治持续二千多年，大体上可以分为两个阶段，即长安作为全国政治中心和失去中心地位，沦为普通地方行政区划的不同阶段。在前一个阶段中，由于长安所处的特殊地位，其吏治的形成、完善、监督以及吏治的内容，都具有不同于其他地区的许多特点，在这一阶段长安吏治的影响也是广泛而又深远的。在后一阶段中，长安吏治不再对全国的地方吏治有大的影响，但由于长安所处的独特的地理位置和人文环境，仍然形成了一些不同于其他地区的吏治特点。探讨不同阶段长安吏治的特点及其影响，对研究中国古代地方吏治和社会政治，总结历史经验，都有着十分积极的意义。

第一节　长安吏治的影响与特点

一、四方取则之地

在长安作为全国政治中心的时期，其吏治状况如何，自然对其他地区有很大的影响。由于京师为天子所在，百官所居，其吏治的好坏直接影响到朝廷政局的稳定和国家的安危，因而深为上自天子，下至百官的关注。为了改善长安的吏治状况，历朝都采取了许多措施，但最基本的无非是两条，即选贤任能和加强监督，也就是通过选用高素质的人才充任长安的各级官吏和强化对他们施政方针及行为的监察，从而达到规范和改善吏风的目的，提高行政效率。

历代对长安吏治的重视还由于长安的地位特殊，所谓天子脚下，其吏治自然应该是全国地方吏治的表率。这一点在秦汉时期尚强调得不够，那时更多是强调京师地区的社会稳定以及长安地方官吏为宫廷与朝廷机构的服务。这是由于那时封建吏治形成不久，统治阶级对这个问题的认识尚待进一步深化的缘故。随着封建政治的进一步发展，封建政治理论的更加完善，到隋唐时期遂明确提出了这个要求。关于这一点唐人论述得最多，所谓“京师四方则，王化之本根”；[①]“都辇之下，居百郡之首，尹正之重，俾四方承流”；[②]“四方之则，求于京兆，或匪其才，莫膺兹任”等，[③]都强调了长安吏治的表率作用。作为最高统治者——皇帝也对这个问题十分重视，这一点在唐代的许多制书中都有反映，如元稹代穆宗提草的制书中就明确提出：“诚以海内法式，自京师始。”[④]这里所说的“法式”，即指吏治规范。正因为长安吏治是全国其他地区效法的榜样，所以其状况的好坏不仅仅影响长安一地的治理，还直接对全国的地方吏治有一定影响，这也是历代统治者重视长安吏治的一个重要原因。

从五代以来长安失去了全国政治中心的地位，其吏治不再

---

① 《白居易集》卷2《赠友》。

② 《全唐文》卷693《加刘栖楚御史大夫制》。

③ 《文苑英华》卷406《授萧瑨京兆尹制》。

④ 《元稹集》卷46《卢士玫权知京兆尹制》。

具有全国性的影响，但在西北地区仍具有举足轻重的影响。在宋代长安是控御西北的要地，也是西夏战争的后勤保障基地和军事指挥中心，长安地区的稳定与否和治理的好坏，关系到对西夏战争的胜负和宋朝西部边境的安稳，故宋廷对这里的吏治极为重视。所谓“切以陕服以西，雍都为剧，帅压五路，兵雄万屯”，主张选用“杰才”，加强治理。① 宋真宋也说：“河北、陕西，地控边要，尤必得人。”② 金元明清时期，尽管各朝的具体情况千差万别，但是对长安地区的重视却是完全一致的，莫不注重这里的吏治建设，并承认长安在西北地区的特殊地位以及其吏治的表率作用。

二、弹压为先的特点

一个地区的吏治特点往往与这个地区的社会特点有直接关系，换句话说，社会状况如何在一定程度上可以决定这个地区的吏治特点。长安地区的社会情况比较复杂，自秦汉以来就是如此，《汉书·地理志》云：“汉兴，立都长安，徙齐诸田、楚昭、屈、景及诸功臣家于长陵。后世世徙吏二千石、高赀富人及豪杰并兼之家于诸陵。盖亦以强干弱支，非独为奉山园也。是故五方杂厝，风俗不纯。其世家则好礼文，富人则商贾为利，豪杰则游侠通奸。濒南山，近夏阳，多阻险轻薄，易为盗贼，常为天下剧。又郡国辐凑，浮食者多，民去本就末，列侯贵人车服僭上，众庶仿效，羞相不及，嫁娶尤崇侈靡，送死过度”。魏晋南北朝时期，长安一带民族迁徙频繁，大量的少数民族迁入关中，几占关中全部人口的一半。与此同时大批各地的豪杰强族也纷纷涌入长安一带，使这里的社会状况变得异常

① 《宋文鉴》卷 122 强至《谢永兴军知府王龙图启》。
② 《宋史》卷 199《刑法志一》。

复杂，民族矛盾激化，战争相当频繁。隋唐时期长安地区亦是王公大臣、豪门贵戚强暴不法，宦官、禁军势大难治，所谓“京师浩穰，奸豪所聚”。[①] 这样一种社会状况，决定了长安的官吏为了维护京师治安和正常的社会秩序，必然首先采用弹压手段，以打击和抑制这些社会势力对社会稳定和吏治的破坏。

长安吏治的这一特点，早在秦汉时期就已形成。在秦国时期，商鞅就推行严刑峻法。秦统一全国后，将六国贵族及富豪大批地迁入咸阳及周围地区，致使当地社会矛盾复杂化，秦人与“邦客”（迁入户）之间的斗殴不断发生，于是秦朝又制定了不少法律，对此类事件进行严厉的惩处。汉承秦制，仍然以严厉的手段维持京师的社会稳定，旧史记载说：“汉承战国余烈，多豪猾之民。其并兼者则陵横邦邑，桀健者则雄张闾里。”“故临民之职，专事威断，族灭奸轨，先行后闻。”[②] 那么，为什么要采取这种手段呢？古人认为对这些权奸豪猾之人，“德义不足以相洽，化导不能以惩违，遂乃严刑痛杀，随而绳之”。[③]因此，在汉代凡任长安长吏而又政绩卓著者，莫不以严酷的手段诛戮奸豪，打击权贵。历魏晋十六国北朝，凡以长安为京师者，其长吏莫不以“搏击豪强”为先。隋唐时期亦是如此，《唐六典》卷30《京兆河南等牧》条，论到长吏职责时，将“清肃邦畿”列为首条。唐人柳仲郢亦说：“辇毂之下，弹压为先，不宜慈惠为本。”[④] 关于长安长吏的这一职责，并非仅仅出于臣下的认识，唐朝的皇帝亦是这样主张。如唐文宗曾下诏强调：“辇毂之下，法在肃清，奸盗窃发，理难容舍。”[⑤]

---

① 《册府元龟》卷696《牧守部·抑豪强》。

② ③ 《后汉书》卷77《酷吏列传序》。

④ 转引自（民国）《咸宁县志》卷17《良吏传序》。

⑤ 《全唐文》卷71《委京兆捕贼诏》。

长安吏治的这一特点，固然是由长安地区的社会状况决定的，但同时也是出于巩固统治的需要。作为京师所在地，宫廷、百司集中于此，政治与文化中心的地位，使其对社会秩序的稳定要求特别高，只有京城稳定才能保证统治的巩固和政令的通达。从这个意义上看，也可以说长安吏治的这一特点，也是由国家政治决定的，是巩固封建统治的需要。

三、事务繁剧的特点

长安地方行政事务和其他地区的比较起来，有一个很突出的特点，就是长安的政务相当的浩繁，尤其是在事务性工作方面。这个特点早在秦汉时期就相当突出，《汉书》卷76《张敞传》曰："京兆典京师，长安中浩穰，于三辅尤为剧。"汉武帝时咸宣治长安，"其治米盐，事大小皆关其手，自部署县名曹实物，官吏令丞不得擅摇，痛以重法绳之"。[①] 事无巨细皆经其手，不免有琐碎之嫌，但也反映了长安长吏战战兢兢不敢稍有懈怠的心理。秦汉时期由于史料缘故，有关长安吏治这个特点的记载还不多，至隋唐时期这方面的记载便多了起来。除了像普通州县官吏那样负责治万民，掌刑狱，阅丁口，抓生产，观风俗，掌教化，恤鳏寡，荐人才之外，还要负责为宫廷、百司的工作、生活服务，而这一切事务又非常繁杂，使长安官吏不堪重负。其次，长安的公共设施、宫室、庙宇以及京畿地区的帝王陵墓等的营建，都在其职责范围之内。再次，京师地区的治安及朝廷百官的安全，也由长安官吏负责。在唐代曾多次出现因朝廷大员安全受到威胁，使京兆尹受到惩处的记载。所有这一切都是普通州县官吏所不具备的职责。

自五代十国时期以来，长安虽降为普通州府，但由于其所

① 《史记》卷122《酷吏列传》。

处的重要战略地位，当地的行政事务仍十分繁剧。所谓“雍州上腴，见称前史；秦地四塞，实雄诸侯。至于人物车甲之饶，风声谣俗之盛”，[①] 均为他处所不及。这是宋人对关中战略地位的认识。加之关中为北宋对西夏战争的基地，赋税、徭役之重，战争之频繁，都在很大程度上使得当地官吏穷于应付。宋金对峙时期，双方在秦岭一线不断地发生争战，也使长安官吏不堪重负。元明时期情况稍好一些，但清朝的康雍乾时期，对西北、西南的用兵，又使得这一带的形势严峻起来。所有这些情况，都在一定程度上加剧了长安的社会矛盾，同时也使当地的政务变得比较繁剧。

长安吏治的这一特点，从政治学的角度看，实际上是政务与事务不分，也是古代吏治尚不完全成熟的表现。作为地方政府主要是发布政令和检查落实政令的实施情况，比如劝课农桑，教化百姓，赈济贫民，征收赋税等，都应通过制定政策、法规去指导或规范、调节、督促，具体的实施则由其下属或基层机构和人员负责。长安长吏这种政务与事务兼具一身的状况，势必影响其对地方大政的思考和关注，分散精力，不利于吏治的建设。而且其所负责的事务性工作多是针对宫廷和朝廷百司的，地位的尊卑，权力的制约，必然使其对这些事务不敢稍有懈怠，反而将地方大政置于次要地位，本末倒置，是影响长安地区治理的最大不利因素。

四、兼顾朝廷政务的特点

长安的长吏从秦汉以来就兼具朝官身份。秦代的情况由于史料贫乏，极少记载，有关汉代这种现象的记载就比较多了，秦汉的情况差异不大，可以推知秦代大概也是如此。如汉宣帝

① 《宋文鉴》卷121刘敞《知永兴军谢两府启》。

时，张敞任京兆尹，“朝廷每有大议，引古今，处便宜，公卿皆服，天子数从之”。[①] 可见京兆尹对朝廷大政的决策有权参与。如汉成帝时，京兆尹王章曾向皇帝推荐冯野王代替大将军王凤辅政。[②] 前秦王猛曾任侍中、中书令、京兆尹，内辅朝政，外治长安，政绩卓著。直到唐代这种现象一直未变，唐穆宗曾下敕说：“朕日出御便殿，召宰相已下计事，而大京兆得在其中，非常吏也。”[③] 大京兆即指京兆尹。

除了京兆尹之外，京畿诸县长吏亦具有这种身份，自汉代以来凡举行大朝会，他们都必须参加。隋文帝时，房恭懿任新丰县令，“政为三辅之最，上闻而嘉之，赐物四百段”。“时雍州诸县令每朔朝谒，上见恭懿，必呼至榻前，访以理人之术。”[④] 京畿县令虽可朝见天子，由于地位必定卑下，却无权参与朝政，这一点和京兆尹不同。

长安官吏的这种身份和地位，是外地州县官吏所不具有的，这是长安吏治的又一显著特点。长安长吏既然有权参与朝政，必然能对朝廷大政的决策产生一定的影响，而诸县县令定期朝见天子，也使他们有机会将地方情况反映上去，有可能促使朝廷制定一些切合实际情况的政令，从而有利于当地的治理。

此外，长安吏治还有一些具体特点，比如由于关中的渭北河流稀疏，干旱对当地的农业生产威胁很大，自先秦以来，历代的长安官吏都有一批在水利建设方面成就突出者，构成了其吏治的一个重要特点。再如长安为政治中心时，由于皇室宗

① 《汉书》卷 76《张敞传》。
② 《汉书》卷 84《翟方进传》。
③ 《元稹集》卷 46《卢士玫权知京兆尹制》。
④ 《隋书》卷 73《房恭懿传》。

亲、驸马公主、贵族权臣众多，他们倚仗权势，或草菅人命，或兼并田宅，或欺凌百姓，专横跋扈，目无国法。于是，总有一些正直果敢的当地官吏站出来与他们作斗争，这类人历代都有一批，且不畏权势，甘冒风险，所谓“摧勒公卿，碎裂头脑而不顾”,[①] 形成了一个鲜明的特点，而这一点恰恰也是其他地区的官吏所无法做到的。

五、影响长安吏治的因素

在隋唐以前，长安吏治受到历代统治者的重视，固然有不少发展的有利条件，但同时也有不少不利因素的制约，使长安吏治的发展具有一定的局限性。

影响长安吏治的因素，主要来自皇帝。长安地处天子脚下，使皇帝有条件可以直接干预其政务。作为最高统治者当然希望京畿地区能够大治，于是便对长安官吏寄予厚望，但是当官吏严格执法，触及到皇室宗亲的一些利益时，皇帝或迫于压力，或出自私心，往往有不少帝王又出来偏袒权贵们，致使长安官吏无法执法施政，严重的甚至丢官罢职。还有一种情况，即皇帝自视甚高，或心存疑虑，不愿放权于京兆尹，往往亲自过问京兆政事，如唐德宗就是如此，以至于引起了臣僚的批评与反对。[②] 像唐德宗这样的皇帝并非一人，这样就使得长安官吏手足无措，严重干扰了京畿的治理。

其次，来自朝廷百司的干扰。朝廷各机构尤其掌管各种政务的机关，它们从各自所管的业务出发，与京兆府之间存在着某些垂直关系。朝廷政务机关与地方政府存在着上下之间的业务主管关系，本是正常现象，通常都是通过颁布政令规范和指

① 《后汉书》卷77《酷吏列传序》。
② 见《柳河东集》卷8《柳（浑）公行状》。

导地方工作，很少直接干预。由于朝廷诸司就设在京师，就使它们有条件就近干预京兆地方政务，这种现象在史籍中有不少记载。此外，朝廷的事务性机构与京畿府县的往来关系更加频繁，长安地方当局有责任在人力、物力甚至财力上支持或配合这些机构的工作。如护陵，本是太常寺的职责之一，但人力、物力却需京兆府诸县承担；护丧，本为鸿胪寺的职责，却往往由京兆尹监护丧事；供食，本是光禄寺和殿中省尚食局的职责，却往往由京兆府负责或者配合以上二司供设；营建，本由将作监负责，但京师地区的工程往往由京兆府负责人役的征集和钱物的供给，或者督造监修。像这种工作关系还有很多。这些事务性工作对京兆府及诸县造成的影响，一是这类事务十分繁剧，影响了京兆官吏正常职能的发挥；二是耗费了京畿地区的大量人力、物力，加重了百姓的负担，直接影响了这一地区生产的发展和社会的稳定，增加了治理的难度。

再次，京畿地区各种势力的干扰，主要指宗室、外戚、公主、宦官、禁军等势力。自秦汉以来这些势力始终是困扰长安官吏行使正常权力的制约因素，他们有的倚仗权势直接阻挠当地官吏执法和施政，有的利用血缘关系通过皇帝施加压力，破坏官吏执法，有的则兼并土地，欺凌百姓，包庇奸徒，增加当地官吏治理的难度，还有的欺压殴打当地官吏，使法令的施行受阻，如唐代的宦官、禁军等，都曾在历史上演出过这样的丑剧。最严重的是他们对一些正直的长安官吏的残酷打击和政治迫害，使其降职、罢官甚至于被治罪。这种现象历代皆有，如汉代的宁成，任内史时严于执法，敢诛杀，得罪了不少权贵。汉武帝即位初期，太后执政，“外戚多毁（宁）成之短，抵罪髡钳”。[①] 当时朝廷大臣犯罪，或处死，或免官降职，极少受

① 《史记》卷 122《酷吏列传》。

刑，由于宁成得罪了权门，竟遭受了严刑的拷掠。唐敬宗时，鄠县县令崔发被宦官殴打几死，敬宗不追究宦官之罪，反而将崔发逮捕下狱。被权贵所陷而贬官者更是举不胜举，如隋文帝时，梁毗任雍州赞治，“直道而行，无所回避，颇失权贵心，由是出为西宁州刺史”。[①] 唐朝王徽任京兆尹，严于执法，将权贵们侵占的百姓宅第一一判还，“由是残民安业，而权幸侧目，恶其强”。他们便将同党薛杞奏请任命为京兆少尹、知府事，妄图架空王徽。由于薛杞正居其父之丧，按照唐制，丁忧之官是不能随便起复任职的，理所当然地遭到王徽的抵制。王徽上奏皇帝说明情况，挫败了权贵的阴谋。“权臣愈怒”，终于找到机会，将王徽“奏贬集州刺史”。[②] 还有一种情况是权宠们采取明为升迁，实为排挤的办法，把他们憎恶的长安官吏清除出去。如唐穆宗时，柳公绰为京兆尹，奏请整顿驿务，限制宦官外出时滥用驿馆人力、物力，“宦官共恶疾之”，[③] 遂设法将其从京兆尹职位上排挤出去，以扫除他们在京畿地区为非作歹的障碍。

这种现象的存在，一方面使正直官吏很难在京畿立足，影响对当地的有效治理；另一方面对京畿吏风造成很大的负面影响，使一些官吏不敢大胆管理，有的还向邪恶势力屈服。这种事例很多，如汉代的翟方进任京兆尹初期，“搏击豪强，京师畏之”。青州刺史胡常得知翟方进的所作所为后，写信告诫他说：“窃闻政令甚明，为京兆能，则恐有所不宜。”翟方进当然明白胡常所指何事，“其后少弛威严”。[④] 实际上是不敢再与邪

---

① 《隋书》卷 62《梁毗传》。

② 《旧唐书》卷 178《王徽传》。

③ 《新唐书》卷 163《柳公绰传》。

④ 《汉书》卷 84《翟方进传》。

恶势力作对。唐中宗时，窦怀贞任雍州长史，完全屈服于宦官势力，曾在公廨误将无须者当做宦官而礼敬之，闹出了笑话，成为千古笑谈。

第二节　长安与外地吏治之比较

一、官吏素质的不同

秦代的情况由于史料的残缺，不大好论说咸阳官吏的素质问题。自汉代以来，对长安地方官吏的选拔便十分严格了，通常都选治绩突出的官员到长安任职，并且要试任一段时间，确有才干者才可继续留任。以后历朝均十分重视这个问题。在唐代有重内官轻外官的倾向，内官这里指在京师任职的官员，包括京兆府官员在内。唐代不少人都批评过这种现象，认为轻视外地官员的选授，将不利于地方吏治的改善，可见外地官员的素质的确不能与长安相比。尽管如此，终唐之世这种倾向却始终没有得到彻底扭转。为了加强长安吏治的整顿，改变官吏素质，唐廷甚至有意识地从郎官中选择优秀分子，充实到长安官吏中去，充任京畿诸县令。

为了加强对长安地区的治理和控制，在某些历史时期往往以皇子或宗室亲王充任京畿地区的行政长官，如北周、隋朝和唐朝前期，均是如此。再选拔忠心可靠且富有才干的大臣充任长史、别驾等官，以辅佐皇子、亲王，掌管京畿政务。这种体制也使大批优秀人才聚于长安。任长安行政长官的皇子或亲王出于种种目的，十分重视对其僚属的选用。如隋炀帝杨广、唐太宗李世民，任长安行政长官期间，无一例外选拔和安插了不少人才到雍州任职。

朝廷重臣兼任京畿行政官员的现象在历代屡见不鲜，有以宰相兼任的，也有以御史大夫兼任的，其中以后者最多。这种现象在秦汉时期尚较罕见，至十六国、北朝、隋唐时期便渐渐多起来了。此外，以朝中其他大臣兼任的也不少，其中以尚书、侍郎等为多。不是说凡任职于长安者素质就一定高于外官，而是从全面的整体的角度看，长安的地方官吏的素质较之外地要高一些。

在北宋前期出于对关中战略地位的重视，加之西北军事形势的紧张，所以宋廷非常注意选择优秀人才到长安任职。北宋以后由于关中经济、文化的发展滞后，政治中心的转移，关中及长安的官吏虽不时也有良吏涌现，由于朝廷重视不够，其人才素质的优势便不复存在，其吏治状况也呈现出时好时坏的不稳定状态。

二、官吏任期的不同

自汉代以来长安长吏便出现了任期短暂，频繁易人的现象，京畿地区诸县县令的更换也比较频繁。《汉书》卷76《张敞传》说："郡国二千石以高弟入守，及为真，久者不过二三年，近者数月一岁，辄毁伤失名，以罪过罢。"据统计唐代任京兆尹不足一年者，占总数的72.44%，一至三年者占20.51%，三年以上者占7.05%。[①] 除汉唐以外其他以长安为京城的朝代，其长安长吏任期也比较短暂。

在这种情况下，汉代的赵广汉和张敞能够久任京兆尹，竟被当做稀罕事而郑重地记载于史书。[②] 从历代任长安长吏比较长久的人看，大体分为如下几类情况：第一，权臣或亲王充任。如西魏宇文泰任大将军、尚书令、雍州刺史，"军国之政，

① 张荣芳《唐代京兆尹研究》第85页，（台）学生书局，1987年版。
② 《汉书》卷76《张敞传》。

咸取太祖（指宇文泰）决焉”。[①] 前秦的王猛亦属此类情况。唐武德年间，唐太宗李世民兼任雍州牧多年，他是以亲王身份而得以久任其职。第二，皇帝宠信之臣。如唐代的窦怀贞，对韦后、安乐公主、太平公主以及宦官百般取悦，故深得中宗、睿宗信任。此类人历代皆有，由于其能顺从皇帝和权贵之旨，所以才可久任其职。第三，才干突出。如汉代的赵广汉、张敞，唐代的源乾曜、李充等，都是以“能政”而得以久任。有才干者易遭人妒嫉，所以此类人中有不少最终也难免厄运。

长安官吏任职不能长久的原因主要有三：一是长安社会复杂，政务繁剧，对任职者的素质要求很高，没有相当突出的才干不能胜任。如汉代的颍川太守黄霸，因为政绩突出，考课第一，被任为京兆尹，“霸视事数月，不称，罢归颍川”。[②] 一是卷入朝廷政治斗争之中，遭排斥打击。如汉代的王章，“不亲附（王）凤”。王凤时任大将军辅政，“遂为凤所陷，罪至大逆”。[③] 再如唐代李岘，宰相“杨国忠恶其不附己，以雨灾出为长沙郡太守”。[④] 严郢为京兆尹，“宰臣杨炎恶其累己，”“诬以他罪，拘于金吾杖”。[⑤] 以上这些被诬陷者均是较有才干的官员。再就是因得罪豪门权贵而降职罢官。

长安官吏不能久任的现象对当地吏治影响颇大，尤其后两类原因更是危害无穷。历史上有不少有识之士对此都提出过严厉的批评，如唐人白居易指出：“长吏数易，为害甚多；迩来

① 《周书》卷1《文帝纪上》。

② 《汉书》卷76《张敞传》。

③ 《汉书》卷76《王章传》。

④ 《册府元龟》卷681《牧守部·谣颂》。

⑤ 《册府元龟》卷683《牧守部·遗爱二》。

都畿，未免斯弊。或苛急而人重困，或软弱而奸不息。”[①] 其实唐代地方长吏任期也比前代短，但比长安要长多了，一般多能达到任满，即三至四年。至于唐以前各朝任期则更长一些，史学家刘知几指出：“然则历观两汉以降，迄乎魏晋之年，方伯岳牧，临州按郡，或十年不易，或一纪仍留，莫不尽其化民之方。”[②] 对此他十分羡慕，建议延长地方长吏任期。可见尽管历代地方长吏任期长短虽有变化，但莫不比长安长吏任期要长得多。长安官吏的不稳定，是影响其吏治建设的一个重要原因。

三、其他方面的差异

长安吏治和外地比较还存在着不少差异，比如吏治内容的重点不同，政务繁简不同，治理的对象不完全相同等，这些方面上一节已经论到，就不赘述了。下面从监察、考课、迁转、经术等方面，再作一些比较。

前面谈过了长安吏治的局限性，这里所要论述的内容实质上是长安吏治较之外地的优异之处。首先谈谈对吏治的监察问题。历代都有针对地方吏治的监察制度，由于中国疆土广大，交通不便，所以对外地官吏的监督中央政府时常有鞭长莫及之感。每年派使巡视，由于人手有限，常有视线不能及之处。而长安则不同了，常年处于天子及监察机关视线之内，而且不少朝代还置有专门监察京师百司和长安地方官吏的机构，如汉代的司隶校尉制，这一制度建立后历魏晋、十六国、北朝，一直发挥着作用。再如隋代的司隶台，也都是专门针对两都官吏而设置的。即使负责全国监察的御史大夫府或御史台，也专门置

① 《白居易集》卷48《柳公绰可吏部侍郎制》。

② 《唐会要》卷68《刺史上》。

有负责监察京师的御史若干员。在唐代京兆尹时常兼御史大夫或御史中丞，目的也在于加强对属县的监察。在考课方面也是长安严于外地。外地考课多以“上计”形式进行，由当地长吏报送中央。长安考课虽从形式上无大的变化，但是由于地处京畿，治理的效果如何，不便隐瞒，因此对长安官吏的考绩水分要少得多。汉代颍川太守黄霸在全国的郡守中考绩名列第一，调任京兆尹反而不称职，便是这种考绩水分过大的明证。

自从儒家学说被奉为正统学说以来，历代统治者都十分重视利用儒家思想对国家进行治理，对百姓进行教化。所以选拔官吏时很注重选择那些懂得经术的饱学之士，除了对公卿大臣这样要求外，对地方官吏亦不例外。但是在实际操作中，以同一标准去要求所有的地方官吏是不可能的，因而又有所偏重，通常来说对京师的行政长官要严一些，对外地官吏则更侧重于吏才，对是否懂经术并不苛求。正因为如此，当长安长吏中有人缺乏经术时，往往要遭到舆论的批评，对外地官员中的此类人则宽容得多。之所以这样严格地要求长安的官吏，一是因为长安吏治对全国各地有表率作用，必须在德义、教化等方面起到示范作用。二是因为京兆尹位同九卿，是朝廷大臣，应该德、才兼备。还有一个重要原因，就是为了京师地区始终能牢牢地控制在皇帝手中，效忠于皇帝。因为儒家核心思想之一就是纲常思想，经术之士用来教化百姓的也是纲常思想，使百姓自觉地服从统治，安分守己，从而达到稳定社会秩序，巩固统治的目的。京畿地区是全国的政治中心，其稳定与否自然便更加重要。

对长安的官吏要求如此严格，为什么士大夫们还趋之若鹜呢？根本原因就在于其仕途出路好，即迁转较快。历代任京兆尹者转任三公九卿的大有人在。以唐代为例，在其初期从京兆尹任上升任宰相的有 4 人，占总人数的 16.7%；任尚书省左右丞、尚书、侍郎的11人，占45.8%；任中书侍郎的1人，占4.2%；任外地都督、刺史等地方官的5人，占20.8%，被诛、丁忧、自然死亡的3人，占12.5%。[①] 可以看出京兆尹的仕途是通达的。京兆尹的僚属及诸县令的前途也十分光明，升任尚书省郎官以及御史台和中央诸司官员者比比皆是。而这一切恰恰是外地官员所无法比拟的。这种现象的存在，导致了长安官吏的素质不断提高，有利于长安吏治的建设和吏风的改善，也是长安吏治整体上优于外地的一个重要因素。

以上所比较的是长安作为统治中心时期的情况，自长安失去政治中心，降为普通州郡后，虽然在吏治方面与外地不尽相同，但却无本质上的差异。当然各个地区由于地理、文化、经济、民族等方面的不同，其吏治必然各具特点，但由于作为普通州郡政治地位没有明显差异，其吏治上尽管有一些差异，也不能与京师地区相比，所以就不再论述了。

第三节　简短结语

长安地区自西周以来就是中国的统治中心，同时也是全国的政治、经济、文化中心，尤其在汉唐时期不仅在中国具有举足轻重的地位，创造了光辉灿烂的文化，而且在世界上也是万众瞩目的文明中心。西周时期的丰、镐，秦代的咸阳，汉以来的长安城，隋代的大兴城（唐长安），都在这一地区内先后兴起和发展，为古老的中华文明的繁荣发展作出过伟大的贡献。关于长安以及京畿地区的特殊地位和重要性，唐人陆贽曾有过精彩的论述，他说："王畿者，四方之本也；京邑者，又王畿

① 统计数据见《唐代京兆尹研究》第78—80页，（台）学生书局，1987年版。唐初不称京兆尹，而是称雍州长史。

之本也。其势当令京邑如身，王畿如臂，四方如指，故用即不悖，处则不危，斯乃居重驭轻，天子之大权也，非独为御诸夏而已，抑又有镇抚戎狄之术焉。是以前代之制，转天下租税，委之京师，徙郡县豪杰，处之陵邑，选四方壮勇，实之边城。其赋役则轻近而重远也，其惠化则近悦以来远也。”①

正由于长安地区如此重要，所以其作为统治中心时，历代统治者都十分重视其吏治建设，逐渐形成了一套不同于其他地区的制度。在吏治思想、官吏的选授、监察考课、道德规范、奖励制度、吏治内容等方面，都逐渐系统化、完善化，积累和总结了不少成功的经验。这是一笔宝贵的精神财富，总结和整理这些经验，去粗存精，古为今用，将会对今天的社会提供可贵的历史经验和教训，为精神文明建设服务。

长安的吏治虽仅仅反映的是一个局部地区的情况，由于长安地位的特殊性，所以其吏治仍具有比较广泛的代表性，是中国古代地方吏治的典型反映。长安吏治中的一些基本的原则的东西，比如选贤任能，强化监督，严格考课，重视教化，发展生产，维护稳定等，对其他地区的治理也是适用的，即使在今天也不是毫无意义。长安吏治中存在的局限性和消极因素，则是很好的历史鉴戒，值得认真汲取，避免重犯类似错误。

反观长安的吏风，随着时代政治的变化和任职官吏的不同，呈现出时好时坏的状况，之所以出现这种状态，完全是忽视法治，重视人治所造成的结果。历史的经验证明，当官吏手中的权力没有很好监督和制约时，仅仅依靠官吏个人的素质和道德去自我约束，是达不到改善吏风的目的的，只有把健全法治和重视官吏素质完善地结合起来时，才能使吏风有一个彻底的转变。

① 《陆宣公奏议》卷1《论关中事宜状》。

长安吏治的启示是多方面的，比如在长安地区强调以“弹压为先”，即通过打击破坏社会稳定的势力，来达到维护社会正常秩序，将社会稳定视为发展生产和巩固统治的基本条件。再如强调官吏队伍要维持相对的稳定，要保证有一定时间的任期，反对频繁调动，反对统治阶层内部的内耗。长安的经验证明，在长吏选定以后，凡任期较长，内耗较小时，则政绩越突出，反之亦然。还有一点启示需要强调，即作为国家的地方官吏，一定要有责任感，敢于为民作主，不畏权豪，不为利诱所动。在长安的历史中，凡是敢于维护百姓利益，执法严明，不畏权贵的官吏，则受到人民的拥戴和赞颂，名垂千古；凡是讨好谄媚于权豪，残酷粗暴地对待人民群众，则一定会受到历史的鞭挞，遭人唾骂。长安吏治的另一点启示是：地方官员所制定的施政方针必须和当地的社会实际相吻合，不符合本地情况的政令是盲目的，不适用的，不仅不能促进当地的发展，反而有极大的破坏作用。历代的长安官吏根据长安的特殊地位和社会状况，制定的“弹压为先”的方针，根据长安地区的地理条件，制定优先发展水利事业的方针，根据长安社会情况复杂和民族众多的实际，制定的加强教化，促进民族融合的政策等，都是经过历史证明比较成功的经验。